아주 특별한
성공의
법칙

THE COMMON PATH TO UNCOMMON SUCCESS:
A Roadmap to Fiancial Freedom and Fulfillment

Copyright ⓒ 2021 by John Lee Dumas
All rights reserved.

Korean translation rights by arrangement with Park & Fine Literary and
Media through Danny HongAgency, Seoul.
Korean translation copyright ⓒ 2021 by DOSEODAM.

이 책의 한국어판 저작권은 대니홍 에이전시를 통한 저작권사와의
독점 계약으로 ㈜도서출판도서담에 있습니다.
신저작권법에 의해 한국 내에서 보호를 받는 저작물이므로
무단전재와 복제를 금합니다.

아주 특별한
성공의
법칙

존 리 듀마스 지음 • 이한이 옮김

THE COMMON PATH
TO UNCOMMON SUCCESS

평범한 일도 비범한 방식으로 한다면
세상의 주목을 받게 된다.

조지 워싱턴 카버 George Washington Carver

목차

8	들어가는 글
14	탁월한 성공을 위한 첫 번째 준비 # 1 빅 아이디어를 찾아라
32	탁월한 성공을 위한 두 번째 준비 # 2 틈새시장을 노려라
50	탁월한 성공을 위한 세 번째 준비 # 3 아바타를 만들어라
66	탁월한 성공을 위한 네 번째 준비 # 4 플랫폼을 골라라
80	탁월한 성공을 위한 다섯 번째 준비 # 5 멘토를 찾아라
104	탁월한 성공을 위한 여섯 번째 준비 # 6 협력집단을 꾸려라
124	탁월한 성공을 위한 일곱 번째 준비 # 7 콘텐츠 제작 계획을 꾸려라
180	탁월한 성공을 위한 여덟 번째 준비 # 8 콘텐츠를 만들어라
196	9 출시하라

208	경제적 자유를 향한 첫 번째 발걸음 10 아바타의 가장 큰 어려움을 파악하라
222	경제적 자유를 향한 두 번째 발걸음 11 콘셉트를 검증하고 해결책을 만들어라
262	경제적 자유를 향한 세 번째 발걸음 12 자신의 퍼널을 구축하라
280	경제적 자유를 향한 네 번째 발걸음 13 수익을 다각화하라
292	경제적 자유를 향한 다섯 번째 발걸음 14 트래픽을 증가시켜라
306	경제적 자유를 향한 여섯 번째 발걸음 15 시스템을 안착시키고 팀을 구축하라
318	경제적 자유를 향한 일곱 번째 발걸음 16 제휴하라
332	경제적 자유를 향한 여덟 번째 발걸음 17 번 돈을 유지하라
344	18 황금의 샘
392	마치며

◆ 들어가는 글 ◆

당신은 지금까지 속고 살았다. 아니 사실 우리는 모두 속고 살았다. 왜냐고? 정답을 아는 사람들이 우리와 그것을 공유하길 원하지 않았기 때문이다.

'탁월'한 성공은 누구에게나 허락되어 있다.
그리고 그 성공의 길은 생각보다 '평범'하다.

이 책은 당신에게 경제적 자유와 풍요로 향하는 길을 보여 줄 것이다. 내가 어떻게 장담할 수 있는 걸까? 바로 내가 이 길을 걸은 산증인이기 때문이다. 32년을 불만족스러운 상태로 살고 나서, 다행히 너무 늦지 않게 성공하는 방법을 찾았고, 그 이후에는 뒤를 돌아보는 일이 없었다.

"그게 그렇게 쉬운 일이면 사람들이 왜 몰라?" 하는 의문이 들 것이다. 이유는 간단하다. 본질을 흐리고, 단순한 일을 쓸데없이 복잡하게 만들어 둬야 소위 '전문가'들에게 이득이 되기 때문이다.

왜? 그래야만 그들이 계속 문지기 노릇을 하며 '성공의 비결'이라는 거짓말을 비싼 값에 팔 수 있기 때문이다. 우리는 이런 문지기들에게 맞서야 한다. 그들이 우리 앞에 둔 장애물을 부숴 버려야 한다. 그리고 *아주 특별한 성공의 법칙을 따라 자유를 쟁취하라.* 모두가 그렇게 할 수 있다.

우리는 마우스 클릭 한 번이면 무한한 정보와 기회를 얻을 수 있는 세상에 살고 있다. 정보는 힘이 되고, 기회는 우리를 흥분시킨다. 이 책에서 나는 당신에게 설레는 일을 찾고 그 일에 몰두할 수 있는 방법을 보여 줄 것이다.

지금은 스스로 방향을 정해야 하는 시대이다. 탁월한 성공에 이르는 법칙은 '아침에 일어나보니까 성공해있더라'라는 말과는 전혀 관계가 없다. 경제적 자유와 만족으로 나아갈 때 북극성처럼 길잡이가 되어 줄 뿐이다.

나는 사회가 요구하는 대로 맞춰서 살곤 했었다. 크게 튀지 않는 아주 보통의 사람 중 하나였다. 평균 B 학점으로 고등학교를 졸업했고, 그 후에는 ROTC 장학금을 받고 대학에 들어갔다. 4학년 때 9.11 테러가 일어나 급하게 군에 불려갔으며 학교로 돌아와 졸업한 후에 본격적으로 군에서 복무를 시작했다.

 짧은 훈련을 마친 후 나는 바로 이라크로 파병되었다. 과도기였다. 속 편한 대학생에서 하루아침에 부사관으로 변하는 것은 굉장히 힘든 일이었다. 이라크의 전장에서 네 대의 탱크와 열여섯 명의 부하를 이끌고 살아남기 위해 발버둥 치던 당시 내 나이는 고작 스물세 살이었다.

 흔히들 전쟁을 지옥도라고 표현한다. 이라크전 13개월 동안 부하 열여섯 명 중 넷이 사망했다. 그곳은 지옥이었다. 그들을 기리며 나는 한 가지 다짐을 했다. 만족스럽지 않은 삶에 절대 안주하지 않으리라고. 끝까지 행복을 좇겠노라고. 가치 있는 삶을 살겠다고 말이다. 전사한 영웅들을 대신해 내가 할 수 있는 건 봉사하고, 가치 있는 삶을 사는 것이었다. 삶에 감사해야 했다. 그것만이 그들의 희생을 기릴 수 있는 방법이었다.

 전쟁이 끝나고 나는 현실로 돌아왔다. 이라크에서 돌아와 맞닥뜨린 현실은 쉽지 않았다. 나는 이십 대를 PTSD(외상후스트레스장애)로 고통스럽게 보내면서도 행복과 만족을 찾기 위해 고투했다. 나는 전쟁터에서 살아 돌아왔으며, 주머니 사정도 나쁘지 않았고, 직업도 괜찮았다. 그런데 어째서 그토록 불행하고 만족스럽지 않았던 걸까?

돌이켜보면 이유는 자명했다. 전우들에게 맹세했던 삶을 살지 못했던 것이다. 나는 봉사하며 살지 않았다. 감사하며 살지 않았고. 오직 성공만을 좇으며 살았다. 당시의 내가 성공이라고 생각하던 삶을 말이다.

그때의 나는 성공이란 돈, 존경받는 삶, 그리고 명예라고 생각했다. 나는 성공에 대한 이런 비뚤어진 정의를 품고 로스쿨에 입성했다. 결과는 처참했다. 한 학기 동안 비참하게 지내다 결국 낙제를 면치 못했다. 그 후에는 한 금융 회사에 들어가 감옥같은 파티션 안에서 괴로워했다. 닭장 생활을 참지 못하고 한 해 만에 사표를 냈다. 그리고는 부동산 업계에 뛰어들었다. 그 일이 내가 열망하는 자유와 충족감을 줄 것이라고 생각했다.

전혀 아니었다.

그 일은 무려 6년이란 긴 시간을 잡아먹으며 나를 불행하게 했다. 그곳에서 나를 꺼내준 것은 성공에 대한 공부였다. 나는 성공한 사람들의 이야기에 항상 관심이 많았다. 6년 동안 고생하는 와중에도 몇십 권의 경제경영서, 온라인 세미나는 물론 팟캐스트까지 섭렵했다.

어느 날은 한 비즈니스 팟캐스트를 듣고 있었는데 진행자의 말이 내 귓구멍에 와 박히더니 내 뺨을 후려갈겼다.

> 성공한 사람이 되려고 하지 마라,
> 그보다는 가치 있는 사람이 되려고 하라.
>
> 알베르트 아인슈타인

유레카! 그 순간 나는 가치 있는 사람이 되겠다고 결심했다. 가치 있는 사람이 되겠다는 다짐은 나에게 경제적 자유와 만족을 누리는 삶이라는 목표를 이루게 해 주었다. 2003년에 했던 맹세를 드디어 이루게 해 주었다. 그리고, 성공으로 나아가는 방법을 여러분과 나눌 수 있도록 해 주었다.

이 방법은 무척이나 효과가 있다. 그건 이 방법이 단순하기 때문이다. 또한 시대를 초월한 방법이기 때문이다. 절대 잊어서는 안 될 진실이기 때문이다.

이 책은 당신을 특별한 성공으로 이끌 지침서가 될 것이다. 시작할 준비가 되었는가? 자, 이제 책장을 넘겨라. 특별한 성공이, 경제적 자유와 만족이 당신을 기다리고 있다.

THE COMMON PATH
TO UNCOMMON SUCCESS

탁월한 성공을 위한 첫 번째 준비

· 1 ·

빅 아이디어를 찾아라

The
Common Path
to
Uncommon Success

> 모든 일은 하나의 아이디어에서 시작한다.
>
> 얼 나이팅게일 Earl Nightingale

법칙 1 특별한 성공은 하나의 빅 아이디어에서 시작된다.

자신만의 빅 아이디어를 찾을 때 우리는 흔히 두 가지 실수를 저지른다.

첫 번째 실수는, 빅 아이디어를 내가 좋아하는 것에서 찾아야 한다고 생각하는 일이다. "나는 빵이 좋아! 그러니 빵집을 차리면 되겠지!"

두 번째 실수는, 빅 아이디어를 나의 전문성에서 찾아야 한다고 생각하는 일이다. "나는 코딩을 할 줄 알아. 그러니 웹 사이트를 만들어야겠다!"

빅 아이디어는 둘 중 어느 하나와만 관계있는 것이 아니다. 자신이 열렬히 좋아하는 대상만 파거나, 자신이 잘 아는 대상만 파서는 안 된다. 자신이 열렬히 좋아하는 것과 전문성을 가진 것을 조합해야 한다. 즉 내가 하고 싶은 것과 세상이 필요로 하는 것의 교집합에서 빅 아이디어를 찾아야 한다.

첫 번째 시나리오를 살펴보자. 빅 아이디어가 내가 좋아하는 대상과 관계된 것인 경우이다. 자신의 빅 아이디어에 열정을 불태우는 일은 무척 중요하다. 그 아이디어를 가지고 하는 일이 매일매일 재밌어야 한다. 하지만 열정만 있을 뿐 세상에 필요한 해법을 제공하지 못한다면, 그 아이디어에는 견인력이 생기지 않는다.

사람들은 열정을 좇는 당신의 모습을 보고 즐거워할 수는 있겠지만, 자신에게 이득이 되지 않는다는 판단이 서면 당신의 소비자가 되어 주지 않는다. 그러면 당신은 수익을 창출하지 못하고, 결국 빅 아이디어는 취미로만 남게 된다.

자, 두 번째 시나리오를 살펴보자. 당신이 전문성을 지닌 분야에서 빅 아이디어를 뽑아낸 경우이다. 이는 엄청나게 멋진 일이 될 수도 있다. 자신이 가진 지식을 세상 사람들과 나누다니, 얼마나 멋진 일인가! 하지만 당신이 그 일에 열정이 없다면, 흥분되지 않고, 계속 궁금증이 일지 않는다면, 충족감을 얻을 수가 없다.

성공으로 가는 길은 단순하지만 먼 길이다. 빅 아이디어에 열정을 불태울 수 없다면, 어느 날 문득 그 일에 싫증을 느끼며 그만두게 된다. 당신의 전문 분야에 '열정까지 발휘하는' 경쟁자들은 차고 넘치며, 당신은 그들을 이길 수 없다.

이제 두 가지 시나리오에 존재하는 결함들을 알았을 테니 마지막 시나리오를 살펴보자.

마지막 시나리오는 자신의 빅 아이디어에 열정'도' 있고, 전문성'도' 있는 경우이다. 어떤 아이디어가 당신을 짜릿하게 만드는 동시에 세상에 진정한 가치를 제공한다면, 바로 그것이 당신만의 빅 아이디어이다. 그리고 그곳이 바로 당신의 시발점이다. 이제 자신의 시발점을 찾아보자.

≪ 시발점 찾기

1. 먼저 종이 한 장을 꺼내라.
2. 가운데에 선을 긋고, 왼쪽에는 '열정', 오른쪽에는 '전문성'이라고 써라.
3. 타이머를 5분에 맞추고 스스로 어디에 열정을 가지고 있는지 모조리 써라. 무엇이 당신을 흥분시키는가? 무엇이 당신에게 불을 붙이는가? 어렸을 적 무엇에 열광했는

가? 청소년기에는? 어른이 된 지금은? *내일 일정이 없고, 꼭 해야만 하는 일이 하나도 없다면 무엇을 하겠는가?* 머릿속에 떠오르는 대로 모조리 적어라.

삐삐삐삑! 알람이 울렸다. 이제 오른편으로 옮겨가자. 전문성 파트는 자신이 전문가만큼 잘하는 일들을 쓰는 곳이다. 다시 타이머를 5분에 맞추자.

4. 5분 동안 자신이 전문가만큼 잘하는 일을 모조리 써라. 당신은 어떤 기술이 있는가? 무엇을 잘하는가? 지난 몇 년간 어떤 경험을 했는가? 이 과정이 어렵다면 가족과 친구들에게 조언을 구해도 좋다. '저의 장점을 세 가지만 말해주실래요?' '제 이름을 들으면 무엇이 떠오르나요?' 같은 질문을 사용해라. 그러면 놀랍게도, 스스로는 '평범'한 수준이라고 생각하지만, 다른 사람의 눈에는 당신이 전문가만큼이나 잘 안다고 여겨지는 분야가 튀어나올 것이다.

삐삐삐삑! 다시 알람이 울렸다. 이제 당신의 열정과 기술을 통합할 차례이다. 호기심과 전문성을 합칠 때이다.

5. '열정' 파트와 '전문성' 파트를 화살표로 이어 보아라. 이렇게 연결된 항목들이 당신이 시작할 곳이다. 그곳이 바로 빅 아이디어가 탄생할 장소이다.

뒤에서 더 자세히 설명하겠지만, 이해를 돕기 위해 내 사례를 예시로 들겠다. 나는 열정 파트에 '성공한 사업가들과 이야기를 나누는 일'을 썼고 전문성 파트에 '군 복무 시절과 금융회사에 다니던 시절에 익힌 대화를 끌어내고 설명을 하는 일'을 썼다. 나는 이 두 가지를 연결하면 훌륭한 빅 아이디어가 될 수 있으리라 느꼈다. 그리고 이와 같은 열정과 기술을 조합시킬 수 있는 일이 뭘까 생각했고 그 결과 탄생한 것이 나를 성공으로 이끈 팟캐스트였다. 자세한 이야기는 뒤에서 설명하겠다. 이제 당신의 차례다.

빅 아이디어가 도출되었다! 실행만이 남았다!

☆ 나의 빅 아이디어

거울을 들여다보았다. "서른두 살." 이 단어를 입에 올리자 불쾌하고 거북스러웠다. 그동안 꽤 근사한 시절을 보냈는데도 말이다. 나는 평화로운 소도시에서 좋은 가족들과 십대를 보냈고 애정 어린 기억들도 무척 많았다. 대학에서 영어를 전공하고 ROTC 장교로 복무하면서 멋진 4년을 보냈다. 이후 군 장교로서 활동적인 임무를 수행하며 힘든 4년을 보내기도 했다.

스물여섯 살에 나는 예비역으로 전역하고 일 년간 과테말라에서 스페인어를 배우며 쉬었다. 코스타리카 서부 해안을 탐사하고 로스쿨 입시를 준비했다. 다행히 시험을 잘 치러서 로스쿨에 들어갔으며, 기대에 부푼 채 인생의 다음 장을 시작했다.

그런데 몇 주 지나지 않아 대참사가 일어났음을 깨달았다. 뭔가가 이상했다. 나는 로스쿨에서 가엾으리만치, 완벽하게 실패했다.

기이한 기분이었다. 나는 한 번도 가엾은 인간이었던 적이 없었다. 이라크에서 최악의 순간을 겪던 때에도 이 정도로 비참하지는 않았다. 생사가 오가는 전쟁터보다도 끝없이 공부해야 하는 로스쿨 생활이 더 고통스러웠다. 한 학기가 끝날 때까지 버티긴 했지만 더는 해낼 수가 없었다.

나는 인도로의 긴 여행을 계획했고 나만의 '먹고, 기도하고, 사랑하라'를 행하러 떠났다.

인도는 놀라운 곳이었다. 내게 필요한 곳이었다. '현실 세계에서의 탈출'을 위한 곳이었다. 나는 인도와 네팔을 탐사하고, 마침내는 12일간의 히말라야 등반 끝에 세계에서 10번째로 높다는 산인 안나푸르나의 베이스캠프까지 도달했다. 그 과정에서 마주친 소음, 열기, 문화, 음식, 북적대는 사람들이 너무 좋았다. 하지만 영원히 현실에서 도피할 수는 없다는 사실도 깨달았다. 해야 할 일 같은 건 전혀 없는 넉 달을 보내고 나서, 나는 다시 시작할 준비를 했다.

아이팟에 좋아하던 팟캐스트들을 꽉꽉 채우고 밖으로 나가 걸었다. 진행자가 아인슈타인의 말을 인용하고 있었다. 그 말이 나를 멈춰 세웠다. 그리고 유레카의 순간이 찾아왔다.

성공한 사람이 되려고 하지 마라,
그보다는 가치 있는 사람이 되려고 하라.

알베르트 아인슈타인

와우. 앞서 말했듯이 누군가 내 귓구멍에 말을 꽂아 넣고, 뺨을 날린 것만 같았다. 지난 실수들이 떠오르면서 마음이 콕콕 쑤셨다. 제대한 뒤 내가 한 일은 성공을 잘못 규정하고 그 생각을 좇은 것이었다.

아인슈타인이 무덤을 뚫고 나와서 성공 전략을 전수했다. *'가치' 있는 사람이 되어라.* 그날 내 머릿속에 번뜩인 아이디어가 아직도 눈에 선하다. 그 순간 나는 가치 있는 사람이 되는 데에 모든 걸 걸었다. 주사위는 던져졌다.

다음에 뭘 할지는 여전히 미지수였다. 하지만 맹목적으로 성공을 좇는 일이 나를 끝없는 불만족과 불행으로 이끌고 삶의 방향까지 잃게 했다는 사실은 알았다. 세상에 가치를 제공하는 일이 불운한 상황을 타개할 유일한 계책이었다. 그러니 한번 해봐야 하지 않겠는가?

　나는 걸음을 계속하면서 이 깨우침을 이해하려고 애썼다. 나는 이 세상에 어떤 가치를 제공할 수 있을까? 이러한 생각은 곧 하나의 질문으로 이어졌고, 그 질문은 모든 것을 바꾸었다.

"세상에 존재하지 않는 어떤 것을 존재하게 할 것인가?"

　몇 가지 생각이 스쳐 지나갔다. 하지만 어느 하나 대단한 기회로 느껴지진 않았다. 그러다 문득 최근 팟캐스트에 가졌던 불만이 떠올랐다.

　"나는 성공한 사람들을 인터뷰하고, 그 이야기를 들려주는 팟캐스트가 너무 좋아. 그런데 모든 프로그램이 한 주에 한 번만 방송돼. 그래서 늘 다음 방송을 기다리면서 들을 게 없단 말이지. 매일 한 편씩 방송하는 팟캐스트가 있으면 좋겠어."

　두 번째 섬광이 번쩍였다! 내가 팟캐스트를 직접 만들면 되지 않는가? 마하트마 간디의 말처럼 자신이 보고 싶은 변화를 직접 세상에 일으키면 되지 않는가? 그 순간 나는 그 변화를 직접 일구기로 결심했다. 세계 최고의 성공한 사업가들을 인터뷰하는, 가치 있는 무료 '일일' 팟캐스트 프로그램을 제작함으로써 가치 있는 사람으로 거듭나기로 했다.

그 길이 나를 어디로 데려갈지 짐작할 수 없었지만, 나는 그 길에 올라서서 성공하기로 했다. 생애 처음으로 나는 가치 있는 사람이 되는 데 몸을 던졌고, 그 기분은 끝내줬다.

물론 이 길에 늘 해가 비치고 무지개가 뜨지는 않았다. 나는 수없이 넘어졌다. 하지만 단 한 번도 아인슈타인의 말을 들었던 유레카의 순간을 잊지 않았다. 갈림길이 나올 때마다 세상에 가치를 제공하는 길을 선택했다. 앞으로 이 여정에 관한 이야기를 더 많이 풀어놓겠지만, 몇 가지를 미리 슬쩍 알려 주면서 이 장을 마무리하려고 한다.

나의 팟캐스트 'Entrepreneurs on Fire'(이하 '당신의 사업에 불을 지펴라')를 진행하던 첫 365일은 무척이나 즐거웠지만 매우 힘이 들었고 수익은 거의 없었다. 일 년간 각고의 노력을 한 뒤 손에 쥔 수입은 고작 2만 7천 달러 정도였다. 하지만 나는 가치 있는 사람이 되는 길을 포기하지 않았다. 많이 벌진 못했지만 살면서 처음으로 매일 아침 목적의식을 가지고 즐거워하며 '불이 붙은' 상태로 눈을 떴다. 나는 가치 있는 정보를 꾸준히 제공하는 데 집중했고, 청취자들은 점점 늘어났다.

정확히 열세 달째가 되었을 때, 무언가가 변화했다. 일년만에 나는 월 순수익 10만 달러(약 1억 1,000만 원)를 달성했다. 티핑 포인트(어떤 현상이 서서히 진행되다가 급물살을 타며 번창하게 되는 변곡점. - 옮긴이)에 도달한 것이다. 이때부터 계속 월 순수익이 10만 달러를 넘어섰고, 나는 홈페이지 수익란EOFire. com/income에 월간 수익 보고서를 올리기 시작했다.

월간 수익 보고서는 내 웹사이트에서 가장 조회 수가 많은 콘텐츠가 되었고, 청취자들은 이 보고서가 제공하는 투명한 지침들을 무척이나 좋아하고 칭찬해 준다. 나는 청취자들이 아이디어를 끌어내는 데 영감을 받기를 바라며 수익 보고서를 공유한다. 그뿐만 아니라 무엇을 하지 '않을지'에 관한 경고로서, 내가 저지른 수많은 실패들을 보여 주는 것도 중요하게 여긴다. 또 수익 보고서에 가치를 더하고자 보고서를 작성하는 데 회계사와 변호사의 도움을 받았다. 따라서 이제 막 사업을 일구기 시작한 사람들도 보고서의 내용을 참고하여 세금과 법률에 관해 배울 수 있을 것이다.

나는 늘 이 질문으로 되돌아갔다. *"어떻게 하면 청취자들에게 더 많은 가치를 줄 수 있을까?"*

'당신의 사업에 불을 지펴라'를 처음 시작한 이후, 나는 최고로 성공한 사업가들과 3,000건 이상 인터뷰를 했고, 최근 누적 조회 수 1억 회를 달성했다. 그리고 매달 100

만 명 이상이 내 방송을 찾아 준다. 나는 토니 로빈스Tony Robbins[1], 바버라 코코란Barbara Corcoran[2], 게리 바이너척Gary Vaynerchuk[3]과 같은 전설적인 사업가는 물론, 이전에는 인터뷰를 접하지 못했던 슈퍼스타 사업가들도 무수히 인터뷰하고 있다.

그리고 몇 년 뒤 나는 세계 최대의 팟캐스트 커뮤니티 '팟캐스터의 천국Podcasters' Paradise'을 만들었다. 네 개의 정기 구독물을 발행하고, 내 청취자들을 위해 셀 수 없이 많은 강좌를 만들었다. 그리고 이 모든 것들은 늘 *"어떻게 하면 더 많은 가치를 제공할 수 있을까?"*를 원칙으로 삼고 있다.

돌이켜 보면 '당신의 사업에 불을 지펴라'의 성공은 현실적인 문제들에 최선의 해결책을 제시한 덕분이었다. 내 프로그램이 누구에게나 먹힐까? 당연히 그렇지 않다. 하지만 '당신의 사업에 불을 지펴라'는 시장의 공백을 메웠고, 그리하여 나는 경제적 자유와 만족을 얻어낼 수 있었다.

---

1 전세계에서 1,000만 부 이상이 팔린 초베스트셀러 《네 안에 잠든 거인을 깨워라》 등을 저술한 작가이자 변화 심리학의 최고 권위자.
2 부동산 사업으로 백만장자가 된 인물로서 뉴욕 부동산 업계의 거물이다.
3 21세기 가장 영향력 있는 마케팅 전문가이자 자수성가로 2,000억 원 규모의 미디어 회사를 설립한 사업가.

나는 당신이 탁월한 성공으로 향하는 길을 찾고 나아갈 수 있도록 도울 것이다. 당신은 준비가 되었는가? 경제적 자유로 향하는 길에 함께 하겠는가?

'당신의 사업에 불을 지펴라'에 출연한 비범한 기업가들

할 엘로드Hal Elrod가 빅 아이디어를 찾은 방법

> 얼마나 성공할 수 있느냐는 나 자신이 어느 정도까지 발전하느냐에 달려 있다. 성공이란 내가 어떤 사람이 되느냐에 따라 끌려오기 때문이다.
>
> _짐 론Jim Rohn

할 엘로드는 육체적으로도, 정신적으로도 나약한 사람이었다. 그의 인생은 절망의 구렁텅이를 맴돌 뿐이었다. 그는 거울에 비친 자신을 보았다. "내가 어떻게 해야 할까?"

할은 직업적인 면에서는 대부분 성공을 거뒀다. 그는 주방용품 전문기업인 컷코Cutco 사 영업팀에서 최고 실적을 올렸다. 그러다 그는 돈을 잘 벌던 자리를 박차고 나와 자기계발 강연 회사를 차려서, 컷코의 영업사원들을 비롯한 기업가들이 더 나은 판매 시스템을 만들도록 도왔다. 그의 사업은 번창했다.

그러다 무너졌다. 2007년 경제 위기가 닥쳐오고 할의 사업은 무너졌다. 고객 절반이 나가떨어졌다. 남은 건 5만 2천 달러의 신용카드 빚뿐이었다. 집 현관문에는 압류 딱지가 붙었다. 할은 압박에 시달렸고, 이제 무슨 일을 해야 할지조차 모르는 상태가 되었다.

다행히 그의 친구 존 버고프Jon Berghoff가 그에게 현실을 깨닫게 했다. "할, 아침 일찍 일어나서 자기계발 강좌를 들으면서 운동을 해 봐. 사업을 끌어올리고 싶으면 너 자신부터 끌어올려야 해." 할은 아침형 인간이 아니었지만 지푸라기라도 잡아야 했다. 다음 날 아침 그는 일어나서 조깅하러 나갔다. 뛰는 걸 죽기보다 싫어했지만, 동기 부여 강사 짐 론Jim Rohn의 오디오 강좌 버튼을 누르고 자신이 싫어하던 생활에 뛰어들었다. 할은 반쯤은 한 귀로 듣고 한 귀로 흘리다가, 마침내 영혼을 뿌리부터 뒤흔드는 한마디를 듣게 되었다.

"얼마나 성공할 수 있느냐는 나 자신이 어느 정도까지 발전하느냐에 달려 있다. 성공이란 내가 어떤 사람이 되느냐에 따라 끌려오기 때문이다."

할의 발이 그 자리에서 딱 멈춰 섰다. 그는 자기계발 수준에서는 완전히 밑바닥 상태였고, 그의 성공 지수에는 이 상황이 고스란히 반영되었다. 길바닥 한가운데 서서 서늘한 아침 공기를 맞으며 할은 인생을 완전히 바꾸겠노라고 맹세했다. 새로이 목적의식을 갖춘 그는 집으로 돌아가서, 컴퓨터로 달려가 '성공한 사람들의 습관'을 검색했다.

할은 위대한 사람들의 성공에는 똑같은 특성과 습관이 반복해 나타난다는 사실을 알아차렸다. 세상에서 가장 성공한 사람들을 거기까지 이끈 것은 매일 행하는 몇 가지 규칙이었다.

할을 규칙적인 오전 일과가 얼마나 중요한지를 깨닫고 깜짝 놀랐다. 아침은 신체적, 정신적, 감정적, 영적 상태를 최고조로 끌어올리기에 가장 적합한 시간이다. 올바른 아침 습관은 삶을 성장시킨다. 그러면 더 나은 자신이 되어 더 나은 시간을 누리게 되고, 그러면 모든 면에서 긍정적인 방식으로 소통하게 된다. 이런 태도가 모든 일에서 동기, 에너지, 생산성을 높인다.

다음 단계로 해야 할 일은 자신이 가장 중요하게 계발해야 하는 습관이 무엇인지 확실히 알아내고, 그것들을 조합하여 체계화하는 것이었다. 수많은 시행착오 끝에 할은 지속적인 성공에 가장 중요한 여섯 가지 원칙을 수립했다. 바로 침묵Silence, 확인Affirmation, 이미지화Visualization, 실행Exercise, 독서Reading, 필사Scribing였다. 여섯 단어의 앞글자를 따서 SAVERS(구원자들)이라고 불리는 이 원칙이 바로 '미라클 모닝'의 시작이었다.

원칙이 체계화되자 할은 실행에 착수했다. 그는 6개월에서 12개월 안에 새로운 생활 습관의 결과로 어느 정도의 성공이 나타나기를 바랐다. 결과는 어땠을까? 6개월을 생각하던 그는 단 두 달 만에 수입이 두 배가 되었고, 삶은 더 멋져졌으며, 좌절감은 사라졌다. 경기는 계속 악화일로였지만, 할의 사업은 성장했다.

어떻게 된 것일까? 바로 할이 성장했기 때문이다. 할은 아내에게 기적 같은 일이 벌어졌다고 말했다. 아내가 뭐라고 대답했을까? "그건 당신의 아침이 기적 같이 변했기 때문이에요." 유레카! 이 순간 이론 하나가 탄생했다.

이후 3년 동안, 할은 자신의 기적 같은 아침 습관을 시험하고, 완벽하게 다듬고, 발전시켰다. 그리고 2012년 12월 12일,《미라클 모닝》을 자비로 출판하고 판매를 개시했다.《미라클 모닝》은 출간 이후 200만 부 이상이 팔려나갔으며, 37개국 언어로 번역되었고, 페이스북 커뮤니티 '미라클 모닝Miracle Morning'에는 26만 5천 명 이상이 회원이 활동한다. 할의 임무는 매일 아침 한 번씩 인류의 의식을 고양하는 것이다.

<미라클 모닝> DVD는 2020년 12월 12일에 배포되었는데, 이 멋진 영상에서 할은 영광스럽게도 나의 아침 습관을 언급했다. 이 DVD를 보기를 강력히 추천한다!

자신의 빅 아이디어를 찾는 방법에 대해 할은 현명한 말을 남겼다. **"자신만의 빅 아이디어는 이미 자기 인생에 있습니다. 다만 아직 깨닫지 못했을 뿐이지요.** 그건 당신이 삶에서 주기적으로 성공리에 활용했던 어떤 습관(혹은 활동)일 수 있습니다. 이 규칙들은 내가 만든 게 아닙니다. 모두 시대에 구애받지 않고 수 세기 동안 활용되어 온 행동들입니다. 나는 이런 행동들을 조합하여 나에게 맞게 효과적으로 체계화했습니다. 이 체계가 다른 사람에게도 먹힌다는 걸 깨달았을 때, 나는 이를 세상 사람들과 나누어야 한다는 걸

알았지요." 할에게는 문제가 있었다. 그래서 그는 멋진 해결책을 만들었다. 그 해결책은 그만의 빅 아이디어가 되었고, 그것은 이제 전 세계 수백만 명의 사람들에게 영향을 주고 있다.

탁월한 성공을 위한 두 번째 준비

· 2 ·

틈새시장을 노려라

The
Common Path
to
Uncommon Success

> 모두가 한 가지 방식으로만 일한다면,
> 정확히 반대로 해보라.
> 자신만의 틈새시장을 찾을 좋은 기회이다.
>
> 월마트 창업자 샘 월턴Sam Walton

법칙 2 아직 서비스가 개시되지 않은 틈새시장을 찾고, 자신이 지닌 최고의 능력으로 그 공백을 메워라.

이것은 탁월한 성공을 향한 과정에서 어마어마하게 중요한 단계이다. 또 슬프게도 사람들에게 가장 많은 저항을 받는 단계이기도 하다. 많은 사람들이 자신의 시장을 넓히면 더 많은 고객과 추종자를 끌어들일 수 있다고 믿는다.

일리 있는 말이다. 모두의 마음을 울릴 수 있다면 가장 큰 파이를 차지할 수 있지 않겠는가. 물론 당신은 자신의 상품(서비스, 제안)을 모두가, 그 사람의 엄마까지도 구매하길 바랄 것이다. 하지만…….

모두의 마음을 울리려고 한다면 그 누구의 마음도 울릴 수 없다.

잠시 이 말을 음미하라. 이 말이 당신을 고통, 좌절, 실패의 시기에서 구원할 것이다.

나는 얼굴이 허예질 때까지 이 말을 반복할 수도 있다. 하지만 대부분 귀담아듣지 않고 대신 이런 대꾸가 돌아올 것이다. "그런데 존, 난 나한테 돈을 쓰려는 사람을 한 사람도 놓치고 싶지 않아!" 무슨 말인지 충분히 이해한다. 하지만 마음가짐을 바꾸지 않는 이상 실패와 좌절은 시간문제이다.

나만의 틈새시장을 찾는 사람에게 도움이 될 만한 이야기를 하나 하겠다.

옛날 옛적 한 발명가가 (우리가 생각할 수 있는) 모든 해충을 박멸하는 놀라운 해충 스프레이를 만들었다. 바퀴벌레, 개미, 딱정벌레, 흰개미 등등…… 그는 스프레이 캔에 크고 두꺼운 글씨로, '집 안의 모든 해충 박멸'이라고 썼다. 그리고 동네 마트의 매대마다 물건을 두고, 돈이 쏟아져 들어오기를 기다렸다. 그러나 슬프게도 돈이 폭포수처럼 쏟아져 들어오는 일은 일어나지 않았다.

발명가는 대체 왜 자기 물건이 팔리지 않는지 이해할 수가 없었다. 시장에서 최고로 좋은 물건인데! 좌절한 그는 해충 스프레이 판매대를 지키고 서 있을 사람을 하나 고용하고 지켜보았다. 누군가가 그의 제품이 아닌 다른 해충 스프레이를 집어 들면 직원이 다가가 그 이유를 물었다.

드디어 이 발명가는 자신의 걸작품이 팔리지 않던 이유를 들을 수 있었다. 그리고 단순한 진실을 깨닫고는 크게 충격을 받았다.

"우리 집은 개미가 문제라서요. 난 개미를 죽일 제품을 찾고 있어요."

"우리 집에는 바퀴벌레가 있어요. 난 바퀴벌레들을 죽이는 해충 스프레이가 필요해요."

유레카! 그는 스프레이 캔 100개에 똑같이 붙어있던 '집 안의 모든 벌레 박멸'이라고 쓰인 라벨을 떼고, 25개마다 각기 다른 라벨을 붙였다.

'집 안의 모든 개미 박멸!'
'집 안의 모든 바퀴 박멸!'
'집 안의 모든 딱정벌레 박멸!'

이제 이 제품들은 사람들이 찾는 특정 문제에 대한 특정 해답을 지니게 되었다. 결과는 어땠을까? 제품이 미친 듯이 팔려나갔다!

또한 홍보 내용도 거짓은 아니었다. 다만 로버트 콜리어 Robert Collier의 다음과 같은 조언을 따라 성공했을 뿐이다.

소비자의 마음속에서 벌어지고 있는 대화로 들어가라.

소비자는 '벌레 문제'가 아니라 '개미 문제'로 골머리를 앓으면서 가게에 온다. 이것이 소비자의 마음속에서 벌어지고 있는 대화이다. 그래서 '집 안의 모든 개미 박멸!'이라는 문구를 보면, 그 대화는 마무리되고 소비자는 상품을 구매하게 된다. 그리고 그는 오래오래 행복하게 산다!(개미만 빼고!)

당면한 주제로 돌아가 보자. 사업가들이 자신의 빅 아이디어에서 견인력을 찾아내는 데 애를 먹는 이유는 이 때문이다. 틈새시장만으로는 충분치 않다. 특정하는 것만으로도 충분치 않다. 당신이 고객의 마음속에서 벌어지고 있는 대화 속으로 들어가 있지 않다면 말이다. 해결책은 무엇일까?

1단계: 자신만의 빅 아이디어를 찾아라.
2단계: 틈새시장을 만들어라.
3단계: 틈새를 한 단계 더 좁혀라.
4단계: 좁힐 곳이 없을 때까지 계속 틈새를 좁혀라.

그렇다면 좁힐 곳이 없을 때까지 틈새를 좁혔는지 어떻게 알 수 있을까? 바로 타깃 시장이 너무 작은 게 아닐까 걱정되는 순간이다. 당신이 지배할 수 있는 영역까지 좁혔을 때이다. 당신이 경쟁자를 다 뭉개 버려서 경쟁자가 없을 영역까지 좁혔을 때이다. 자, 이제 당신은 견인력을 얻고, 고객에게 누구보다 더 좋은 제품을 제공할 수 있다.

이 지점에 도달했다면 당신은 이미 승리했다.

기억하라, 빅 아이디어에는 무시할 수 없는 틈새시장이 존재한다. 빅 아이디어에는 채워 달라고 아우성치는 공백이 있다. 공백이 무엇인지 확인하고, 거기에 서비스하는 것이 당신의 일이다.

이즈음에서 내가 자주 듣는 말이 있다. "그런데, 존, 그런 조그마한 틈새시장에서 어떻게 경제적 자유를 거머쥘 수 있어요?"

그러지 못할 수도 있다. 그래도 괜찮다. 끝까지 틈새를 좁히고 시장의 공백을 메우는 일의 목표는 대부분의 기업가들이 절대 얻을 수 없는 것 하나를 손에 넣는 것이다. 바로 콘셉트 검증proof of concept(기존 시장에 없던 새로운 기술을 도입하기 전에 먼저 검증하고자 실현해 보고 타당성을 증명하는 것. -옮긴이)이다.

콘셉트가 검증되면, 자신의 작업물에 자신감을 얻게 된다. 자신의 작업물에 자신감을 얻게 되면, 고객을 끌어들이는 견인력을 얻게 된다. 고객 견인력이 생겨나면, 그다음으로는 고객의 신뢰를 쌓고, 그들이 처한 문제가 무엇인지 확인하고, 최선의 해결책을 만들 수 있다.

하지만 그 전에 먼저 자신을 이겨야 한다. 언덕 꼭대기에 바위가 하나 있다고 치자. 바위는 그 자리에 수천 년 동안 붙박여 있었다.

사업가로서 우리의 일은 이 바위를 언덕 아래로 미는 것이다. 하지만 아무리 밀어도 바위는 꿈쩍도 하지 않는다. 움직일 생각도 하지 않는다. 아무리 세게 밀어도 1인치도 움직이지 않는다. 온갖 방법을 다 써 봐도 허리만 아프고 이마에 힘줄만 튀어나온다.

이제 자신이 탁월한 성공으로 가는 길에 있음을 떠올려라. 우리는 함께 바위를 티핑 포인트에 이르게 할 수 있는 부분, 즉 어디를 밀어야 하는지 찾아낼 것이다. 일단 밀어야 할 부분을 찾으면 그다음은 중력이 우리를 끌어당겨 준다. 거기에 딱 매달려라! 그 지점에 매달리게 되면, 짜릿함을 느끼게 될 것이다.

정리하자.

1. 자신만의 빅 아이디어를 규정하라.
2. 아직 서비스되고 있지 않은 틈새시장을 찾아라.
3. 끝까지 틈새를 쪼개 나가라.
4. 최선의 (그리고 잠재적으로 유일한) 선택지가 되어라.
5. 자신의 콘셉트를 검증하고, 자신감을 느끼고, 견인력을 갖추어라.
6. 티핑 포인트에 도달하기 위해 어디를 밀어야 하는지 찾고, 거기에 단단히 매달려라!

≪ 자신만의 틈새시장 발견하기

내 빅 아이디어는 세계에서 가장 성공하고 영감을 주는 기업가들을 인터뷰하는 팟캐스트이다. 이들은 자신의 실패 경험, 유레카의 순간, 최고의 전략을 이야기함으로써 내 청취자들의 여정에 불이 붙도록 도와줄 것이다.

나는 벌떡 일어나 상상 속 또다른 나와 손뼉을 짝 마주쳤다. 집까지 전력으로 질주하여 당장이라도 시작할 준비가 되었다. 하지만 그 순간, 이 계획에 중대한 결함이 있음을 깨달았다. 내가 팟캐스트를 만들어 본 적이 없다는 것이다! 팟캐스트를 만들려면 무엇부터 해야 하는지 몰랐다.

사람들을 인터뷰하고, 대화를 끌어내 본 경험은 약간 있었지만, 그렇다고 내가 첫날부터 좋은 팟캐스트 진행자가 될 것 같지는 않았다. 프로그램이 성공하려면 뭔가 유리한 구석이 있어야 했다. 차별점이 필요했다. 프로그램에 특별하고 개성 있는 뭔가를 집어넣어야 했다, 그래야 수많은 팟캐스트 사이에서 두각을 드러내고 목소리를 낼 수 있을 터였다. '틈새시장'이 필요했다.

먼저 내게 영감을 주었던 팟캐스트들을 떠올렸다. 그 프로그램들의 공통점은 무엇인가? 그 프로그램의 어떤 면이 좋았나? 어떤 면이 별로였나? 내가 놓치고 있는 건 무엇인가?

내가 그 팟캐스트들에 대해 좋아하는 부분들을 정리해 보았다.

- 녹음이 깔끔하게 잘 되어 있다.
- 진행자가 좋은 질문을 던지고 말을 많이 하지 않는다.
- 초대 손님은 영감을 주는 성공한 인물이다.
- 성공담과 실패담이 인터뷰의 중심점이다.
- 특정한 사업 전략이 논의된다.
- 새로운 방송이 자주 올라온다.
- 초대 손님이 하는 말의 핵심을 진행자가 잘 요약한다.
- 메시지가 불분명할 때는 진행자가 이를 분명하게

만드는 질문을 던진다.
- 인터뷰는 20~30분 내외이며, 사업 이야기와 전략에 초점을 맞추고 있다.

별로였던 부분들도 정리했다.

- 녹음 상태가 형편없다.
- 진행자가 횡설수설하고 초대 손님의 말을 자주 가로막는다.
- 진행자가 자기 이야기를 반복하여 청취자에게 같은 말을 여러 번 듣게 한다.
- 초대 손님이 명확한 이야기나 경험을 나누지 않고, 성공과 동기 부여에 대한 막연한 아이디어만을 공유한다.
- 진행자가 새로운 방송을 드문드문 불규칙적으로 올린다.
- 진행자가 메시지를 명확히 정리하는 질문을 던지지 못하고, 심지어 초대 손님의 이야기를 알아듣지 못하는 듯이 보인다.
- 실제로 가치 있는 부분은 25분도 채 안 되는데, 인터뷰가 45분에서 75분까지 늘어진다.

팟캐스트에 있어 별로인 면을 정리했으니, 멋진 프로그램을 만드는 데 기여한다고 생각한 것들을 새로이 정리해 보았다.

- 고품질의 오디오 장비를 갖추고, 초대 손님의 목소리가 잘 전달되는지 확인한다.
- 성공하고 영감을 주는 사업가를 찾아 인터뷰한다.
- 인터뷰는 초대 손님에게 초점을 맞추어야 한다는 사실을 염두에 둔다.
- 초대 손님이 성공담과 실패담, 그리고 거기에서 배운 전략을 말할 준비가 되었는지 확인한다.
- 진행자로서 이런 이야기들에서 중심 교훈은 물론, 하지 말아야 할 일들을 정리한다.
- 초대 손님의 메시지가 분명히 정리되도록 명확한 질문을 던진다.
- 팟캐스트를 꾸준하게 자주 올린다.
- 인터뷰는 15분에서 25분 내외로 진행하고, 가치 있는 내용으로만 채운다.

한 걸음 뒤로 물러나 목록을 살펴보자, 내가 특별한 뭔가를 포착했음을 깨닫고 심장이 빠르게 뛰기 시작했다. 동시에 뭔가를 놓치고 있다는 사실도 알았다. 이러한 팟캐스트를 만들 수는 있지만, 나는 여전히 실패할 수 있었다.

왜 그럴까? 이런 측면들을 모두 지닌 팟캐스트들은 이미 존재했다. 게다가 이런 팟캐스트 진행자들은 경험이 풍부하고 많은 청취자를 보유하였으며, 견인력도 있었다.

내게는 그런 게 없었다. 자, 어떻게 해야 견인력을 얻을 수 있을까? 어떻게 해야 초기에 견인력을 갖추고, 콘셉트를 검증할 수 있을까?

나는 쪼갤 수 없을 때까지 틈새를 좁혀 나갔다.

팟캐스트 시장에서 아직 채워지지 않은 공백을 찾아야만 했다. 내가 첫날부터 지배할 수 있는 틈새시장을 찾아야만 했다. 내가 경쟁자들보다 뛰어나서가 아니라 경쟁자가 없다는 이유로 말이다. 그래서 나는 이렇게 자문했다. 내가 놓친 게 뭐지?

나는 목록을 되짚어 보고 기회를 찾으려 애썼다. 종이 위에서 한 문장이 툭 튀어나왔다. "새로운 방송이 자주 올라온다."

두둥. 바로 이거였다!

나는 좋아하는 팟캐스트들이 새로운 방송을 올리는 일정을 샅샅이 조사했다. 방송을 '자주' 올리는 팟캐스트의 일정은 일주일에 1회였다. 이 말인즉 내가 어떤 방송을 청취하면 다음 편이 방송되기까지 6일을 기다려야 한다는 뜻이었다. 다음 편을 기다리느라 힘들고 실망한 적이 있지 않은가!

틈새를 좁혀 나가서 이런 팟캐스트들보다 2배로 방송을 올리면 어떨까? 그러니까 주당 2회씩 올리는 것이다!

그러나 이것만으로는 충분한 틈새시장이 되지 않음을 알았다.

3회? 아니, 아직 덜 좁혀졌다.

일주일에 7회? 이런. 좁혀졌다.

일일 프로그램이 얼마나 많은 일을 수반하는지 알았기에, 나는 이것이 틈새시장이 된다는 것을 알았다.

잽싸게 조사를 하고 나서, 비즈니스 분야에서는 주당 7회 송출하는 프로그램이 '없음'을 알아냈다. 그리고 첫 방송을 한 날, 내 프로그램이 세계 최고의 영감을 주는 기업가들을 인터뷰한 '최고'의 일일 팟캐스트가 되리라는 사실을 확실히 알았다. 최악의 프로그램이 될 수도 있었다. 하지만 이 시장에서 내 프로그램은 '유일한' 것이었다.

점점 흥미로워졌다!

분명해진 사실이 하나 더 있었다. 내 팟캐스트가 잘된다면, 내가 잘하고 있다는 말이었다. 일주일에 한 번씩만 잘해도, 일 년이면 못해도 52회를 잘한 게 아닌가? 나는 꾸준히 방송을 진행하면서 좋은 팟캐스트 진행자가 되어 갔다.

헹구고, 씻어내고, 반복했다.

일일 프로그램이라는 말은 내가 '매일' 방송을 한다는 뜻이었다. 일주일에 7일, 한 달에 30일, 일 년 365일을!

여기에다 나는 말도 안 되는 수의 인맥을 꾸릴 구상을 하고 있었다. 매달 서른 명의 성공한 사업가들과 인터뷰를 하기란 꿈같은 일 아닌가! 이런 슈퍼스타들과 인맥을 쌓고 우정을 만들어 나가는 일은 그 가치를 짐작할 수조차 없었다.

게임이 시작되었다.

마지막으로 나는 장벽이 높을수록 경쟁자가 줄어듦을 깨달았다. 세계 최고로 성공한 사업가들을 인터뷰하는 일일 팟캐스트는 진입 장벽이 높았기에 경쟁자들이 존재하지 않을 터였다. 내가 이기는 게임이었다.

이제 달릴 준비가 되었다. 내가 구상한 팟캐스트가 세상에 존재하게 될 것을 나는 알았다. 거울을 바라보고 이렇게 중얼거렸다.

"세계 최고로 영감을 주는 기업가들과 인터뷰하는 최초의 일일 팟캐스트를 만들자."

그렇게 나는 다음 단계로 나아갈 준비를 했다.

'당신의 사업에 불을 지펴라'에 출연한 비범한 기업가들

세레나 수Selena Soo가 틈새시장을 발견한 방법

자신이 열정을 불태울 수 있는,

뛰어난 역량으로 모두에게 인정받는 리더가 될 수 있는,

그런 틈새시장을 선택하라.

_리처드 코흐 Richard Koch

세레나 수는 번아웃을 겪었다. 스물다섯 살이었고, 뉴욕의 아기자기한 아파트에 살았으며, 매력적인 남자친구도 있었고, 꿈에 그리던 직장에서 일했다. 모든 것을 손에 쥔 듯 보였지만 그녀는 우울했다.

어떻게 이런 일이 가능할까? 지금 같은 상황에서도 행복하지 않다면 영영 행복을 못 찾지 않을까? 변화할 때인가? 그렇다면 무엇을 변화시켜야 할까?

절망한 세레나는 여성의 삶에 관한 코칭을 듣기로 했다. 거기에서 최선의 삶을 살도록 도와준다는 작가들과 리더십 강사들을 소개받았다. 그리고 "모두가 이런 사람들을 알았으면 좋겠어."라는 생각을 하였다.

세레나는 사람들이 진정한 변화를 기대하면서도―인생의 목적을 찾는 것이든, 꿈꾸던 사업을 시작하는 것이든, 건강이나 관계를 회복하는 것이든 간에―가만히 앉아서 영감이 찾아오기만을 기다린다는 사실을 깨달았다. 그녀는 더 많은 사람들이 훌륭한 롤모델들의 가르침을 통해 삶을 변화시킬 수 있도록 돕고 싶어졌다.

세레나는 타고난 마케팅 전략가이자 브랜드 메이커, 연결왕 superconnector이었다. 이 세 가지 능력으로 그녀는 시장에 아직 존재하지 않는 틈새시장을 만들었다. 그러고 나서 일을 시작했다.

세레나는 따로 떨어진 점들을 이어 선을 그리는 걸 좋아했다. 두 사람을 한데 묶어 기회를 만들어 낼 가능성이 보이면, 그녀는 불이 붙었다. 초기 견인력을 얻어내고 콘셉트를 증명하고자 그녀는 첫 번째 고객에게는 무료로 서비스를 제공했다.

전략은 성공이었다. 그녀가 채 알아차리기도 전에 고객은 열렬한 찬사와 함께 그녀의 서비스를 전파하고 다녔다.

매일 새로운 목적의식을 가지고 깨어나면서 그녀의 우울감은 눈 녹듯이 사라졌다. 그녀는 영감을 주는 사람들에 대한 이야기를 널리 퍼트리고, 그 이야기가 필요한 사람들에게 희망을 주었다. 이것이 세레나의 틈새시장이었고, 그녀는 전문가, 코치, 그리고 작가들이 자신의 분야에서 존경받는 리더가 되도록 돕는 수백만 달러짜리 사업체를 세웠다.

틈새시장을 찾는 일에 대해 세레나는 이렇게 조언한다.

"당신이 너무 좋아해서 공짜로도 해 줄 수 있는 일은 무엇인가? 그걸 알아냈다면, 그것을 시장에 선보이고, 자신의 가치를 증명하라. 사람들에게 무료로 막대한 결과를 주어라. 그들을 광팬, 전도사로 만들어 입소문을 내라."

세레나가 자신의 세 가지 능력을 조합하여 미개척 분야 시장을 찾아내고 고유한 틈새시장으로 만든 방식이 개인적으로 내 마음에 쏙 든다. 세 가지 능력을 따로 발휘했더라면 그녀는 경쟁자가 한가득 있는 시장에 있었을 것이다. 하지만 마케팅 전략가, 브랜드 메이커, 연결왕으로서의 기술을 한데 묶어 하나의 핵심 제안으로 만들자, 고유한 틈새시장이 생기고 세레나는 그 시장을 선도하는 유명인이 되었다. 그 뒤로 일어난 일은 역사가 되었다.

THE COMMON PATH
TO UNCOMMON SUCCESS

탁월한 성공을 위한 세 번째 준비

• 3 •

아바타를 만들어라

The
Common Path
to
Uncommon Success

> '모든 사람'이 당신의 고객일 수는 없다.
>
> 세스 고딘Seth Godin

원칙 3 아바타는 성공으로 나아가는 길을 안내하는 북극성이다.

앞서 우리는 자신만의 빅 아이디어를 찾았다. 자신만의 틈새시장도 정했다. 이제 다음 단계를 밟을 준비가 되었다. 바로 아바타를 만드는 것이다.

아바타란 무엇인가? 아바타란 '단 한 사람'의 인격체이다. 아바타란 당신의 고객 모델이다. 당신이 제공할 콘텐츠나 제품, 서비스, 제안을 구매할 이상적 소비자상이다.

아바타 만들기는 어마어마하게 중요한 단계이지만 가장 많이 간과된다. 자신의 아바타를 명확하게 파악하면, 자신감을 가지고 속도를 높여 사업을 운영할 수 있게 된다.

세스 고딘의 말처럼 모두가 당신의 고객이 될 순 없다.

하지만 대부분의 사업가에게 "당신의 아바타는 어떤 사람입니까?"라고 물으면, "모든 사람들이요."라는 식으로 대답한다. 이들은 실패한다.

모두가 당신 고객이 될 순 없다. 사실 '대부분'도 아니다. 이 세상에는 수십억 명의 사람이 산다. 인류의 99%는 당신의 존재조차 모르며, 당신의 상품을 소비하지도, 당신의 메시지에 영향을 받지도 않는다.

괜찮다. 실은 멋진 사실이다.

수십억 명의 고객이 필요치는 않다. 내가 운영하는 프리미엄 팟캐스트 커뮤니티인 '팟캐스터의 천국'은 크게 성공한 온라인 커뮤니티로, 지난 8년간 6천 명의 사람들이 가입했다. 일 년에 1천 명이 조금 못 되는 인원이 가입한 셈인데, 우리는 이 커뮤니티에서'만' 500만 달러 이상의 수익을 창출하고 있다.

이것이 어떻게 가능할까? 내가 아바타를 외적으로나 내적으로나 잘 알기 때문이다. 팟캐스트에서 내가 만드는 것들은 모두 이상적인 고객, 즉 아바타를 위한 것이다. 나는 여기에만 집중했으며, 그 결과 '팟캐스터의 천국'은 해가 갈수록 번창했다.

그렇다면 자신의 아바타를 어떻게 만들까? 손에 펜을 쥐고 자리에 앉아서 다음의 질문에 답하라. *기억할 건 자*

신의 콘텐츠를 소비할 '한 사람의' 완벽한 소비자를 그려야 한다는 점이다. 단 '한 사람'이다.

1. 아바타는 몇 살인가?
2. 여자인가 남자인가?
3. 결혼은 했는가?
4. 아이는 있는가?
5. 직업은 있는가? 있다면 어떤 직업에 종사하는가?
6. 직장/학교까지 통근하는가? 그렇다면 이동 시간은 얼마나 걸리는가?
7. 자신의 일을 좋아하는가?
8. 열정을 불태우는 일은 무엇인가?
9. 취미는 무엇인가?
10. 여가 시간에는 무엇을 하는가?
11. 싫어하는 것은 무엇인가?
12. 몇 년에 걸쳐 익힌 기술들이 있는가? 있다면 무슨 기술인가?
13. 세상에 어떤 가치를 제공할 수 있는가?
14. 인생 목표, 야망, 희망, 꿈은 무엇인가?
15. 그에게 인생에서 완벽한 날은 어떤 날일까?
16. 어떤 유형의 콘텐츠를 소비하는가? 얼마나 자주 소비하는가?

17. 지금 가장 힘들어하는 일은 무엇인가?
18. 어떤 해결책을 찾고 있는가?

  이상의 질문들에 답하고 나서 500자 정도로 아바타의 신상명세서를 작성하라. 상상력을 발휘하고, 즐겨 보라.
  다 작성할 무렵이면 자신의 아바타가 어떤 사람인지 놀랄 만큼 선명하게 알게 될 것이다.
  축하한다. 이제 아바타가 생겼다! 중요한 단계가 막 끝났다. 이것이 앞으로의 여정에서 북극성처럼 길잡이가 되어줄 것이다.
  사업을 하다 보면 수천 가지의 결정을 내려야 한다. 길을 가다 보면 계속 갈림길이 나온다. 여기서 왼쪽으로 가야 하나, 오른쪽으로 가야 하나? 아바타를 만들지 않은 사람은 이런 결정을 하는 데 시간, 에너지, 정신, 돈을 쓰게 된다. 여기서 최악의 경우는 뭘까? 종종 잘못된 길을 선택하게 되는 것이다.
  어째서 잘못된 길을 선택하게 될까? 올바른 선택이란 오직 아바타에게 어떤 것이 최선이냐를 가늠하는 데서 나오기 때문이다. 갈림길이 나타나면, 아바타를 떠올리고 그의 안내를 받아라. 지금 이 순간부터 당신의 여정에 아바타를 데리고 가라. 아바타가 없다면 어둠 속에서 발이 걸려 휘청댈 것이다.

⩓ 내 아바타 지미

2012년 7월이었다. '당신의 사업에 불을 지펴라'는 선공개 단계에 접어들었지만, 상황은 내 바람보다 느리게 진행되었다. 나는 하나하나 결정을 내릴 때마다 힘이 들었다. 결정을 내리는 과정이 시간을 많이 잡아먹을 뿐 아니라, 정신적으로도 처리할 게 한 무더기였다. 완전히 지쳐 너덜너덜해졌다.

나는 종종 클리프 레번스크래프트Cliff Ravenscraft에게 전화를 걸어 조언을 구했는데, 한번은 결정을 내릴 때마다 정신적으로 얼마나 너덜너덜해지는지 모르겠다고 투덜거렸다. 그리고 그의 대답은 모든 것을 바꾸었다. "네 타깃 청취자가 원하는 게 뭘까?"

나는 순간 크게 한 방 먹고 잠시 말을 더듬거렸다. 하지만 내가 내 타깃 청취자가 무엇을 바라는지 전혀 모른다는 것만은 분명했다. 그건 타깃 청취자를 아직 떠올려 보지 않았기 때문이다. 그 순간, 머릿속에 불이 딱! 들어왔다. 타깃 청취자를 완벽하게 그린다면 지금 나를 괴롭히는 결정들이 전부 단순해질 것이었다.

나는 곧장 전화를 끊고, 자리에 앉아서 내 아바타를 그리기 시작했다. '당신의 사업에 불을 지펴라'에 딱 들어맞는 타깃 청취자상을 말이다.

종이에 펜을 대자 멈출 수가 없었다. 대체 어디에서 튀어나온 이름인지 모르겠지만 나는 종이 맨 꼭대기에 '지미'라고 썼다. 나는 지미가 무엇을 원하는지 정확히 알았다. 앞으로 무언가 결정을 내려야 할 때면 그가 가장 흥미를 느끼는 일이 무엇인지에만 집중하면 됐다.

펜이 날아갈듯 글자를 쓰고 드디어 나의 아바타가 형상을 갖추기 시작했다. 마침내 아바타가 모습을 갖췄을 때 800단어가 넘는 글이 나를 응시하고 있었다. 그때 작성했던 800단어들을 여기에 모조리 적을 순 없으니 핵심 부분만을 추려 설명하고자 한다.

> 지미는 마흔 살이다. 아내와 세 살배기, 다섯 살배기 자녀가 있다. 매일 차를 몰고 출근을 한다. 통근 시간은 25분 정도이다. 회사에 들어갈 때 커피 한 잔을 손에 들고, 자기 자리로 가는 길에 동료 두어 명에게 인사를 하고, 싫어하는 업무를 보면서 8시간을 보낸다. 일과가 끝나면 차로 달려가 집으로 돌아가는 데 35분이 걸린다(저녁에는 차가 조금 밀린다).
>
> 집에 도착하면 아이들과 조금 놀아 준다. 저녁을 먹고 나서, 아이들을 재우고, 아내와 일과에 대해 이야기하며 시간을 조금 보낸다. 그러고 나면 소파에 홀로 앉아 신세한탄을 하고 있는 자신을 발견한다. 어째서 그는 깨어 있

는 시간의 90%를 좋아하지도 않는 일로만 꽉꽉 채워 살고 있는 걸까? 어째서 깨어 있는 시간의 10%만을 자신이 좋아하는 일, 그러니까 아이들과 아내와 함께 보내는 데 쓰는 걸까?

지미는 매일 출근하면서 '당신의 사업에 불을 지펴라'를 듣고, 게스트들이 사업을 하면서 겪은 최악의 순간들과 그때 배운 교훈을 들을 필요가 있었다. 이를 통해 지미는 '실수에서 배우는 점이 있다면 실패해도 괜찮다!'는 사실을 이해하게 될 것이다. 퇴근길에는 성공한 사업가들에게 다가온 유레카의 순간들에 관해 듣고, 위대한 아이디어가 어떻게 생겨났는지, 그 아이디어를 어떻게 성공으로 이끌었는지 배우게 될 것이다. 마지막으로 소파에 홀로 앉아 하루를 마무리할 때는 자기 연민에 훌쩍이지 않고, 게스트들이 유레카의 순간에 떠올린 번뜩이는 생각들, 그들이 가장 좋아했던 책, 성공 전략 등을 들을 필요가 있었다. 영감을 주는 성공한 사업가들에게서 배움으로써 지미는 사업에서 도약을 이루고, 경제적 자유를 누리고, 자유로운 삶을 만들어 나가는 데 필요한 지식과 용기를 갖추게 될 것이다.

지미는 나의 팟캐스트에 완벽히 걸맞는 청취자였다. 나는 갈림길이 나올 때마다 빠르고 자신만만하게 방향을 골랐다. 방향을 정할 때마다 시간과 에너지를 낭비하고 정신력을 소진하던 나날은 지나갔다. 이제는 "지미가 뭘 원할까?"를 생각하면 되었다. 그러면 지미가 그 답을 주었다.

- "프로그램 길이는 얼마나 돼야 할까?"
- "25분 이상은 안 돼. 지미의 출근 시간을 생각해 봐."

- "어떤 간격으로 방송해야 할까?"
- "1일 1회. 지미는 주중에는 매일 출근하고, 주말에는 운동하러 가니까, 일주일에 7일 영감을 받아야 해."

- "진행자로서 내가 초대 손님에게 어떤 걸 물어야 할까?"
- "지미에게 필요한 답을 주는 질문!"

'당신의 사업에 불을 지펴라'는 성공한 사업가들에게 영감을 받고자 하는 사람들을 위해 만들어졌지만, 특히 한 사람, 지미를 위해 만들어졌다.

왜 사람들은 아바타를 만들어 범위를 특정하는 일에 거부감을 보일까? 그건 모두의 가슴을 울릴 만한 것을 만들면, 고객이 빠르게 증가하고 더 큰 성공을 거머쥐리라고 믿어서이다. 이런 믿음은 당신을 곧장 재앙 수준의 실패로 처박을 것이다. 아바타가 없다는 건 길잡이가 없다는 것이다. 당신은 진창 속에 빠져 비참해지고, 정신적으로 완전히 나가떨어지게 될 것이다.

모두의 마음을 울리려고 애쓰면 누구의 마음도 울릴 수 없다.

이 문장을 썼을 때 나의 팟캐스트는 매달 100만 건 이상의 조회수를 기록하고 있었다. 그렇다면 내 팟캐스트의 모든 청취자가 지미처럼 아내와 세 살, 다섯 살배기 자녀가 있는 마흔 살의 남자일까? 물론 아니다. 열 살도 안 된 청취자도 있고, 아흔 살이 넘은 청취자도 있다. 하지만 이들은 모두 내 팟캐스트에서 가치를 얻어내고 있다.

단 한 명에 집중하면 그걸 누가 듣겠냐며 망할 거라고 말한 사람들도 있었다. 결과는 통쾌했다. 좁히고 또 좁혀서, 단 한 명만을 위한 콘텐츠를 만들어냄으로써 얻어낸 명료성이 나의 팟캐스트를 10년 넘게 최고의 자리에서 버티게 해준 힘이었다.

'당신의 사업에 불을 지펴라'가 수년 동안 진화하면서 지미도 함께 발전했다. 당신의 아바타 또한 그럴 것이다. 그러니 '상황이 달라지면 어떡하지' 하는 걱정은 잠시 미뤄두고 당신만의 아바타를 만들어라. 그렇지 않으면 중요한 것들을 계속해서 놓칠 수밖에 없게 된다.

'당신의 사업에 불을 지펴라'에 출연한 비범한 기업가들

존 모로Jon Morrow가 아바타를 만든 방법

사람들을 좇지 마라.

너 자신으로 있어라, 자신의 일을 하라, 열심히 하라.

그러면 당신 인생에

정말로 있어야 할 사람이 와서 머물 것이다.

_윌 스미스Will Smith

존은 수년에 걸쳐 자신의 아바타에 대해 알게 되었다. 많은 시행착오를 거쳐서였다. 사업을 시작했을 때 존은 아바타를 설정해야 한다는 말에 투덜댔고 결과적으로 말할 수 없을 만치 많은 돈을 잃었다. 사전 조사를 진행하고 아바타에 꼭 맞는 상품을 만들고서야 존은 성공을 거머쥘 수 있었다.

현재 그는 스마트블로거닷컴SmartBlogger.com에서 수천 명의 고객들에게 서비스를 제공하고 수백만 달러의 수익을 올리고 있다. 모든 일은 그가 자신의 세 아바타를 이해하는 데서 시작되었다.

1. 틈새시장을 노린 강좌를 제공하고 제휴 마케팅 등을 통해 자동 수익Passive Income을 만들고자 하는 사람
2. 틈새시장에서 인플루언서, 전문가, 리더가 되려는 사람
3. 글을 써서 돈을 벌려는 사람

존은 아바타가 스스로의 행동과 열망으로 자신이 어떤 인물인지를 스스로 보여줄 수 있다고 생각한다.

> 행동으로 보여 주어라,
> 당신이 하는 말을 나는 들을 수 없다.
> _랠프 월도 에머슨Ralph Waldo Emerson

존은 "당신에게 가장 힘든 일이 무엇인가?"라는 질문을 던졌다. 이 질문에 적절한 응답을 하기 위해서는, 고객들이 어려움을 겪을 만한 무언가를 '행한 적이 있는' 사람들이어야 했다. 존의 조사에서 고객의 80퍼센트는 무언가를 하기를 열망하지만 아직 행동은 취하지 않았다.

따라서 질문을 다음과 같이 수정해야 했다.

1. 당신은 지금 무슨 일을 하고 있는가?
2. 당신은 여가 시간에 무엇을 하는가?
3. 그걸 하는 데 도움을 받고자 어떤 물건을 구매했는가?

뭔가 물건을 구매하지 않았다면 그 일에 진지하게 임한 것은 아니라 판단하고 존은 그들을 아바타로 간주하지 않았다. 어째서일까? 존은 겨우 한 번 정도 사게 만드는 일이 수익성이 있다고는 보지 않았다. 그는 목표를 추구하는 데 시간과 돈을 적극적으로 쓰는 사람들에게 초점을 맞추었다.

고객 조사 형식을 통해 앞선 질문들에 대한 답변을 취합한 뒤, 존은 개별 인터뷰로 넘어갔다. 그의 팀은 적어도 10명을 이상적인 타깃 고객으로 삼고 직접 대화를 나누었다. 모든 대화는 녹음되고 해석되었고, 이에 그들은 인터뷰 결과를 깊이 탐구할 수 있었다. 인터뷰 때 한 질문은 다음과 같다.

- 평소 어떻게 입고 다니는가?
- 당신의 목표로 향하는 여정에서 어느 지점까지 와 있는가?
- 이에 대해 어떤 기분인가?
- 이에 대해 가족들은 어떻게 느끼는가?
- 지금 어디로 가고 있는가?

- 그 물건을 산 이유는 무엇인가?
- 그 물건에서 무엇을 얻고자 하는가?
- 전/후 사진을 가지고 있다면, 후 사진은 어떠한가? 당신은 요트로 세계 일주 중인가, 아니면 파자마를 입고 집에서 일하는 중인가?

이 과정의 목표는 아바타에 대해 가능한 많은 것을 알아내는 것이다. 그는 누구에게 관심이 있는가? 당신 말고 다른 누군가가 파는 것을 구입하는가? 당신은 아바타의 그 관심을 자신의 상품(서비스)으로 전환시키고 싶을 것이다.

존은 승리를 이렇게 정의한다. "아바타의 관심을 더 사로잡고, 그들이 목적으로 하는 대상에 돈을 더 지출하게 만드는 것." 존은 아바타가 어떤 일을 단순한 호기심에서 시작했다가, 시간이 흐를수록 그 관심이 더욱 세세하게 발전되어 나감을 알게 되었다.

존의 세 번째 아바타, 즉 "글을 써서 돈을 벌려는 사람"을 예로 들어 보자. 시간이 흐를수록, 그는 자신이 다른 사람들에 비해 글을 매끄럽게 잘 쓴다는 것을 알게 된다. 그는 프리랜서 작가라는 용어를 알게 된다. 그리고 자신이 프리랜서 작가로 돈을 벌 수 있을지 궁금해지기 시작한다. 인터넷 검색을 조금 해 보고, 잡지나 웹사이트 등에 자신의 글을 기고하기 시작한다. 콘텐츠 마케팅, 이메일 마케팅, 광고 문구 작성법을 배우게 된다. 첫 번째 고객을 확보하며 단기 프리랜서 작가로 활동하고, 이따금 전속 프리랜서 작가로 일하게 된다.

존은 이런 시나리오에서 가장 가치 있는 사람은 목표를 거의 달성한 사람이지만, 고객으로서는 시장이 가장 작으며 가장 접근하기 어렵다는 사실을 알게 되었다. 초보자들이 더 큰 시장이며, 가장 큰 수익원이 될 터였다.

존은 이렇게 말한다. "아바타가 어떤 사람인지 알아야, 돈의 흐름을, 주목을 끄는 게 무엇인지를 알 수 있다. 아바타를 잘 알게 될수록, 더 많은 돈을 벌고, 더 경쟁력을 갖추게 될 것이다."

THE COMMON PATH
TO UNCOMMON SUCCESS

탁월한 성공을 위한 네 번째 준비

• 4 •

플랫폼을 골라라

*The
Common Path
to
Uncommon Success*

> "사는 게 힘들다." 하는 한숨 쉬는 소리를 들으면,
> 난 늘 이렇게 묻고 싶어진다.
> "뭐랑 비교해서?"
>
> 시드니 해리스 Sydney Harris

법칙 4 플랫폼은 메시지를 세상에 전파하는 수단이다.

받아들이자. 인생은 도전의 연속이다. 성공을 이루기란 쉽지 않다. 하지만 우리는 어떤 고난을 겪을지 선택할 수 있다.

아이러니한 사실이 있다. 성공을 추구하지 않아도 사는 건 힘들다. 매달 생활비를 벌고 공과금을 처리하며 '평범하게' 사는 일도 무지하게 힘들다. 늘 돈에 대한 스트레스를 받는 건 당연히 힘들다. 가족을 부양하지 못하고, 친구를, 사랑하는 사람을 돕지 못하는 것도 힘들다.

그렇다, 사는 건 힘들다. 하지만 고를 수만 있다면 어떤 쪽을 선택할 것인가? 어떻게 살아도 힘들다면 성공이라도 하고 힘든 게 덜 억울하지 않나? 이제 어떤 고난을 겪을지 택할 때이다.

다음 단계는 플랫폼 선택하기이다. 당신은 빅 아이디어를 가졌고, 틈새시장을 좁혔으며, 아바타도 만들었다. 이제 플랫폼을 결정할 때이다. 플랫폼은 당신의 콘텐츠를 전달하는 매체이다.

선택할 수 있는 플랫폼은 크게 세 가지이다. 글, 오디오, 영상.

≫ 글

글은 오랫동안 존재해 왔다. 인쇄술이 발명된 이후, 글은 사상이나 의견, 지식을 공유하는 데 사용되었다. 지난 수백 년간 신문은 주요 정보원이었다. 1990년대와 2000년대에는 블로그가 새로운 형태의 매체로 인기를 끌었다. 전통적인 검열관의 지시를 받지 않아도 된다는 장점이 한몫을 했다.

블로그는 대개 특정 웹사이트를 이용하며, 온라인 출판

플랫폼이나 페이스북, 링크드인, 인스타그램 같은 소셜 미디어에서 발행 기능을 이용하여 성공을 거둔 것들도 있다.

글로 된 콘텐츠는 다음과 같은 장점이 있다.

- 글은 공유하기가 쉽다.
- 아직까지 많은 사람들이 다른 플랫폼보다는 글로 쓰인 콘텐츠를 선호한다.
- 글은 오디오나 영상을 제작하는 것보다 시간이 적게 든다.
- 글은 오디오나 영상에 비해 편집하기가 훨씬 쉽다.

글로 된 콘텐츠는 다음과 같은 단점이 있다.

- 글로 된 콘텐츠는 편집하여 다른 형태의 콘텐츠로 재활용하기 어렵다.
- 많은 사람들이 긴 글을 읽는 것을 좋아하지 않는다.
- 글로 된 콘텐츠는 진입 장벽이 낮아서 누구나 활용할 수 있으며, 그 결과 포화 상태의 플랫폼이다.

나는 주요 플랫폼으로 글을 사용하진 않지만, 이메일 뉴스레터, 블로그 포스트, 소셜 미디어를 이용하고 있다. 이런 글들은 나의 주 플랫폼인 팟캐스트를 보완하는 역할을 한다.

≫ 오디오

나는 오디오 콘텐츠를 기반으로 나만의 '제국'을 일궜다. 팟캐스트, 라디오, 오디오북은 오디오 콘텐츠를 소비하는 주요 방법이다. 2012년 나는 주요 콘텐츠 플랫폼으로 팟캐스트를 선택했는데, 그건 내가 열렬한 팟캐스트 소비자였기 때문이다.

나는 이 매체를 잘 알았다. 팟캐스트는 무료이고, 소비자가 원하는 시간, 장소에서 들을 수 있고, 목표 지향적 콘텐츠라는 점이 무척 좋았다. 더 듣고 싶은 주제를 선택하고, 이용할 수 있는 편한 시간에 언제든, 돈을 내지 않고 들을 수 있는 매체였다. 어찌 좋아하지 않을 수 있겠는가?

거기에다 팟캐스트는 다른 일을 하면서도 들을 수 있어서 좋았다. 운전을 하거나, 강아지를 산책시키거나, 운동을 하거나, 설거지를 하면서 말이다. 이는 일상적인 일들을 지식을 쌓는 기회로 바꾸는 것이다. 나는 통근 시간을 '자동차 대학'이라고 부르게 되었고, 더 이상 교통 체증이 두렵지 않았다. 내 플랫폼을 고를 시간이 다가왔을 때 나는 고민없이 오디오를 택했다.

팟캐스트는 다음과 같은 장점이 있다.

- 다른 일을 하면서 들을 수 있다. 최고의 멀티태스킹 도구이다.
- 무료다.
- 온디맨드On-Demand 형식이다. 즉, 소비자가 듣고 싶을 때 언제 어디서든 들을 수 있다.
- 타깃 맞춤형이다. 카테고리가 수백 개나 있는데, 그 아래 하위 카테고리들이 또 수백 개가 있다. 덕분에 자신이 관심 있는 주제를 콕 집어서 다루는 팟캐스트를 찾을 수 있다.
- 친근하다. 인간은 목소리에 끌린다.

팟캐스트는 다음과 같은 단점이 있다.

- 시각적 표현이 보고 싶은, 혹은 필요한 순간이 있다.
- 듣는 콘텐츠를 그다지 즐기지 않는 사람들도 있다.
- 진입장벽이 중간 정도이다. 그리하여 수많은 팟캐스트가 존재하고, 포화 시장이 존재한다.

⚡ 영상

인간은 타고나기를 시각적 존재이다. 우리는 주변 세계를 인지하고 반응하면서 살아간다. 많은 면에서 영상은 완벽한 플랫폼이다. 콘텐츠에 오디오와 글 두 가지를 넣을 수도 있다. 영상의 유일한 단점은 집중해서 보아야 한다는 점이다. 따라서 멀티태스킹을 하기가 힘들다.

긍정적인 면은 수없이 많다. 영상은 콘텐츠 한 편으로 모든 이용 가능한 플랫폼에 뿌릴 수 있다. 예컨대 간헐적 단식이 어째서 이점이 될 수 있는지에 관한 15분짜리 영상을 만들었다고 하자. 그 영상을 유튜브나 페이스북, IGTV, 링크드인, 기타 수많은 동영상 플랫폼에 게시할 수 있다.

또한 영상을 1분짜리로 편집하여 인스타그램 피드, 인스타그램 스토리, 페이스북 스토리, 스냅챗, 기타 짧은 영상을 올리는 동영상 플랫폼에 올려서 전체 영상을 보러 오게끔 홍보할 수도 있다.

영상에서 오디오만 분리해서 팟캐스트로 만들 수도 있다. 또한 영상에서 대본을 추출해서 글로 된 포스트를 작성할 수도 있다. 이처럼 영상은 다양한 플랫폼에 맞는 콘텐츠를 재생산하여 시청자들이 그중 가장 좋아하는 형태를 고르게 할 수 있다.

영상은 다음과 같은 장점이 있다.

- 인간은 시각적 존재이며, 영상이 제공하는 시각 자극을 사랑한다.
- (대체로) 무료다.
- 영상 또한 온디맨드 형식이다. 영상을 중지시키고, 필요할 때 자리를 떴다가 다시 돌아와서 해당 부분부터 볼 수 있다.
- 타깃 맞춤형이다. 관심 있는 주제를 콕 집어서 볼 수 있다.
- 공유하기가 쉽다.
- 다른 형태의 콘텐츠로 재생산하기 매우 좋다.

영상은 다음과 같은 단점이 있다.

- 고품질 영상을 만드는 데는 조명, 카메라, 의상 등 수많은 준비물이 필요하다.
- 전문적인 영상을 만드는 데는 비용이 많이 든다.
- 전문적인 영상을 만드는 데는 시간이 많이 든다.
- 영상을 보면서 다른 건설적인 일을 동시에 할 수가 없다.
- 진입 장벽이 중간 정도이며(스마트폰이 있는 사람에게는), 따라서 이 역시 포화 시장이다.

≫ 플랫폼 고르기

앞장에서 우리는 아바타를 만들었다. 플랫폼을 고를 때도 아바타가 원하는 것을 골라야 한다. 탁월한 성공을 향한 길은 어려운 여정이지만, 그 길은 분명하게 눈에 보인다. 플랫폼을 고르고, 거기에 전념하여, 만들 수 있는 최고의 콘텐츠를 제작하라.

당신도 할 수 있다!

≫ '당신의 사업에 불을 지펴라'는 어떻게 탄생했는가

플랫폼을 골라야 하는 순간이 다가왔을 때 내가 해야 할 질문은 분명했다. 지미가 바라는 건 무엇인가? 지미는 세상에서 가장 성공하고 영감을 주는 기업가들이 자신들의 이야기를 하는 걸 듣고 싶어 했다. 그리고 그것을 통근 시간이나 운동할 때, 강아지를 산책시킬 때 듣고 싶어 했다.

영상을 보거나 블로그 게시물을 읽는 일은 이럴 때 할 수 없었다. 오디오를 듣는 일만이 가능했다.

나는 열렬한 팟캐스트 애청자였다. 이 매체와 사랑에 빠져 있었다. 그렇기에 목소리의 힘을 알았다. 팟캐스트의 놀랄 만한 세 가지 장점을 이해했다. 무료이고, 온디맨드 형식이며, 타깃 콘텐츠라는 점 말이다.

- **무료** : 사람들은 무료를 좋아한다. 팟캐스트는 굉장한 콘텐츠를 무료로 제공한다.
- **온디맨드 형식** : 팟캐스트는 듣고 싶을 때 들을 수 있는 선택지를 제공한다.
- **타깃 맞춤형 콘텐츠** : 팟캐스트를 골라서 '재생'할 수 있다. 선택은 내 손에 달려 있다.

일일 팟캐스트는 벅찬 시도였지만, 나는 지미가 구하는 해답을 만들어야 한다는 걸 알았다. 그래서 나는 성공할 때까지 하나의 경로를 따라가기로 결심했다. 팟캐스트는 내 아바타가 필요로 하는 플랫폼이었고, 그래서 여기에 모든 걸 걸어 보기로 했다.

'당신의 사업에 불을 지펴라'에 출연한 비범한 기업가들

레슬리 새뮤얼Leslie Samuel이 플랫폼을 고른 방법

플랫폼은 사람들에게 내 목소리를
들려주기 위해 존재한다. 그곳이 나의 무대이다.
하지만 극장 무대와 달리 오늘날의 플랫폼은
나무나 콘크리트로 만들어지거나 초록 언덕 위에
놓여 있지 않다. 오늘날의 플랫폼은
사람들로 이루어져 있다. 접촉, 소통, 팔로워로 말이다.

_마이클 하얏트Michael Hyatt

2008년이었다. 레슬리는 고등학교에서 과학과 수학을 가르치는 교사였다. 오랜 시간을 일했지만, 보수는 무일푼이나 다름없었다. 레슬리는 큰 목표, 고매한 포부, 그리고 자신의 생각을 현실로 실행하는 불굴의 의지를 지녔지만, 현재 수입으로는 간절히 바라는 경제적 자유를 얻기 전에 노인이 될 터였다. 이제 자신만의 게임을 시작할 때였다.

레슬리는 인터넷 사이트들을 어슬렁거리면서 추가 수입을 얻을 방법을 찾기 시작했다. 제휴 마케팅을 배우고 나서(제16장에서 더 자세히 설명하겠다), 레슬리는 이 분야가 자신을 위한 길임을 알았다. 온라인 조사를 통해 마케팅 과정을 좀 더 공부하고 난 뒤, 그는 제휴 제안 및 전략에 초점을 맞춘 인터넷 게시판을 발견했다. 시간을 들여 게시판에 올라온 콘텐츠들을 읽어 보고, 전략을 활용해 보았다. 그러고 나서 짜잔, 2008년 1월 18일, 드디어 제휴 사업과 관련된 은행 잔고가 0을 넘어섰다. 제휴를 통해 처음으로 70달러를 번 것이다.

이야! 이게 실제로 효과가 있다니!

이것은 시작이었고, 레슬리가 이 일을 할 수 있음을 입증한 것이었다. 그는 계속 온라인 게시판들에서 많은 시간을 보냈고, 그러다가 두어 가지 사실을 깨달았다. 하나는 사람들이 같은 질문을 반복하고 있다는 점이었다. 두 번째는 그가 그런 질문들에 대한 대답을 대부분 안다는 점이었다.

레슬리는 가치 있는 사람이 되는 일에 착수했다. 그는 매일 시간을 들여 사람들의 질문에 답을 해 주고, 그들을 올바른 방향으로 이끌었다. 그러자 재미있는 일이 벌어졌다. 수입이 쭉쭉 늘어나기 시작한 것이다.

사람들은 레슬리가 무료로 제공한 가치에 감사해하며, 그의 제안을 찾아다니고, 그가 링크를 건 상품(서비스)을 구매했다.

레슬리는 온라인 게시판 활동에 더욱 많은 노력을 쏟아부었다. 제휴 마케팅에 대한 지식을 성장시킴과 동시에, 사람들의 질문에 불쑥 끼어들어 답변하고 더 많은 가치를 제공하는 사람이 되었다.

그러다가 그는 블로그를 다룬 전자책 한 권을 우연히 보게 되었다. 그는 앉은 자리에서 그 책을 끝까지 다 읽었다. 유레카! 이즈음 레슬리는 매일 온라인 게시판에서 많은 시간을 보내고 비슷한 질문들에 반복해 답변을 달고 있었다. 그 책은 그에게 블로그가 답이라는 확신을 주었다. 블로그라면 사람들이 매일 온라인 게시판에서 묻는 질문들을 상세하고 길게 다룰 수 있었다.

이제 매일 쳇바퀴 돌 듯 똑같은 내용을 계속 쓰는 대신, 그는 질문에 대한 가장 좋은 답을 얻으려면 자신의 블로그로 오라는 글을 올렸다. 그러면 그가 작성한 다른 콘텐츠들도 볼 수 있었다. 이 계획을 실행에 옮기자마자 눈에 띄게 추가 수입이 생겨났다. 구글은 그의 블로그를 좋아했고, 온라인 제휴 마케팅 정보를 찾을 때면 그의 글을 상위에 노출했다.

레슬리는 적게 일하고 더 많은 조회수를 기록하게 되었다. 게다가 온라인 생활을 며칠 쉬어도 수입은 마르지 않았다. 사람들은 그의 블로그를 계속 찾았고, 그의 제안을 받아들였다.

레슬리는 블로그에 이메일 구독 기능을 더하고, 사람들을 끌어들이는 지렛대로 팟캐스트, 유튜브, 소셜 미디어 같은 다른 플랫폼들을 이용했다. 그의 전략의 중심은 블로그였다. 블로그에는 그가 작성한 좋은 글들이 있었고, 그가 제휴한 상품에 대한 링크가 걸려 있었다.

시간이 흐르면서 레슬리는 강좌, 컨설팅, 자신이 서비스하는 분야의 코칭을 더해 나갔고, 성공하는 블로그를 만드는 방법에 관한 선구자이자 유명인이 되었다. 레슬리는 이렇게 말한다. "모든 일이 블로그에 올린 콘텐츠로 시작되었습니다. 사람들에게 가치를 더해 주고, 사업을 도와주면서 말이죠."

레슬리는 자신이 활동할 플랫폼을 고르고 유명한 리더가 되었다. 이제 당신의 플랫폼을 고를 차례다.

탁월한 성공을 위한 다섯 번째 준비

· 5 ·

멘토를 찾아라

*The
Common Path
to
Uncommon Success*

멘토는 당신 내면에 존재하는 희망을 보게 해 주는 사람이다.

오프라 윈프리

멘토는 탁월한 성공으로 나아가는 길의 중차대한 요소이다. 불행히도 우리 대부분은 완벽한 멘토를 찾지 못한다. 어째서일까? 올바른 곳에서 찾지 않아서 그렇다.

길을 가는 평범한 사람들에게 "당신에게는 완벽한 멘토가 있습니까?" 하고 물으면, 리처드 브랜슨Richard Branson[4], 마크 큐반Mark Cuban[5], 바버라 코코란 같이 엄청난 수익을 올리는 억만장자의 이름이 나오곤 한다.

---

4 영국 버진 그룹의 창업자이자 회장. 난독증에 고교 중퇴자였던 그는 <내가 상상하면 현실이 된다>는 그의 자서전 제목처럼 상상을 모두 이뤄내고 '창조경영의 아이콘', '지구를 구할 영웅'으로 불릴 만큼 존경받는 기업가가 되었다. 명실상부 인생 승리의 아이콘. 2021년 7월 11일 민간 우주 관광에 성공한 첫 인물이 되었다. -편집자

5 미국의 투자자이자 사업가, NBA 댈러스 매버릭스 구단주. -옮긴이

그러면 나는 "레코드 가게를 열려고 하는군요?"(리처드 브랜슨은 레코드 가게로 사업을 시작해 백만장자가 되었다)라거나, "제일 좋아하는 스포츠 팀에 대한 오디오 스트리밍 서비스를 생각 중인가요?"(마크 큐번은 그렇게 백만장자가 되었다)라거나, "맨해튼에 당신의 부동산 제국을 세우고 싶은 거군요!"(바버라 코코란은 뉴욕 부동산 업계의 여왕이다)라고 대답하게 된다. 그럼 당신도 상상할 수 있듯이 "뭐야" 하는 듯한 시선이 돌아온다.

내 말의 요지는 간단하다. *완벽한 멘토란 일 년 후 당신이 있고 싶은 곳에 현재 도달해 있는 사람이다.* 누구도 오늘부터 일 년 안에 리처드 브랜슨이나 마크 큐번이나 바버라 코코란이 있는 자리까지 갈 수 없다. 그만한 성공에 이르는 데에는 오랜 시간이 걸린다.

2012년, 나는 비즈니스 분야의 팟캐스트를 성공시키고 싶었다. 그래서 대략 일 년이라는 시간 동안 비즈니스 분야의 성공한 팟캐스트 진행자였던 사람을 찾아서 돈을 지불하고 그에게 가르침을 받았다.

이런 식으로 멘토를 찾는다면 내가 막 시작한 일을 최근에 완수해 낸 사람에게서 배울 수 있다. 그들의 조언은 적절하고 가치 있다. 그들은 혼돈의 미로를, 지름길을, 내가 피해야 할 덫을 알기 때문이다. 또한 나에게 도움이 될 적절한 사람을 소개해 줄 수 있고, 내가 참석해야 하는 이벤트나 컨퍼런스 등도 추천해줄 수 있다. 적절한 멘토는 내가 다진 기반이 견고한지 확인해 주고, 올바른 방향으로 나아가도록 나를 이끈다.

이런 완벽한 멘토를 어떻게 찾을까? 먼저 일 년 후 당신이 어디에 있고 싶은지를 정확하게 써 보라.

- (일년 후) 무엇을 만들고 있을 것인가?
- (일년 후) 하루하루를 어떻게 보낼 것인가?
- (일년 후) 누구에게 서비스를 제공하고 있을 것인가?
- (일년 후) 매달 얼마의 수익을 창출하고 싶은가?
- (일년 후) 어떤 종류의 프로젝트를 진행하고 있는가?

일 년 후 자신이 있고 싶은 곳을 분명히 파악했다면, 이제 완벽한 멘토를 찾을 때이다. 멘토는 일 년 후 당신이 있고 싶은 곳에 현재 자리한 사람이며, 따라서 목표는 이 기준을 충족시키는 사람을 다섯 명 고르는 것이다.

우리는 빅 아이디어가 있고, 자신이 들어갈 틈새시장도 알며, 아바타도 만들었고, 플랫폼도 골랐다. 이제 이런 부분들을 나누어 가진 사람을 찾으러 나가라. 목록을 작성하고 나면, 팟캐스트든, 브이로그든, 블로그든, 뉴스레터든, SNS든, 각 멘토가 만드는 콘텐츠를 구독하라.

매일 멘토 후보들의 모든 채널에 올라온 콘텐츠를 볼 시간을 빼 두어라. 댓글을 달고, 그 콘텐츠를 다른 사람들과 공유하고, 친절한 글을 남겨라. 이런 작업을 열흘 정도만 해도 멘토 후보와 접촉할 기회가 생기고, 그들에게 당신이 콘텐츠에 활용할 만한 소재로 보이게 될 것이다. 열흘 이상 연속으로 그들의 콘텐츠를 소비하는 동안은 직감이 이끄는 대로 하라.

멘토 후보들이 만들고 배포한 콘텐츠들을 통해 후보를 한두 사람으로 줄여라. 열흘이면 완벽한 멘토들의 순위가 분명히 정해질 것이다. 다섯 모두가 좋은 멘토가 될 수도 있지만, 그중 최우선순위의 완벽한 멘토를 구하는 편이 낫다.

이제 최우선순위의 멘토에게 접촉할 때이다. 이메일이나 SNS 쪽지, 그밖에 당신이 찾아낸 다른 방법으로 멘토에게 연락을 취하라. 이 부분은 어렵지 않지만 전세가 뒤집히는 지점이다. 멘토 후보가 당신의 메시지를 읽도록 최선을 다하라. 어떤 메시지를 보낼지 예를 들어 보겠다.

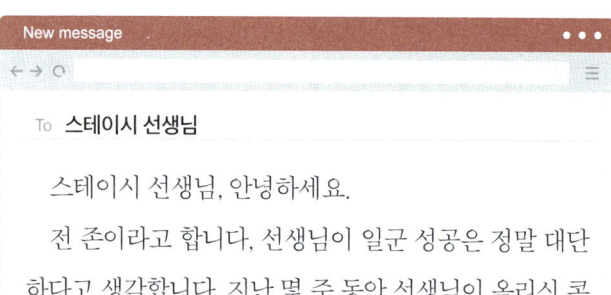

New message

To 스테이시 선생님

스테이시 선생님, 안녕하세요.

전 존이라고 합니다. 선생님이 일군 성공은 정말 대단하다고 생각합니다. 지난 몇 주 동안 선생님이 올리신 콘텐츠들을 모조리 읽어 봤습니다. 전부 제 마음에 크게 와 닿았습니다. 특히 최근에 댄과 한 인터뷰가 너무 좋더군요. 저를 새로운 기회에 눈 뜨게 해주었답니다!

제가 메일을 보낸 이유는 다름이 아니라……. 저 역시 선생님이 일구신 것과 같은 성공을 손에 넣고 자유롭게 살아가고 싶습니다. 그러기 위해서라면 정말 최선을 다할 겁니다.

선생님께서 다른 사람들에게 멘토링을 하신다는 걸 알게 되었습니다. 절 받아주신다면 선생님의 멘토링을 받는 데 시간과 에너지, 비용을 지출할 용의가 있습니다.

선생님과 같은 위대한 성공을 일구는 게 제 목표입니다. 제게 그 기회를 주시지 않겠어요?

답장 기다리겠습니다. 선생님과 함께 이 여정을 시작할 수 있길 바랍니다.

성공을 기원하며!
존 드림

나는 지금까지 다양한 방식으로 다양한 형식의 멘토 제안을 받았다. 따라서 앞서 소개한 내용이 멘토의 마음을 울리리라는 점을 보증할 수 있다. 바라건대 그들이 당신의 메시지에 감화되어 멘토링을 시작해 주기를! 만약 거절당한다면 다음 후보에게로 넘어가라. 누군가 "합시다!"라는 마법의 말을 해 줄 때까지 말이다. 완벽한 멘토를 찾으면, 그 사람의 시스템을 전적으로 신뢰하고 그의 지도를 따르라. 당신도 할 수 있다!

☘ 내 멘토링 이야기

내 빅 아이디어는 세계 최고로 성공하고, 영감을 주는 기업가들을 인터뷰하는 팟캐스트였다. 내 틈새시장은 일주일에 7일 방송하는 것이었다. 나는 방향을 알려 줄 아바타도 만들었으며, 아바타를 통해 플랫폼을 팟캐스트로 골랐다. 다음 단계는 뭘까? 완벽한 멘토를 찾아 가르침을 받는 것이다! 먼저 나는 몇 가지 질문을 했다.

오늘부터 일 년 후…….

- 무엇을 만드는가?
  세계 최고로 성공한 사업가들을 인터뷰하는 일일 팟캐스트. 365편의 팟캐스트를 방송하고, 청취자들과 유대감을 쌓고, 내 사업을 지탱하고 생활비를 충당할 다양한 수익 흐름을 가진다.

◆ 매일매일 무엇을 하는가?

매일매일 프로그램에 출연할 초대 손님들을 찾고, 인터뷰하고, 청취자들과 소통하고, 그들에게 가치를 제공하고, 스태프 팀을 꾸린다. 또한 팟캐스트를 확장하고 성장시킬 새로운 기회가 있는지 찾아본다.

◆ 누구를 위한 서비스를 제공하고 있는가?

자기 사업을 시작하고자 하는, 영감을 찾아 헤매는 사람들을 위한 것이다. '당신의 사업에 불을 지펴라'는 경제적 자유를 누리고 충만한 인생을 추구하는 청취자들에게 전략과 전술을 제공할 것이다.

◆ 월수입은 얼마나 창출하고 있는가?

적어도 세 가지 수익원으로부터 월 5천~8천 달러 정도를 창출한다.

◆ 어떤 프로젝트를 수행 중인가?

그룹 코칭 수업을 운영할 계획이다. 내가 지난 수년간 얻은 지식을 이제 막 사업을 시작한 사람들에게 나누어 주는 것이다.

나는 일 년 후 어디에 있고 싶은지 알게 되었다. 그리하여 애플 팟캐스트의 비즈니스 카테고리를 샅샅이 뒤져 내가 일 년 후에 운영하고 싶은 종류의 비즈니스 팟캐스트를 20개 찾았다. 해당 팟캐스트의 진행자들이 운영하는 웹사이트들을 모조리 살펴보고, 그들의 사업 모델을 공부한 뒤 멘토 후보를 다섯 명으로 압축했다.

그다음 한 주 동안 나는 최종 5인의 멘토 후보를 깊이 조사했다. 그들이 진행하는 팟캐스트를 듣고, SNS를 팔로우하고, 이메일 뉴스레터를 구독했다. 특히 재미있게 들은 팟캐스트는 메모를 해놓고, 나중에 메일을 보낼 때 써먹을 수 있도록 했다. SNS마다 '좋아요'를 누르고, 댓글을 달고, 게시물을 공유했다. 그리고 이메일 뉴스레터에 대해 감사를 표하고, 거기에서 얻은 가장 큰 교훈을 언급하며 메일을 보냈다.

이런 일들은 품이 무척 많이 들지만, 이 일을 하는 데에는 중요한 이유가 있었다. 이 조사는 내가 고생해서 번 돈을 누구에게 투자해야 할지 결정해 주었다. 내 소중한 시간을 누구에게 써야 할지 결정해 주었다. 그리고 이 조사가 성공의 토대를 쌓아 주었다.

일주일째가 된 날, 나는 다섯 명의 멘토 후보의 순위를 논할 준비가 되었다. 최우선순위 멘토는 누구인가? 성공한 비즈니스 팟캐스트 진행자인 제이미 마스터스였다.

그녀는 '마침내 백만장자The Eventual Millionaire'라는 팟캐스트를 일 년 조금 넘게 진행 중이었다. 그녀를 최우선순위로 판단한 데는 많은 이유가 있었다. 그 중에서도 그녀의 프로그램이 일 년이 넘게 진행되고 있다는 점이 무척 좋았다. 이 말인즉 그녀가 팟캐스터로서 초창기라는 뜻이다. 그녀는 이제 막 여정을 시작한 사람으로서 내용적인 면과 시기적인 면에서 내게 아주 적절한 조언을 해 줄 사람이라고 생각하였다. (추가 이점은 우리 둘 다 메인 주에 살고 있다는 점이었다. 그 덕분에 내 비즈니스 전략을 실행하는 데 그녀가 함께해 줄 가능성이 좀 더 높아질 거라고 생각했다.)

제이미에게 처음 연락할 때 얼마나 긴장했던지 아직도 기억난다. 그녀는 내가 바라는 멘토였기에 만약 그녀가 거절한다면 나는 무척 충격을 받을 것 같았다. 나는 공포를 떨치고 그녀에게 이메일을 보냈다.

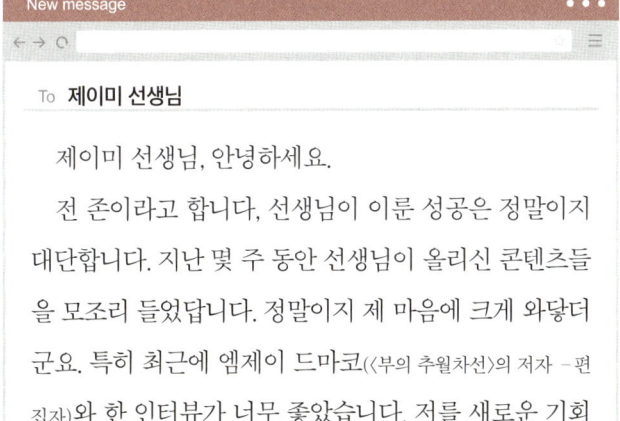

To **제이미 선생님**

제이미 선생님, 안녕하세요.

전 존이라고 합니다, 선생님이 이룬 성공은 정말이지 대단합니다. 지난 몇 주 동안 선생님이 올리신 콘텐츠들을 모조리 들었답니다. 정말이지 제 마음에 크게 와닿더군요. 특히 최근에 엠제이 드마코(《부의 추월차선》의 저자 – 편집자)와 한 인터뷰가 너무 좋았습니다. 저를 새로운 기회에 눈뜨게 해주셨답니다!

제가 메일을 보낸 이유는 다름이 아니라…….

선생님께서는 일 년 동안 팟캐스트를 진행하셨습니다, 일 년 후 저도 선생님이 계신 그 자리까지 가고 싶습니다.

저 역시 선생님이 일구신 것 같은 성공을 손에 넣고 자유롭게 살아가고 싶습니다. 그러기 위해서라면 뭐든 최선을 다해 할 겁니다.

그리고 선생님께서 다른 사람들에게 멘토링을 하신다는 걸 알았어요. 절 받아 주신다면 선생님의 멘토링을 받는 데 시간과 에너지, 비용을 지출할 용의가 있습니다.

선생님과 같은 위대한 성공을 일구는 게 제 목표입니다. 제게 그 기회를 주시지 않겠어요?

그리고 저 역시 메인 주에 살고 있답니다, 선생님과 같은 주에 살고 있다니 너무 놀라워요!

답장 기다리겠습니다. 선생님과 함께 이 여정을 시작할 수 있길 바랍니다.

성공을 기원하며!

추신: 제가 팟캐스트에 남긴 별점 5점짜리 댓글을 이미지로 첨부합니다. 선생님은 최고의 팟캐스트 진행자예요!

존 드림

스포일러 주의! 나는 그 후로 제이미의 가장 큰 성공담의 주인공이 되었다! 당시 보냈던 이메일을 읽으면서 나는 이 글을 쓴 날, 미래에 어떻게 될지 전혀 알 수 없던 날로 돌아가 몸에 오소소 소름이 돋았다. 두려움을 가득 안고 나는 '전송' 버튼을 누르고 제이미가 답장할 때까지 적어도 일주일은 기다리자고 중얼거렸다.

나는 인내심이 없는 편이다. 그런 내게 기다림은 무척이나 가혹한 일이었다. 하지만 나는 오랫동안 기다렸다. 내 목표와 야망을 달성할 수 있도록 도울 드림팀을 꾸리고 싶었다. 그날 밤 나는 얼굴에 미소를 걸고 잠이 들었다. 꿈이 이루어질 것 같았고, 다가올 일에 대한 기대감이 부풀었다.

새벽 세 시에 목이 말라 잠에서 깼다. 휴대전화로 손전등을 대신하여 나는 주방으로 더듬더듬 나아가 물을 따랐다. 그러다 휴대전화로 문득 이메일을 확인했다. 세상에, 제이미의 답장이 와 있었다!

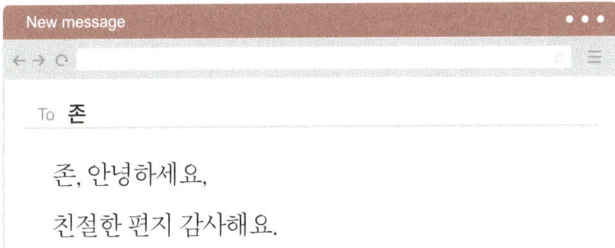

To 존

존, 안녕하세요.
친절한 편지 감사해요.

제 SNS 게시물과 팟캐스트에 댓글을 달았던 당신의 이름을 기억합니다. 감사해요!

전화를 걸어서 제 멘토링 프로그램에 대해 이야기를 나누고 싶군요.

저는 7월이 되어야 시간이 납니다. 우리가 서로 잘 맞는다면 그때 멘토링을 시작하기로 하죠.

내일 오후 2시에 시간을 비워 둘게요.

채팅해요.

제이미

나는 조용히 주먹을 쳐올렸다. 한 주간의 노력에 대한 보상을 받은 것이다. 나는 어떤 멘토를 꿈꾸는지 확실히 정리하고, 이메일로 제안 내용을 보냈다. 그리고 다음 주면 그녀와 함께 일을 시작할 것 같았다! 불이 붙었다!

그녀의 팟캐스트를 구독하고 SNS를 팔로우하면서 댓글을 단 덕분이었다. 댓글, 공유, 답글은 눈에 띄었고, 그리하여 그 인상이 남아서 나와 함께하자는 제안에 그녀가 빠르게 동의하고, 검증 과정을 건너뛰게 된 것이었다. 다음 날 엄청나게 오래 채팅을 하면서 나는 7월 1일부터 석 달간 가르침을 받기로 했다.

첫 번째 수업은 스타벅스에서 만나서 하기로 했다. 제

이미는 내게 첫 수업을 준비하라고 과제를 조금 내주었고, 나는 그녀를 실망시키고 싶지 않았다.

7월 1일은 금세 다가왔고 나는 긴장하며 스타벅스로 들어갔다. 지금까지 몇 달 동안 제이미의 팟캐스트를 들었고, 서로 아는 사이 같은 기분이 들긴 했지만, 그녀는 몇 차례의 이메일을 교환하고 몇 번 통화를 한 것 말고는 나에 대해 거의 알지 못했다. 나는 커피를 주문하고, 자리에 딱 달라붙어 제이미가 오기를 기다렸다.

잠시 후 제이미가 들어왔다. 빠르게 인사를 주고받은 뒤 내 머릿속에서는 생각이 휘몰아쳤다. 제이미는 불과 일 년 전에는 평범한 사람이었다는, 아마존에서 70달러짜리 마이크를 사고, 컴퓨터에 꽂고는, 녹음 버튼을 눌렀을 뿐이라는 생각이.

분명 이보다는 훨씬 더 복잡했겠지만, 내가 그토록 오랫동안 찬미했던 사람이 현실 세계의 인간이고, 친절하고, 재미있는 사람이라는 사실을 보고 마음이 편안해졌다. 나도 그렇게 할 수 있다는 자신감도 생겼다. 일 년 전 제이미는 꼭 오늘의 나와 같은 위치에 있었다. 팟캐스트를 시작할까 생각하지만, 어떤 일이 벌어질지 짐작도 못 하고, 지금 처한 곳만 보고 있을 뿐인 위치에!

하늘 아래 못 할 일이란 없다. 나는 불타올랐다. 그 후 몇 달 동안 제이미의 가르침은 내가 상상한 그대로였다. 그녀는 내가 어디에 집중해야 할지 방향을 제시했다. 내게 숙제를 주고 마감일을 엄격하게 정했다. 내 브랜드를 만들고, 웹사이트를 굴러가게 할 그래픽 디자이너, 웹 개발자, 그 밖의 프리랜서 작업자들을 연결해 주었다.

또한 그녀는 뉴욕에서 열리는 '블로그 월드' 행사에 참가하라고 강력히 조언했다. 나는 어린애처럼 잔뜩 긴장했다. 제이미는 행사장에 온 강연자들, 도움을 줄 만한 성공한 기업가들을 소개해 주었다. 내 팟캐스트는 아직 시작도 안 했는데, 그녀는 이 기업가들을 내 프로그램에 출연하도록 설득했으며, 그들 모두가 제이미를 믿고 요청을 수락했다.

나는 앞으로 내 프로그램에 게스트로 나와 주겠다고 약속하는 사람들을 한 트럭 만났고, 그중 많은 사람들과 몇 년 후에는 친구가 되었다.

행사를 마치고 집으로 돌아오는데 그 어느 때보다 활력이 넘쳤다. 그 사람들은 내 사람들이었다! 마침내 세상에 막대한 가치를 전달할 아이디어를 가진 상태에서 그동안 찬양하던 사람들과 관계를 쌓고 바라던 업계에 진입했다는 기분이 느껴졌다.

하지만 여전히 한 가지 큰 문제가 남아 있었다. 내 팟캐스트 이름을 무엇으로 할까? 내가 느끼는 열정을 일깨우는 명칭을 붙이면 될 듯했다. 사람들이 제목만 보고도 즉시 어떤 스타일의 프로그램인지 알길 바랐다.

다시 한 번 멘토에게 구원의 손길을 청했다. 그녀는 내게 제목에 있어 절대 타협할 수 없는 부분이 무엇이냐고 물었다. 잠시 생각한 뒤 나는 세계 최고의 영감을 주는 기업가들을 매일 인터뷰할 것이기에, '기업가들entrepreneur'이라는 단어가 제목에 꼭 들어가야 한다고 대답했다.

제이미는 며칠 동안 머릿속에서 그 단어가 맴돌게 놔두면, 내가 보고 듣는 일들이 아이디어를 튀어나오게 해 줄 것이라고 말했다. 썩 믿기지 않았지만 나는 일단 받아들였다.

그리고 그 일이 빠르게 닥쳐왔다. 그날 한밤중에 나는 '스포츠센터SportsCenter'를 들으면서 빨래를 개고 있었다. 스튜어트 스콧Stuart Scott이 마이애미 히트 팀과 보스턴 셀틱스 팀의 농구 경기 하이라이트를 실황 중계 중이었다. 셀틱스 팬으로서 나는 평소보다 조금 더 주의 깊게 방송을 들었다. 불행하게도 그날 밤은 마이애미의 르브론 제임스LeBron James가 실책을 하지 않아서 셀틱스의 날은 아니었다. 그는 던지는 족족 득점을 올렸다.

그리고 나서 스튜어트 스콧이 옷을 개던 나를 그대로 멈추게 하는 말을 했다. "르브론은 오늘 실수할 수가 없군요, 지금 완전히 '불붙었'거든요!"

바로 이거였다.

'불붙었다Fire'는 말은, 완전히 각성하고, 몰입 상태로 들어가, 멈출 수 없다는 의미였다. 내가 인터뷰할 사람들이 바로 이랬다. 그들은 '불붙은' 상태였다. 나는 장래의 내 청취자들이 팟캐스트를 뒤적이다가 '당신의 사업에 불을 지펴라Entrepreneurs on Fire'라는 제목을 보고 이것이 자기가 찾던 바로 그 프로그램임을 알게 되는 모습을 머릿속에 그려 보았다. 청취자들은 불붙은 상태의 기업가들에게서 배움을 얻어서 자신의 사업도 언젠가 불이 붙길 바랄 것이었다.

이 제목은 '너무' 좋았다. 완벽했다. 따라서 분명 다른 비즈니스 팟캐스트가 이 제목을 사용하고 있을 터였다.

나는 컴퓨터로 달려가 손을 덜덜 떨면서 키보드에 'EntrepreneursOnFire.com'을 치고 엔터 키를 눌렀다. 컴퓨터 화면에 그때까지 보았던 가장 달콤한 말이 떠올랐다. "이용 가능한 도메인입니다."

성공! 나는 팟캐스트의 이름, 내 브랜드의 아이덴티티, 앞으로의 방향성을 찾았다! 나는 불이 붙었다! 그다음 두 달이 어떻게 흘러갔는지 모르겠다. 제이미와 함께하는 주간 수업으로 내 일은 궤도에 올랐고, 계속 발전해 나갔다. 매일 내 웹사이트, 소셜 미디어를 작업하고, 팟캐스트를 제작하는 데 필요한 기술을 익혔다. 일정을 짜고, 녹음을 하고, 팟캐스트 40편을 편집했다.

첫 방송일은 2012년 8월 15일로 정했다. 해야 할 일이 너무 많았다. '할 일 목록'은 절대 줄어들지 않을 것 같았다. 그렇게 시간이 지나, 첫 방송일이 도래했다. 8월 15일, 오직 한 가지 일만 남겨 두고 나는 잠에서 깨어났다. '당신의 사업에 불을 지펴라'를 팟캐스트의 모선母船인 애플 팟캐스트에 제출하는 것만 남아 있었다.

뜬금없는 공포가 밀려와 나는 얼어붙었다. '세상이 기업가들을 인터뷰하는 일일 팟캐스트를 필요로 하고 있다'는 가정 아래 지금껏 일을 해왔다. 그건 내가 들을 법한 프로그램임은 분명했다. 그런데 다른 사람들은 어떨까? 몇 달 동안 응축된 온갖 의심과 공포가 수면 위로 올라왔다.

내가 인터뷰를 잘못하면 어쩌지?
사람들이 내 프로그램을, 경험 없는 나를, 내 형편없는 인터뷰 실력을 비웃으면 어쩌지?
만약에, 만약에, 만약에 …… 하면 어쩌지?

저 '만약에' 중 가장 끔찍한 건 뭘까? '내 팟캐스트에 사람들이 별 반응이 없으면 어쩌지?' 준비 단계에서 살아가는 일은 무척이나 편안했다. '반응이 있을 거야! 반응이 없을 수도 있지만, 아니, 아무튼 반응이 있을 거야!' 준비 단계는 무척 멋지다. 그 단계에서는 온갖 희망과 꿈이 온전하게, 손상되지 않고 유지된다. 그 단계에서 진정한 성공을 거둘 수는 없다. 하지만 앞으로 고꾸라지지도 않는다.

하여 나는 대부분의 사업가들이 하는 행동을 했다. 첫 방송을 지연해야 할 몇 가지 궁색한 변명거리를 생각해 낸 것이다. 방송일을 늦추겠다고 말하자 제이미는 다소 놀라긴 했지만, 내 변명이 충분히 믿을 만한 것이라 나를 조금 풀어 주었다. 하지만 2주 이상 늦춰서는 안 된다고 강력하게 말했다.

2주 후 또다시 같은 일이 벌어졌다. 나는 공포에 무릎 꿇고 제이미에게 2주를 더 달라고 애원했다. 그녀는 수락했고, 나는 '브랜드를 완벽하게 만드는 일'로 돌아갔다. '브랜드를 완벽하게 만든다'는 말은, '실제로 중요치 않은 일들을 하느라 시간을 낭비하고 있다'는 말을 다르게 표현한 것이다.

내가 이런 사실을 깨닫기 전에 2012년 9월 15일이 되었다. 첫 방송을 하기로 당초 예정했던 날짜보다 4주나 지났다. 이 사실을 적는 것조차 부끄럽지만, 나는 상상도 못 할 일을 또 저질렀다. 방송일을 2주 더 연장한 것이다.

다행히 제이미는 휴가 중이었고, 나는 상황을 모면했다고 생각했다. 이야! 준비하는 데 2주가 더 생겼다! 실패의 공포 뒤에 몸을 숨기고 있으면서, 브랜드를 더 가치 있게 만드느라 애쓰는 척할 2주가 더 생겼다!

그리고 9월 20일, 전화벨이 울렸다.
제이미였다. 그때의 대화는 다음과 같았다……

- 안녕, 제이미! 휴가 잘 보냈나요? 나는 웹사이트 사이드바를 왼쪽에서 오른쪽으로 움직여 보면서 열심히 작업 중이에요. 그런데 다시 왼쪽으로 옮겨야 할 것 같아요. 당신이 보기엔 어떤가요?
- 존, 딱 한 번만 말할게요. 이것저것 손대느라 오늘 팟캐스트를 시작하지 않으면, '당신'이랑은 끝이에요!

나는 입이 떡 벌어졌다. 제이미는 늘 엄격한 스승이었지만, 이번은 심했다! 멘토인 제이미를 잃는 것이 팟캐스트 첫 방송을 망치는 것보다 훨씬 두려웠다. 그녀의 협박은 진짜였다. 그녀는 내 궁색한 변명에 넌더리가 난 것이었다.

나 역시 내 궁색한 변명에 넌더리가 났고, 누군가 내 엉덩이를 뻥 차서 행동하게 해 줄 필요가 있었다. 당시 대화가 어떻게 마무리되었는지는 기억나지 않지만, 이것 하나

만은 기억이 난다. 나는 2012년 9월 20일에 첫 방송을 했고, 나머지는 지금까지 말한 바와 같다.

'당신의 사업에 불을 지펴라'에 출연한 비범한 기업가들

숀 스티븐슨Shawn Stevenson의 멘토 찾기

멘토란 내가 보는 것보다 내 안의 재능과 능력을 훨씬 더 잘 보고, 그것을 꺼낼 수 있도록 도와주는 사람이다.

_밥 프록터Bob Proctor

숀은 오프라인의 세상에서 살았다. 그는 동네 헬스장의 트레이너이자 영양사로, 고객들이 건강해지도록 도우면서 기쁨을 느꼈다. 어느 날 아침 그는 더 많은 사람을 돕고 더 많은 인생을 변화시키고 싶다고 생각하면서 눈을 떴다. 이 목표를 이루는 방법이 온라인에 있다는 것까진 알았지만, 어디서부터 손을 대야 할지 막막했다. 그러다 그는 토니 로빈스Tony Robbins의 '새로운 투자의 대가들 New Money Masters'이라는 프로그램을 보게 되었다.

이는 딱 알맞은 시기에, 그에게 딱 맞는 수업으로 보였다. 숀은 《네 안에 잠든 거인을 깨워라》를 읽기 전부터 토니 로빈스로부터 가치 있는 말들을 배운 터였다. 숀에게 토니는 검증된 존재였다. 그는 토니의 명성을 신뢰했고, 자기계발 분야에서 그의 권위를 존경했으며, 그가 제시하는 경험을 찬미했다.

숀은 토니의 프로그램을 열심히 흡수했고, 자신의 기술을 갈고닦아 완벽히 터득하는 일의 중요성을 깨달았다. 그는 토니가 매일 자신의 기술을 연마하였듯, 영양사로서의 자신의 기술을 갈고닦았다.

그 이후 몇 년에 걸쳐 숀은 영양사 일에 1만 시간 이상을 들인 달인이 되었다. 이제 그간 쌓은 지식을 세상에 전파할 때였다. 숀은 팟캐스트를 시작하고, 글을 쓰고, SNS에 매일 가치 있는 자료를 올렸다. 그가 다니는 헬스장에 두 번째 멘토가 들어왔을 때, 그의 사업은 티핑 포인트를 맞이했다.

켄 벌크Ken Balk는 일흔일곱 살이었다. 그는 어마어마하게 성공한 사업가였다. 평생 수백만 달러를 벌었다. 하지만 그러는 동안 그의 육신은 망가졌다. 숀은 켄의 건강 상태를 평가하고 건강을 회복시킬 계획을 세워 주었다. 그 계획은 마법 같은 치유력을 발휘했고, 켄은 숀의 평생 팬이 되었다.

숀은 자신의 기술로 켄에게 막대한 가치를 제공했음을 알았다. 그리고 그 친절에 대한 보상을 받을 필요가 있었다. 숀은 경제력이 부족했다. 사업을 적당히 성공리에 운영하고 있었지만, 자기 능력만으로는 큰 성을 이룰 수가 없었다. 켄은 숀의 일에 기꺼이 도움을 주었다.

켄은 숀에게 조그맣게 시작하고 꾸준히 성장해도 된다고 말했다. 그러면서 적절한 목표를 세우고, 주간 계획, 월간 계획, 연간 계획을 세우는 법을 비롯해 인간관계에 투자하는 일의 중요성을 가르쳤다. 그의 가르침은 옳았고, 숀은 가르침의 대부분을 따랐다.

숀은 이렇게 말한다. "멘토에 대해 저는 '과유불급'을 배웠습니다. 너무 부족하지도, 너무 과하지도 않은, 딱 적당한 수준의 멘토가 필요하다는 말입니다. 단 한 사람의 멘토에게만 매이지 마세요, 인생의 영역마다 각기 다른 멘토들을 두세요. 적절한 때가 되면 다음 멘토가 나타날 겁니다."

이제 당신의 멘토를 찾을 시간이다. 행동하라!

탁월한 성공을 위한 여섯 번째 준비

· 6 ·

협력집단을 꾸려라

The
Common Path
to
Uncommon Success

> 우리는 가장 많은 시간을 함께 보내는
> 다섯 사람의 평균이 된다.
>
> 짐 론 Jim Rohn

나는 팟캐스트를 마칠 때마다 이 말을 입에 올린다. 사업을 하는 내내 이보다 더한 진실은 없다고 생각했다. 당신이 주로 시간을 보내는 다섯 사람은 어떤 인물들인가? 자신에 대해 알고 싶다면 이들의 평균을 내면 된다, 더도 덜도 아니다. 대부분은 좀 덜하지만.

삶을 변화시키고 싶다면 환경을 변화시켜라. 당신이 자기 삶에 100퍼센트 만족한다면 이런 책을 사지 않았을 것이다. 성공으로 가는 길에 합류하고자 이 책을 산 것 아닌가?

이 길은 도전적이다.

당신은 분명 가족을 무척 사랑할 것이다. 그리고 수년

간, 혹은 수십 년간 가까이 지낸 친구들도 있을 것이다. 가족 중 누가 당신의 평균을 끌어올려 주는가? 그 사람과 가까이 지내라. 친구들 중 누가 당신의 평균을 끌어올려 주는가? 역시 그 사람을 가까이하라.

친한 사람 다섯 중 늘 나쁜 소식을 전하거나 부정적인 사람은 누구인가? 노력하지 않는 사람은 누구인가? 당신 인생에 그 사람들이 계속 함께하길 바라는가? 그래도 괜찮다. 하지만 탁월한 성공을 이루고 싶다면, 그를 친한 다섯 사람 안에 두어서는 안 된다. 사는 게 얼마나 힘든지, 상사가 얼마나 부당한지, 늘 피곤하고 우울하다고 징징거리는 사람이 되고 싶다면, 그것도 괜찮다. 하지만 그런 사람은 절대 탁월한 성공에 다가갈 수 없을 것이다.

성공을 손에 넣고 싶다면, 당신에게 영감을 불러일으키고 동기를 북돋는 사람들과 어울려야 한다. 당신 주위에 영감을 불러일으키고 동기를 북돋는 사람이 얼마나 있는가? *협력집단mastermind을 만들어라!*

서너 명의 사람들로 협력집단을 꾸려라. 일주일에 한 시간씩 모임을 열고, 출석을 엄격히 관리하라. 누군가 참석률이 95퍼센트가 안 된다면, 그 사람은 당신의 협력집단에 적합한 사람이 아니다.

모임을 시작할 때는 참석자들이 각각 5분씩 그 주에 가장 크게 성공한 일과 배운 교훈을 나눈다. 그다음으로 알람을 30분으로 맞추고, 한 사람을 '가시방석'에 앉혀라. 가시방석에 앉은 사람은 자신이 겪는 가장 큰 고난을 이야기하고 사람들에게 질문을 한다. 그러면 나머지 사람들이 상황을 명확히 정리하는 질문을 하고, 조언을 해준다. 모임 때마다 한 사람씩 돌아가면서 가시방석에 앉는다. 그러면 적어도 3~4주에 한 번씩은 자기 차례가 올 것이다.

30분 알람이 울리면, 10분 동안 모임을 마무리하라. 마무리하는 동안에는 각각 다음 주 모임에 올 때까지 달성할 큰 목표 하나를 말한다.

이런 형식의 모임은 간단하고, 효율적이고, 믿을 수 없을 만큼 강력하다. 당신이 알고 지내고, 좋아하고, 신뢰하고, 지지하고, 책임감 있는 사람들과 협력집단을 꾸렸다면, 여기에서 공유된 지식은 환상적으로 멋질 것이다.

혼자서 길을 가면 결국 게으름에 지게 된다. 당신이 존경하는 두세 사람과 매주 책임감 있는 자리를 마련한다면, 생산성이 하늘 높은 줄 모르고 치솟을 것이다. 당신 역시 친구들이 아래로 내려가게 두고 싶지 않을 것이고, 그 결과 위대한 일들을 해내게 될 것이다.

그럼 당신의 협력집단을 꾸릴 두세 사람을 어디서 찾을까? 당신과 비슷한 여정, 비슷한 단계에 있는 사람들을 찾으라. 조금 앞서 있거나, 조금 뒤쳐졌을 수도 있지만, *핵심*

은 동기를 일으키고, 긍정적이고, 인생이라는 롤러코스터에 탑승한 당신을 지지할 준비가 된 사람을 찾아야 한다는 점이다.

협력집단은 탁월한 성공으로 나아가는 길의 핵심 요소이며, 당신은 구성원을 고르는 과정에 진중하게 임해야 한다. 협력집단을 찾아냈다면, 앞서 설명한 과정을 따르라. 그러면 '불이 붙을' 준비가 된 것이다!

≫ 나의 협력집단

내 협력집단은 셋이었다. 첫 번째는 비용을 주고 가입한 협력집단이고, 두 번째는 이 장의 도입부에서 말한 류의 협력집단이었다.

첫 번째 협력집단 이야기

때는 2012년 7월 15일, 제이미를 멘토로 삼은 지 한 달이 넘었고, 상황은 잘 진행되었다. 우리는 매주 만났고, 나는 발전했다. 그런데 여전히 뭔가를 놓치고 있는 기분이었다.

나와 같은 여정, 비슷한 위치에 놓인 다른 사업가를 만나 봐야 했다. 똑같이 의구심을 품고, 두려움과 희망, 열망을 가진 사람과 아이디어를 나누어 봐야 했다. 협력집단이 필요했다.

인생에는 수많은 일들이 벌어진다. 무언가를 추구하기 시작하면 그것이 나를 찾아온다. 여느 때처럼 나는 클리프 레번스크래프트의 팟캐스트 '팟캐스트가 답하다The Podcast Answer Man'를 들으며 걷고 있었다. 그는 팟캐스트 사업에 관한 리더로서 자신을 훌륭하게 브랜딩했다. 팟캐스트 사업을 다른 사람들에게 가르칠 때 드러내는 막대한 지식, 관대함, 친절함은 그를 성공하고 인정받게 하기에 충분했다. 나는 클리프가 무척 멋져 보였고, 유무료를 막론하고 그의 콘텐츠를 모조리 보았다.

내 귓가에서 그가 청취자를 늘리는 방법을 말하고 있었다. 나는 그 콘텐츠를 즐거이 들으며 머릿속에 메모를 하고, 그가 말한 원칙들을 내 팟캐스트를 준비하는 데 활용하면서 짜릿함을 느꼈다. 해당 회차의 마무리를 하면서, 클리프는 자신이 최근 각 10명으로 이루어진 팟캐스트 모임을 10팀 운영하기 시작했다고 말했다. 이 모임에 합류하면 매주 클리프와 만나서, 팟캐스트의 성공을 극대화하는 데 필요한 도움과 안내를 받을 수 있었다.

나는 설득되었다. 클리프가 협력집단이 지닌 진짜 힘을 계속 설명 중이었다. 매주 그와 직접 접촉하는 것만으로도 무척이나 많은 이득을 얻겠지만, 진짜 이득은 같은 모임에 속한 다른 9명으로부터의 지지와 안내에서 온다고 그는 말했다. 나는 그 말을 받아들여야만 했다. 그 모임에 참가하게 된 첫 번째 원동력은 클리프와 직접 만난다는 점에 있었지만, 그가 추가 이점을 언급했을 때 마치 맹인이 눈을 번쩍 뜬 것 같은 기분이 들었다.

나는 서둘러 집으로 돌아가서, 모집이 마감되기 전에 서둘러 등록을 했다. 클리프는 비용은 언급하지 않았지만 그건 아무 문제가 되지 않았다. 나는 가격에 상관없이 등록할 생각이었다. 그 이득이 믿을 수 없을 만큼 크리라는 사실을 알았기 때문이다.

집에 돌아와서 모집 공고를 보니 연간 3500달러였다. 상당한 금액이었다. 당시 펀드에 돈을 납입하느라 절약생활을 하던 차였으며, 언제 내 팟캐스트로 수익을 낼 수 있을지 모르는 상태였다. 하지만 망설이지 않았다.

이 협력집단은 내게 필요한 것이었고, 나 자신을 위한 투자였다. 그다음 12개월에 걸쳐 직감이 옳았음이 입증되었다. 나는 한 번도 주간 모임을 빼먹지 않았고, 클리프와 개인적인 친분을 다졌다. 또한 팟캐스트를 사업으로 번창시키는 중인 다른 9명의 팟캐스터들로부터 지지를 받는 이익을 누렸다. 3500달러는 최고의 투자였다.

2012년 12월이었다. '당신의 사업에 불을 지펴라'를 방송한 지 석 달이 지났고, 나는 75편의 방송을 올렸다. 클리프의 모임에는 다섯 달 동안 참여했고, 우리는 좋은 우정을 다졌다.

내 팟캐스트가 출발점에 섰을 때, 그는 응원을 보내면서 2013년 1월에 라스베이거스에서 열리는 '뉴미디어 엑스포'에 참석하라고 권했다. 클리프는 팟캐스트에서 엑스포 참가자들을 매우 흥분된 어조로 소개했다. 나는 입장권을 사서 갈 준비를 했다.

2012년 12월, 행사 3주 전쯤 클리프가 내 팟캐스트 인생의 궤도를 영원히 바꾸어 놓을 이메일을 보냈다.

존, 다 잘되고 있길 바라. 자신의 팟캐스트를 시작하는 법에 관해 강연할 주요 연사 한 사람이 부족한 상황이야. 당신이 강연해 줄 수 있을까?

나는 망설이지 않았다.

그럴 수 있다면 영광이죠!

그렇게 나는 라스베이거스로 향했다. 참가자가 아니고 주요 연사로 말이다! 행사는 엄청났다. 연사들만 참석하는 파티에서, 라운지에서, 행사장에서 다른 연사들과 모두 손이 떨어져라 악수를 했다. 나는 수천 명 중 일개 참석자가 아니라 몇 안 되는 연사였다. 그것도 팟캐스트에 관해 강연할 연사! 그렇게 나는 팟캐스트 세계에서 '인플루언서'의 위치로 단숨에 승격되었다. 그리하여 나는 행사 기간 동안 다른 인플루언서들과 무척이나 친해졌고, '당신의 사업에 불을 지펴라'의 진행자로서 올바른 방향으로 큰 한 걸음을 내디뎠다는 기분을 안고 집으로 돌아왔다.

이 기회 덕분에 계속 수많은 강연 기회가 찾아왔고, '팟캐스터의 천국'을 성공리에 시작할 수 있었다. 뉴미디어 엑스포 무대에서 강연하는 기회는 내가 스스로에게 투자하지 않았더라면, 클리프의 모임에 참가하지 않았더라면 생기지 않았을 것이며, '당신의 사업에 불을 지펴라'를 성공시키지도 못했을 것이다.

두 번째 협력집단

두 번째 이야기는 지인 두 사람과 직접 만든 협력집단에 관한 것이다. 이 장을 시작할 때 말했던 종류의 협력집단으로, 이를 강력히 추천한다.

나는 릭 멀레디와 그레그 힉맨이라는 친구 둘과 함께 협력집단을 만들어 매주 만났다. 릭은 온라인 마케팅 분야의 실력자였고, 그레그는 에이전시 사업 분야의 컨설턴트였다.

우리는 매주 한 시간 동안 똑같은 형식으로 모임을 했다. 처음에는 각자 5분씩 그 주에 얻어낸 가장 큰 성과와 교훈을 이야기했다. 그다음으로 알람을 30분 맞춰 두고, 그날의 가시방석에 앉은 연사가 그 주에 겪은 가장 큰 고난을 이야기하고, 나머지 두 사람에게 그 일을 분명히 정리하는 질문을 받고 조언을 들었다. 알람이 꺼지면, 남은 15분 동안 각자 그다음 주의 목표를 이야기하면서 모임을 마무리했다.

우리는 모임 참석을 건너뛰는 일을 봐주지 않았고, 계속 각자의 주간 계획이 잘 진행되고 있는지 확인했다. 친구들의 얼굴을 보고 실패를 인정하기가 꺼려져서, 나는 질질 끌었을 법한 프로젝트를 끝까지 해냈다. 친밀하지만 동시에 진지하게 책임감을 나누는 이런 관계는 지속적인 성공의 핵심이다. 이 관계는 혼자 일을 했을 때보다 우리를 훨씬 더 높은 위치로 밀어 올렸다.

올바른 협력집단에는 특별한 힘이 있다. 수년 동안 그레그와 릭은 내게 가족이자 협력집단이었다.

우리는 일 년에 두 차례 워크숍도 갔다. 워크숍을 통해 우리는 친구로서 더 가까워지고, 각자 추구하는 것들을 손에 넣었다. 매번 워크숍을 갈 때마다 우리가 존경하고, 또 우리와 잘 맞는다고 생각되는 사업가를 초대했다.

정말 멋진 기억으로 남은 워크숍 하나는 샌프란시스코로 갔을 때였다. 나는 샌프란시스코에 살던 팀 페리스Tim Ferriss에게 연락을 해서, 우리가 4시간씩 워크숍을 할 예정인데, 한 번쯤 방문해 주겠느냐고 물었다.

그는 승낙했고, 나는 이 사실을 친구들에게 비밀로 했다. 4시간짜리 워크숍을 시작하는데, 숙소 초인종이 울렸다. 모두(나만 빼고) 우리 숙소에 찾아올 만한 사람이 없다면서 혼란스러워 했다. 나는 문을 열고 팀이 걸어 들어왔을 때, 친구들의 얼굴을 평생 잊지 못할 것이다.

"이분은 팀 페리스 씨, 인사해!"

둘의 입이 떡 벌어졌다. 팀이 쓴 《나는 4시간만 일한다》는 우리 모두에게 깊은 영향을 주었고, 우리 모두 사업가적 롤모델로서 그를 우러러보았기 때문이다. 빨리 표정을 수습하고, 우리는 멋진 모임을 진행했고, 다 마친 뒤 팀은 우리와 함께 시내에 나가서 저녁을 먹고 술을 마셨다. 마법 같은 저녁이었다. 그리고 다시 한번 협력집단의 힘을 입증한 날이었다!

세 번째 협력집단

세 번째로 할 협력집단 이야기는 '파이어 네이션 엘리트 Fire Nation Elite'에 관한 것이다.

'당신의 사업에 불을 지펴라'를 시작하고 여덟 달이 지났을 무렵, 나는 이 사업에서 또 다른 수익 모델을 찾고 있었다. 나는 청취자들에게 지금 가장 힘든 일이 무엇이냐고 물었다. 무척 많은 사람이 공동체에 소속된 기분과 의무감이 필요하다고 응답했다. 자영업자가 된다는 건 힘들고 외로운 일이기 때문이었다.

이 순간이 내가 '파이어 네이션 엘리트'라는 100인 협력집단을 만들기로 결심한 때이다. 하지만 100명은 큰 수였고, 따라서 시작에 앞서 내 가설이 맞는지 확인해야 했다.

나는 청취자들에게 이메일을 보내고, '당신의 사업에 불을 지펴라'에도 공지했다. 신청 페이지에는 자신의 신상을 좀 더 자세히 적고, 왜 가입하고 싶은지, 무엇을 달성하고 싶은지 등을 써 보내도록 했다.

신청서가 쏟아졌고, 나는 모든 신청자들에게 전화를 걸었다. 협력집단은 수년 동안 가족같은 사이가 되어야 했고, 나는 이것이 효과를 발휘하려면 적절한 사람들을 모아서 꾸려야 한다는 사실을 알았다.

수없이 전화를 돌린 끝에 100명의 사람들이 모였다. 그렇게 파이어 네이션 엘리트가 탄생했고, 그다음 3년간 우리는 진짜 가족이 되어 갔다.

우리는 매주 실시간 동영상 훈련 프로그램을 진행했고, 매일 페이스북 커뮤니티를 통해 소통했다. 일이 무척 많았지만, 최초 신청자들은 각각 월 100달러, 프로그램을 시작한 뒤 합류한 사람들은 월 200달러를 지불했고, 우리는 파이어 네이션 엘리트를 운영하면서 3년간 월 1만 달러 이상을 벌었다.

파이어 네이션 엘리트의 문을 닫을 때는 모두 눈물을 흘리며 작별을 했다. 우리는 수년 동안 수많은 일을 달성했고, 이것이 특별한 마무리임을 알았다. 파이어 네이션 엘리트를 생각할 때면 애정이 차오른다. 파이어 네이션 엘리트는 멋진 협력집단이었고, 나는 리더의 역할에 대해 많은 것을 배웠다.

'당신의 사업에 불을 지펴라'에 출연한 비범한 기업가들

제이미가 협력집단을 꾸린 법

*협력집단의 원칙: 두 명 이상의 사람이
긍정적인 태도를 지니고 분명한 목적을 추구하면서
활발하게 관계를 맺으면,
누구도 범접할 수 없는 힘이 생겨난다.*

_나폴레온 힐Napoleon Hill

2010년이었다. 제이미는 메인 주의 시골 마을에서 '만족스럽지 못한' 삶을 살고 있었다. 그녀의 집에는 한 살배기 아이와 세 살배기 아이가 있었으며, 따라서 하루하루가 무척 바빴다. 이게 맞나 싶었다. 그때 그녀는 짐 론의 말을 접했다(내가 자주 인용하는 말이기도 하다). "우리는 가장 많은 시간을 함께 보내는 다섯 사람의 평균이 된다."

제이미는 자신과 가장 시간을 많이 보내는 지인 다섯 사람을 솔직하게 살펴보았다. 종이 위에 이름을 썼다. 그리고 이름을 하나씩 응시하면서 그들의 삶에 자신을 비추어 보았다. 그러고는 다소 침

울해졌다.

그들은 친절한 사람들이었지만, 자기 일을 싫어하고, 불행했으며, **현재 단계에서 더 나아가고자 하는 충동이나 야망**이 없었다. 제이미에게는 성공에 대한 야망이 있었지만 어디서부터 시작할지 전혀 알 수가 없었다. 제이미는 정보 기술 학사 학위를 지녔고, 몇 년 동안 일곱 곳의 회사를 상대로 비즈니스 코칭을 제공한 바 있었다. 하지만 온라인 세계는 거대하고 압도적이었으며, 제이미는 온라인 비즈니스계에 친구가 하나도 없었다.

그러나 제이미는 한 걸음을 내디뎠다. 그녀는 시험 삼아 블로그를 시작하고, 자신이 대부분의 시간을 함께 보내는 다섯 사람의 평균을 끌어올리기로 다짐했다. 제이미는 이전에 멘토와 협력집단을 꾸렸던 적이 있어서 어떤 식으로 모임을 진행해야 할지는 알았지만, 사적 협력집단을 꾸려 본 적은 없었다.

첫 번째 단계는 고수익을 창출하는 온라인 사업가 중 협력집단에 들어올 법한 인물을 찾는 것이었다. 제이미는 고수익을 창출하는 온라인 사업가들을 알지 못했지만, 멈춰 서진 않았다. 주의 깊게 인터넷 검색을 한 끝에 그녀는 자신과 같은 질문을 하는 사람들이 모인 온라인 자기계발 게시판을 발견했다.

그 토끼굴 속으로 들어가 제이미는 성공한 온라인 사업가들을 찾기 시작했다. 그리고 이렇게 찾은 성공한 온라인 사업가들에게 차분한 이메일을 보냈다. 그녀가 협력집단에 정말로 합류시키고 싶은 사람 중 하나는 팻 플린Pat Flynn이었다. 그는 블로그

(SmartPassiveIncome.com)를 통해 성공적으로 사업을 운영 중이었다. 그가 지금만큼 대단하지 않았더라도 그녀는 그가 대단한 도움이 될 것임을 알았다.

팻은 정중하게 거절했다. 제이미는 실망했지만 발걸음을 멈추지 않았다. 곧 몇 명의 성공한 사업가들이 협력집단에 합류했고, 그녀는 팻에게 마지막으로 한 번 더 이메일을 보내 자신의 협력집단에 속한 사업가들의 면면을 소개하고, 완벽한 협력집단 모임 진행안을 첨부했다. 팻은 그녀의 의지와 모임을 꾸려 나가려는 방식이 마음에 든다면서 참여하겠다고 답신했다.

제이미는 기쁨의 탄성을 질렀고, 모두가 모였으니 협력집단을 통해 더 큰 성과를 만드는 데 전념했다. 제이미는 규칙과 모임 진행안을 정리하고 모두의 동의를 받았다.

가장 중요한 원칙은 '출석'이었다. 연속으로 두 번 참석하지 않으면(모임은 매주 있었다), 제이미와 이야기를 나누어야만 했다. 참석하는 게 힘들어지면 협력집단을 나가도 되었다.

수년간 제이미는 몇 사람을 내보내야만 했다. 왜 그랬을까? 헌신이 협력집단의 핵심이기 때문이다. 협력집단은 구성원들이 깊이 관계를 맺고 자발적으로 참여해야 했다. 사업을 하다 보면 아주 쉽게 두려움이나 의구심이 찾아온다. 대부분의 사업가들은 이런 감정들과 씨름하고 계속 두려움에 발이 걸린다. 제대로 된 협력집단과 함께라면 자신의 고난에 대해 비슷한 감정을 경험하고 있는 다른 이들과 나눌 수 있다. 협력집단은 구성원들 안에 뿌리를 내리고, 각자가 책임감을 계속 지니면서 가족 같은 관계가 된다.

제이미의 이야기로 돌아가 보자. 첫 번째 협력집단 모임을 몇 차례 하면서, 제이미는 무언가가 삐걱대는 기분을 느꼈다. 이 협력집단을 꾸린 사람은 그녀였지만, 그녀의 성과는 다른 사람들에 비교해서 너무나 보잘것없었고, 그녀는 그 사실을 이야기하기가 당혹스러웠다. 크나큰 성취를 이룬 사람들에 둘러싸여 있을 때, 우리는 겁을 먹고 낙담할 수도 있고, 반대로 열정을 불태워 스스로의 생각보다 훨씬 더 큰 결과를 얻어낼 수도 있다. 그리고 제이미는 이 사실을 정확하게 알고 있었다. 성공한 사업가들은 이런 기회들을 환영하고 아주 효율적으로 이용하며, 제이미 역시 그렇게 했다.

제이미는 지금까지 10년 넘게 이 협력집단을 운영했다. 구성원들은 적어도 일 년에 한 번 모임을 갖고, 무척이나 가까운 관계를 키워 나가면서 가족같이 지낸다. 기억하라, 제이미는 작은 동네의 한가운데에서, 이 시스템을 통해 전 세계의 대단한 사업가들과 접촉할 수 있었다. 지금은 물리적 거리가 무의미해진 시대이다!

제이미의 협력집단이 우리에게 어떻게 연결되는지 짧게 이야기하겠다. 2010년에 제이미는 백만장자와 인터뷰하는 도전을 했다. 아는 백만장자는 한 사람도 없었지만, 그녀는 모험을 시작했다. 새로운 인맥을 이용하여 백만장자들과 접촉을 시작하고, '마침내 백만장자'라는 팟캐스트를 시작했다.

한 해가 지나서, 나는 이 팟캐스트를 우연히 접하게 되었고—몇 주

만에 방송 전부를 모조리 들었다―제이미에게 멘토가 되어 달라고 손을 뻗었다. 제이미는 이렇게 말한다. "**돌이켜 보면 미친 짓이었지만, 조그마한 결정들이 어떻게 거대한 사업을 일구게 하고 삶을 승리로 이끄는지 배울 수 있었죠.** 협력집단이 해줄 수 있는 건 이런 거예요. 당신이 상상할 수조차 없는 방식으로 삶을 향상시킬, 올바른 결정을 내리는 걸 도와줄 올바른 사람들을 주변에 두세요."

당신에게는 협력집단이 있는가? 없다면 이제 찾아 볼 때이다!

제이미의 협력집단 법칙

- 모임 시간은 미리 정하고, 모임은 60분 동안 진행한다.
- 모임에 정시에 참석해야 한다. 참석하지 못할 경우 적어도 한 주 전에 미리 메시지를 보내서 모두에게 알려야 한다.
- 누가 모임을 진행할지(가시방석에 앉을지) 일정을 짜두어라. 당신이 진행자가 되었는데, 날짜를 옮겨야 한다면, 모임원들에게 공지하여 대신할 누군가를 찾고, 구글 공유 문서로 변동사항을 업데이트하라.
- 연달아 두 번 이상 불참한다면, 모임원들이 투표로 그 사람을 모임에 계속 참여시킬지 결정한다.
- 모임의 틀 안에서 모두에게 발언권이 주어져야 한다. 모두가 동

- 등하게 참여하는 것이 가장 좋다.
- 모두가 서로를 도우러 여기에 왔다. **비판적인 태도를 유지하되, 다른 사람들을 낙담시키거나 비난해서는 안 된다.** 모두에게 긍정적이고 열린 경험이 되게 해야 한다.
- 중요 사항. 협력집단은 단순한 조언을 위한 곳이 아니라, 모임과 함께 **자신의 목표를 분명히 할 수 있는** 긍정적인 곳이 되어야 한다.
- 협력집단은 집단으로 협력하고 노력하는 것이지, 누구 한 사람이 선봉에 서서 주도하는 것이 아니다. 따라서 매주 진행자는 바뀐다. 진행자는 자신이 사업에서든 생활에서든 최근 발견하여 유용하게 사용했던 자원이나 수단을 모두와 공유한다.

제이미의 모임 구성안

0:00   지난주 진행자가 모두를 맞이하고, 모두가 착석한 시간을 기록한다.

00:10 진행자가 모두에게 지난주에 '성공'했던 경험을 말해 보도록 제안한다.

00:10 ~ 00:50 이번 주의 진행자가 모임을 주재한다(진행자는 매주 혹은 격주로 바뀐다).

  1. 당신이 한 도전은 무엇이고, 그것이 어떻게 우리 모임을 도

울 수 있을까?

2. 오늘의 진행자에게서 결과적으로 어떤 것을 끌어내고 싶은가?(이렇게 하면, 구성원들이 목표를 사전에 이해하고, 따라서 누군가 주제에서 벗어나면, 누군가가 최종 목표 지점으로 방향을 바로잡아 줄 수 있다.)

3. 이 주제에 이득이 될 만한 자원 등이 있는가?

00:50 마무리 (집안일이나 최근 휴가를 다녀온 이야기 등 잡담)

탁월한 성공을 위한 일곱 번째 준비

· 7 ·

콘텐츠 제작 계획을 짜라

The
Common Path
to
Uncommon Success

> 콘텐츠는 관계를 만든다.
> 관계는 신뢰를 쌓게 한다.
> 신뢰는 수익을 만든다.
>
> 앤드루 데이비스Andrew Davis

자, 이제 때가 되었다. 다음 단계로 나아갈 때가 되었다. 당신은 이미 빅 아이디어를 갖췄다. 자신이 지배할 틈새시장도 알고, 방향을 잡아 줄 아바타도 있다. 플랫폼도 결정했다. 안내자가 될 멘토도 있고, 도와줄 협력집단도 있다. 이제 *콘텐츠 제작 계획*을 짤 때다.

이번 단계에서는 온갖 일을 전부 시도하고 싶은 유혹을 느낄 것이다. 당신에게는 수많은 아이디어가 있다. 커다란 희망을 품고, 불이 붙은 상태이다. 가진 아이디어를 모두 모아다가 다트처럼 벽에 던져서 무엇이 꽂히는지 보고 싶을 것이다. 문제는 이렇게 주먹구구식으로 진행하게 되면 하나도 제대로 꽂히지 않는다는 것이다.

두 가지 시나리오를 생각해 보자.

시나리오 1. 얕고 넓게 아이디어들을 모조리 시험한다.
시나리오 2. 집중력, 에너지, 두뇌를 모두 동원하여 깊고 짧게 하나의 아이디어를 진행한다.

  이상의 두 가지 시나리오 중 어느 것이 사람들에게 더 깊은 인상을 줄 것 같은가? 다양한 아이디어들을 얕게 진행해 보면 견인력을 얻고 콘셉트를 검증할 수 있을 것 같은가? 절대 그럴 수 없다.

  결과적으로 콘텐츠 제작 계획에는 여러 개의 빅 아이디어가 들어갈 수 있지만, 손에 넣기 힘든 초기의 견인력을 얻으려면 콘텐츠에 계속 '초점을 맞추어야'만 한다. 여기저기서 누군가가 뭐라 훈수를 두면 가뿐히 무시하라. 적절한 상황에서의 훈수는 도움이 되지만, 지금은 그때가 아니다.

  다음 부분에서 내가 처음으로 짰던 콘텐츠 제작 계획을 공유하고자 한다. 내 성공은 여기에서 비롯되었다고 볼 수 있다. 경제적 자유를 누리고 충만한 인생을 살기 위해서는 아바타가 지닌 가장 큰 문제에 대한 최선의 해결책을 제시해야 한다. 제3장에서 우리는 아바타를 만들었다. 그리고 결정을 할 때는 늘 마음속에 이 아바타가 함께해야 한다고도 말했다. 콘텐츠 제작 계획을 세울 때도 다르지 않다.

콘텐츠 제작 계획을 짤 때는 다음의 질문을 해야 한다.

1. 어떤 일정 관리 시스템을 사용해 제작 일정을 짤 것인가?
2. 콘텐츠를 어느 정도 간격으로 내보낼 것인가?
3. 언제 내보낼 것인가?
4. 콘텐츠의 평균 길이는 얼마나 되는가?
5. 편당 제작 시간은 얼마나 드는가?
6. 비상용 콘텐츠를 몇 개나 준비해둘 것인가?
7. 콘텐츠를 만드는 데 주당 며칠을 할애할 것인가?
8. 당신이 콘텐츠 제작에 책임감을 갖도록 만드는 사람은 누구인가?
9. 콘텐츠를 검토하고 필요한 경우 수정하는 데 며칠을 할애할 것인가?

이런 질문들은 당신이 콘텐츠 제작을 관리할 계획을 갖추게 해 준다. 그렇지 않으면 콘텐츠 제작 일정이 당신을 지배하게 될 것이다. 이제 이 9가지 질문을 하나씩 살펴보자.

1. 어떤 일정 관리 시스템을 사용해 콘텐츠 제작 일정을 짤 것인가?
나의 한 주는 일정표에 무슨 일정이 있는지 살펴보면서

시작된다. 우리 팀은 내 일정표에 일이 적혀 있지 않다면, 그날에는 일이 없음을 안다. 많은 사람들이 일정표에 저지르는 큰 실수는, 잉여 시간을 과하게 남겨 놓고는 그 시간을 생산적으로 사용하겠다고 생각하는 것이다. 하지만 이런 '생산적인 시간'은 거의 생겨나지 않는다. 달성하고자 하는 모든 일은 일정표에 채워져 있어야 한다. 그렇지 않으면 누군가 혹은 무슨 일이 그 자리에 끼어들어 일의 흐름을 방해하게 된다.

석 달 동안 매일 내 첫 일과는 이 책의 원고를 최소 500단어씩 쓰는 것이었다. 결과는 어땠을까? 90일 동안 매일 방해받지 않고 글을 쓸 시간이 생겼고, 나는 원고 마감일 전에 5만 단어 이상의 글을 쓸 수 있었다. 나는 일정표를 바라보는 게 좋다. 마음을 가라앉히고, 하루를 관리하고, 사업에 적절한 콘텐츠를 만들게 해 주기 때문이다. 일정에 관해서는 두 가지 선택지가 있다. 일정을 관리하느냐, 일정에 휘둘리느냐이다. 당신은 무엇을 택하겠는가?

2. 콘텐츠를 어느 정도 간격으로 내보낼 것인가?

내가 이 책에서 거듭 언급하는 것 중 하나는 가치 있고 지속적인 무료 콘텐츠를 만들어야 한다는 것이다. 이는 고객들과 신뢰를 구축하는 방법이다. 지속적인 콘텐츠라 함은 일일 콘텐츠를 만들라는 말이 아니다. 그보다는 콘텐츠를 전달하는 빈도수를 분명히 정립하라는 말이다. 사업상 주요한 결정을 할 때마다 스스로에게 이렇게 물어야 한다. "내 아바타가 바라는 게 뭘까?" 당신의 아바타는 콘텐츠의 이상적인 소비자이고, 따라서 콘텐츠 제작 계획과 관련한 결정을 내릴 때에도 지침이 되어 준다. 따라서 콘텐츠를 세상에 선보일 빈도수를 결정하는 일에도 아바타를 활용해야 한다. 한 달에 한 번? 한 주에 한 번? 매주 월요일? 수요일? 금요일?

여기에는 정답이 없다. 당신의 아바타에게 가장 좋은 일을 한다면, 이후 콘텐츠 소비자들에게서 피드백을 받아 콘텐츠를 보정하고 사업을 계속해 나갈 수 있다. 사업상 다른 결정들과 마찬가지로 콘텐츠 제작 계획은 끊임없이 발전한다. 지속적으로 그들과 관계를 맺고 그들의 소리에 귀 기울인다면, 자신이 최고의 능력을 발휘하여 서비스하고 있는지 알 수 있을 것이다.

3. 언제 내보낼 것인가?

행동이 완벽을, 아니 그 이상을 만든다. 나는 이 말을 믿는다. 수많은 사업이 콘텐츠나 상품, 서비스를 완벽하게 만들려고 애쓰는 바람에 오히려 위축되고 실패하곤 한다. "난 완벽주의자라 그래." 실패한 사업가들 99퍼센트가 이런 궁색한 변명을 한다. 실패한 사업가가 하는 말을 입에 올리고 싶은가? 그렇지 않을 것이다.

사업에 있어 가장 최선은, 계속해서 발전해 나가고, 피드백을 받아 수정하고, 매일, 매주, 매달 그 일을 반복하는 것이다. 콘텐츠를 만드는 과정은 간단하다.

- 콘텐츠를 만든다.
- 세상에 내보낸다.
- 피드백을 받는다.
- 피드백을 반영해 수정하고, 발전시킨다.
- 다음 콘텐츠를 만든다.
- 이를 반복한다.

자, 이제 콘텐츠를 언제 제공할지 살펴보자. 이 계획을 지침으로 삼아서 당신과 사업이 발전하는 데 적용하라.

주 1회: 월요일
주 2회: 월요일과 목요일
주 3회: 월요일, 수요일, 금요일
주 4회: 월요일, 수요일, 금요일, 토요일
주 5회: 월요일, 화요일, 수요일, 목요일, 금요일
주 6회: 월요일, 화요일, 수요일, 목요일, 금요일, 토요일

나는 매일 콘텐츠를 올리는 것을 시도했고 이는 내게 성공적인 방식이었다. 당신에게는 무엇이 가장 효과적인가? 나로서는 알 수 없다. 그러니 너무 깊이 생각하지 말고, 일단 '행동'을 취하라.

4. 콘텐츠의 평균 길이는 얼마나 되는가?

삶에서든 사업에서든 영원히 변하지 않는 일은 없다. 이 세상은 진화하고, 변화하고, 수축하고, 확장하고 있다. 그러니까 우리는 가늠할 수 없는 세계에 살고 있다는 말이다.

나는 극도로 불안해하며 한 달에 수백 번씩 드는 생각에 대한 나름의 해답을 정리했다. "존, 내 팟캐스트/이메일/동영상/SNS 게시물의 길이로 어느 정도가 완벽할까?" 내 대답은 늘 다음과 같았다. *"너의 아바타가 뭘 원할까?"* 이는 회피성 대답이 아니다. 가장 적절한 대답이다.

이 책을 읽는 모두에게 솔직하게 고백하겠다. 나는 아마도 당신의 콘텐츠를 보지 않을 것이다. 어째서일까? 나는 당신이 만드는 콘텐츠의 타깃이 아니다. 어쩌면 거기에 흥미를 느끼지도, 즐기지도 못할 것이다. 이 사실을 아는데 어째서 당신은 자신의 아바타가 아닌 다른 누군가에게서 지침을 받으려고 하는가? 답은 간단하다. 아직 아바타를 만들지 않아서이다.

당신의 여정에 조언을 해 줄 사람은 수없이 많을 것이

다. 어떤 조언을 믿을지 알려달라고? 그 사람이 당신의 아바타가 아니라면, 조언을 100% 무시하라. 성공에 이르는 법칙은 당신의 여정에서 활용할 수 있는 틀을 제공한다. 그 틀을 이용하라. 그리고 언제나 이 말을 최우선으로 따라라.

"내 아바타가 뭘 원할까?"

자, 이제 본론으로 돌아가자. 콘텐츠의 평균 길이는 얼마가 되어야 할까? 당신은 그 답을 안다. 나와 함께 말해보자.

"내 아바타가 뭘 원할까?"

여기에 딱 맞는 좋은 말이 있다.

---

*"우리에게는 계단 전체가 보이지 않는다.
그러니 그냥 첫 발을 내디뎌라."*

마틴 루터 킹 주니어

당신의 아바타가 원하는 길이로 콘텐츠를 만들고, 그것

을 '내보내라.' 일단 콘텐츠가 세상에 나오면, 이 콘텐츠를 소비하는 사람들이 생길 것이다. 그들의 피드백을 분석하여 콘텐츠를 수정하고, 또 내보내라.

이것은 과학 실험이 아니다. 일곱 가지 단계를 반드시 준수해야 한다든가 뭐 그런 지침이 정해진 게 아니라는 말이다. 오히려 정반대이다. 콘텐츠를 내보내고, 소비자와 부딪히고, 피드백을 받으면 그걸 반영해서 다시 세상에 내보내면 된다. 당신의 콘텐츠는 분명히 더 나은 세상을 만들 것이다. 그것이 단 한 사람의 세상이라 할지라도. 그러니 자신감을 가져라.

5. 편당 제작 시간은 얼마나 드는가?

이는 까다로운 문제이다. 우리에게 있는 건 오직 시간뿐이다. 우리에게는 세상을 바꿀 콘텐츠를 만들 시간이 '늘' 있다.

'당신의 사업에 불을 지펴라'의 첫 번째 인터뷰를 30분 분량으로 편집하는 데 3시간이 걸렸다. 편집을 끝냈을 때 나는 정신적으로 완전히 너덜너덜해지고 끔찍한 기분이었다. 일일 프로그램인데, 매번 이만한 시간과 에너지를 들여서 편집을 할 수는 없다고 여겼기 때문이다.

나는 일일 프로그램이 내 아바타가 필요로 하는 것임을 알았다. 따라서 완벽주의를 내려놓고, 시스템을 만들고,

180분의 편집 시간을 10분 이하로 줄일 지름길을 계속 찾았다. 물론 하룻밤 사이에 찾진 못했고, 매일 같이 이 일에 달라붙어, 2천 일 동안 2천 편의 방송을 만들고 나서야, 그러니까 5년 이상 팟캐스트를 방송하면서 서서히 방법을 알게 되었다.

나는 콘텐츠를 한 편 만들고 포기한 사업가들을 수없이 알고 있다. 그들이 포기한 건 초기에 콘텐츠를 만드는 데 시간이 너무 걸리고, 진이 빠지고, 이를 반복하기를 두려워했기 때문이다. 하지만 나는 시간이 지날수록 상황이 점점 더 나아진다고 말하고 싶다. 그것도 '훨씬'. 콘텐츠 한 편을 만들 때마다 우리의 뇌는 다음번에는 더 쉽고, 고생을 덜 하게 할 기반을 닦아 나간다. 수천 시간 팟캐스트 방송을 편집한 후 나는 이제 모차르트가 피아노를 치는 것과 같은 기분을 느낀다. 나는 단축키, 지름길, 시스템을 알고 있다. 2012년의 존 듀마스라면 어떻게 해야 할지 난감해하며 고개를 절레절레 흔들었을 일이다. 콘텐츠 한 편을 편집할 때마다 나는 좀 더 낫고, 빠르고, 효율적으로 일하게 됐다.

같은 일이 당신에게도 일어날 것이다. 자신의 콘텐츠를 제작하는 데 직접 시간을 들여라. 그러면 기본기를 갖추게 되고, 그 일에 열중하는 데 얼마나 시간이 드는지 알게 되어서 제작 일정을 고수할 수 있게 된다. 그리고 직업이 반복될 때마다 효율성이 증가하고 있음을 깨닫고, 곧 똑같은 콘텐츠를 만드는 데 시간이 덜 들게 된다.

6. 비상용 콘텐츠를 몇 개나 준비해둘 것인가?

당신은 비상용 콘텐츠를 몇 개나 만들고 시작할 생각인가? 편집이 완료된 글/오디오/영상이 몇 편 정도 있으면 안심이 되는가? 이는 개인의 취향에 따라 다르다.

나는 최소 6주 분량의 팟캐스트 방송이 준비되어 있어야 안심이 된다. 이렇게 하면 갑자기 문제가 튀어나왔을 때 당황하지 않고 대처할 수 있다. 물론 시사 이슈처럼 이런 식의 비상용 콘텐츠를 만들어 두기 어려운 틈새시장도 일부 존재한다. 하지만 대부분은 미리 대비할 수가 있다.

지속적으로 콘텐츠를 내보내겠다는 약속을 지키기 위해서는 비상용 콘텐츠로 반드시 사전 준비를 해야 한다. 컴퓨터 고장, 인터넷 접속 오류, 자연재해 등 어떤 일이든 일어날 수 있다. 겁을 주려는 게 아니다. 내가 저 일을 모두 겪어 보았다는 말이다. 이런 재앙들을 겪으면서도 나는 매일 팟캐스트를 올렸다. 이는 항상 6주 분량을 미리 준비해 두었던 덕이다.

재앙이 덮쳐 온다 해도 콘텐츠를 계속 올릴 수 있도록 사전에 얼마나 완성본을 만들어 두어야 할지 결정하라. 결정하고 나면, 보험을 만들어 두기 위해 몇 주간 있는 힘껏 노력해야 할 것이다. 하지만 그렇게 하고 나면, 그 뒤의 일이 편해진다.

7. 콘텐츠를 만드는 데 주당 며칠을 할애할 것인가?

한동안 만나지 못했던 누군가를 마주치면 우리는 흔히 이렇게 묻는다. "그동안 어떻게 지냈어?" 그러면 대개 "아, 엄청나게 바빴어!" 하는 대답이 돌아온다. 그때 "와! 지난 30일 동안 무슨 성과가 있었는데? 네가 가장 자부심을 가질 만한 일이 있었어?"라는 식으로 꼬치꼬치 따져 물으면 2초간 상대방의 멍한 시선을 마주하게 될 것이다. 그리고 이런 대답이 돌아올 것이다. "아, 특별한 건 없어. 애들에, 회사에, 강아지도 돌봐야 하고, 일상적으로 할 일들이 많잖아. 알면서 왜 그래?"

아니, 나는 모른다. 우리는 모른다. *지난 30일 동안 자신이 달성한 의미 있는 성과를 이야기할 수 없는 사람은 30일 후에도, 30년 후에도 같은 대답을 할 것이다.*

이 주제에 관해 읽어볼 만한 책은 브로니 웨어Bronnie Ware의 《내가 원하는 삶을 살았더라면: 죽을 때 가장 후회하는 5가지》이다. 이 책은 삶을 마감하면서 평생 자신이 얼마나 이룬 게 없는지 충격을 받는 사람들에 관한 이야기이다. 이들은 인생이 '그냥 스쳐 지나갔다'는 사실을 깨닫고 충격을 받는다. 물론 이들도 거창한 계획이 있었다. 하지만 전부 미래를 향한 계획이었지 현재를 위한 계획이 아니었다. 이들은 가장 소중한 자원인 시간이 산산이 흩어졌음을 깨닫고, 그 깨달음 속에서 후회하며 죽어 간다.

성공해야겠다고 마음먹은 사람들, 즉 우리들은 후회하며 죽어 가지 않는다. 우리는 생의 끝에서 자신이 노력했고, 실패했고, 배웠고, 다시 노력하는 과정을 통해 마침내 경제적 자유를 누리고 만족스러운 삶을 살아왔음을 알게 될 것이다.

콘텐츠를 제작하는 데 일주일에 며칠을 빼 두어야 하는지 결정하는 일에 비교하기엔 너무 과한 예라고? 전혀 그렇지 않다. 지난 30일간 뭘 달성했냐는 질문에 멍해졌다가 더듬대며 대답한 친구들은 매주 콘텐츠 제작에 할당할 시간을 빼놓지 않았다. 우리는 성공을 향한 길 위에 서 있다. 우리는 매주 특정한 시간을 비워 두어, 정해 둔 일에 몰두하여 인생과 사업을 앞으로 나아가게 할 것이다.

나는 팟캐스트를 시작하고 매주 화요일은 일정을 완전히 비워 두었다. 왜일까? 매주 화요일은 방송 여덟 편을 녹음하고 편집하는 날이기 때문이다. 이 여덟 편을 완성하는 것보다 더 중요한 일은 아무것도 없다. 이것이 내가 일일 팟캐스트를 꾸준히 할 수 있었던 유일한 방법이다. 이 부분을 조금 후에 더 자세히 설명할 것이다. 지금은 당신이 특정 콘텐츠 제작에 매주 특정한 날을 할당하는 일이 얼마나 중요한지 이해하길 바란다.

당신이 소셜 미디어에서 영향력을 발휘하고 싶어 한다고 가정해 보자. 당신은 다음 주에 SNS에 올릴 콘텐츠를 만들고자 금요일 아침을 비워 두는 원대한 계획을 세운다. 그러면 매일 SNS 콘텐츠를 만드는 데 시간을 바치지 않아도, 적시에 SNS에 콘텐츠를 꾸준히 올릴 수 있게 된다. 콘텐츠 제작 계획은 다음과 같다.

매주 금요일 오전 9시부터 오후 1시까지는, 다음 주 7일 동안 올릴 7개의 SNS 게시물을 만들기 위해 비워 둔다.

- 9시~10시. 7개의 트윗을 쓴다. 관련된 기사나 블로그, 칼럼 등 외부 링크를 연결해 둔 것이 적어도 세 개 있어야 한다.
- 10시~11시. 인스타그램 게시물을 7개 만든다. 2문단 이상의 게시물이 4개는 있어야 한다.
- 11시~12시. 7개의 페이스북 게시물을 만든다. 최소한 3개의 동영상이 있어야 한다.

이런 식으로 금요일을 비워 두면 무슨 일이 일어날까? 매주 21개의 질 좋은 SNS 게시글이 완성된다. 그렇게 당신은 가치 있는 무료 콘텐츠를 지속적으로 전달하게 될 것이다. 그러면 사람들이 당신을 알게 되고, 당신의 글에 '좋아요'를 누르고, 당신을 신뢰하기 시작할 것이다. 당신의 SNS를 팔로우하는 사람들이 많아지고, 그에 따라 당신의 영향력도 커질 것이다.

간단히 말해 당신은 이제 성공으로 향하는 길에 완전히 올라선 것이다. 자, 그럼 반대로 콘텐츠 제작 계획을 세우지 않으면 무슨 일이 일어날까? 당신은 매일 아침 자신의 모든 SNS에 게시물을 써서 올려야 한다는 사실을 생각하면서 일어날 것이다. 며칠 동안은(몇 주가 될 수도 있지만) 해낼 것이다. 그러다가 매일 앉아서 SNS에 올릴 글을 만들어 내야만 한다는 일의 무게가 덮쳐 오기 시작한다.

그러다 보면 운수 나쁜 날도 있을 것이다. 아픈 날도, 피곤한 날도, 심지어 완전히 지쳐 나가떨어지는 날도 있을 것이다. 스스로 통제할 수 없는 일이 일어나 거기에 온 정신을 빼앗기는 날도 있을 것이다. 그리고 이런 날은 SNS 게시물을 올릴 수 없다.

슬프게도 이렇게 새어 나간 물 한 방울이 모여 댐을 무너뜨리게 된다. 며칠 후 다시 어떤 일이 일어나면 게시글을 올리지 않기가 훨씬 더 쉬워진다. 지난번에 글을 건너뛰었을 때 별 문제가 없었기 때문이다. 그러고 나면 비슷한 상황이 더 많이 발생하고, 그 사실을 미처 깨닫기도 전에 몇 주가 훌쩍 지나가 버린다. 게으름에 가속도가 붙고, 늘어나던 팔로워들은 줄어들고, 조회수도 줄어들고, 무력감이 찾아든다. 나의 경쟁자가 내 자리를 대신하게 된다.

내가 너무 과장하는 것 같은가? 그럴 수도 있다. 하지만 나는 이 같은 상황이 벌어지는 모습을 수천 번 보았다. 이런 상황을 설명하는 팟캐스트 용어도 있다. 팟페이드podfade라고, 팟캐스트가 죽었다는 말이다.

우리는 성공을 향한 길에 서 있다. 우리는 작지만 제대로 된 일을 해야만 한다. 그것이 충분히 반복되면 거대한 결과가 나오며, 그 결과가 우리를 경제적 자유로 이끌기 때문이다.

콘텐츠 제작에 매주 몇 시간을 빼놓는 것은 그렇게 어렵지 않은 일이다. 일정표를 현명하게 사용하고, 사업에 불을 붙일 수 있는 중요한 일들에 매주 시간을 따로 할당하라. 이 부분에서 결론을 내리기 전에 말하고 싶은 두 가지 핵심 사항이 있다.

첫 번째는 '질'이다. 매주 순수하게 콘텐츠 제작에 사용할 시간을 빼놓아야 더 나은 콘텐츠를 만들게 될까, 아니면 매일매일 콘텐츠를 만들어서 의무적으로 SNS 게시물을 올리는 게 나을까? 당신은 이미 답을 알고 있을 것이다.

두 번째 핵심은 '효율성'이다. 우리의 뇌는 많은 측면에서 컴퓨터와 같다. 뇌는 특정한 업무에 사용될 때 '가동'되

는데, 준비에 시간이 걸린다. 하지만 일단 뇌가 신나게 일하는 상태에 진입하면 그때부터는 마법이 펼쳐진다.

나는 매일 이 책의 원고를 쓰는 시간을 빼두었다. 뇌가 신나는 상태에 진입하기까지는 힘이 들지만, 5분 후 단어들이 마구 쏟아져 나오기 시작하고 나는 그대로 쭉 나아가면 된다. SNS 콘텐츠를 만드는 데 매일 '뇌의 시동을 걸어야만' 하는 것은 무척이나 비효율적이다. 당신이 성공하고 싶다면 이런 비효율적인 방식을 받아들여선 안 된다. 그렇게 되면 당신의 콘텐츠는 조용히 사라지는 수많은 콘텐츠 중 하나가 될 것이다. 그러니 콘텐츠 제작에 필요한 시간을 매주 확보하라. 한 가지 일에 몰두함으로써 당신은 장기적인 성공을 이루게 될 것이다.

8. 당신이 콘텐츠 제작에 책임감을 갖도록 만드는 사람은 누구인가?

브로니 웨어의 《내가 원하는 삶을 살았더라면》에서 말하는 사람들이 죽을 때 후회하는 또 다른 점 한 가지는, '내 인생에 대해 다른 사람들이 이러쿵저러쿵하게 내버려 두지 말걸'이다. 다르게 표현하자면, 잘못된 사람들을 주변에 두었다는 것이다. 그러니까 잘못된 사람들의 의견에 가치를 부여하고, 그들의 조언을 들었다는 말이다. 그 결과로 이들은 삶의 마지막 순간에 자신이 잘못된 길을 선택했음을 깨닫게 된다.

당신을 사랑하고 지지하는 사람들에게 애정을 품는 건 중요하다. 어머니는 당신이 잘 되기만을 바랄 것이다. 아버지는 당신의 성공을 지지하는 뿌리가 되어주고 싶을 것이다. 하지만 부모님들은 우리의 삶이 나아가야 할 방향에 대해 잘 모르는 경우가 많다.

슬프게도 많은 경우 부모님은 당신을 통해 자신의 실패를 만회하려고 든다. 부모님으로부터 "난 널 위해 '모든 걸' 포기했단다."라는 말을 듣는다면, 그 말은 "난 실패했어, 그리고 지금 쪼그라들고 죽어 가는 내 꿈과 희망을 너에게 걸고 있어. 네가 내 마지막 희망이니까." 라는 말과 크게 다를 게 없다.

가혹한가? 하지만 이것이 진실이다. 당신의 부모, 형제자매, 애인이 진정으로 당신의 삶을 이해한다면, 당신이 자신의 꿈과 희망을 좇고, 세상에 차이를 만들어 내고자 매일 애쓰고, 자신과 주변 사람을 행복하게 만드는 영역에서 영향력을 발휘하고자 고군분투하는 일을 격려할 것이다.

4만 년 전에는 좋을 때나 안 좋을 때나 자기 부족에게 붙어사는 일이 중요했다. 우리가 사하라 사막을 떠돌 때, 부족은 안전과 안정감을 제공했다. 하지만 세상은 완전히 달라졌다. 나는 당신이 행복하고 만족스러운 인생을 살아갔으면 좋겠다. 세계는 바뀌었다. 돈을 버는 방법도 바뀌었다. 좋은 대학, 좋은 회사에 가면 성공한 인생이라 생각했던 건 이제 30년도 더 된 이야기다. 기회를 찾으려 노력하고, 찾았다면 움켜쥐어라. 그리고 절대 놓치지 말아라. 그 기회가 당신의 인생을 바꿀 수도 있다.

앞에서 당신이 존경할 수 있고, 함께 시간을 보내는 것이 즐거운 사람들과 협력집단을 만드는 일의 중요성에 대해 다루었다. 이 사람들은 당신과 같은 길에 서 있는 사람들이다. 당신의 콘텐츠 제작 계획에 책임감을 부여할 수 있는 건 바로 이들이다. 이들은 당신에게 우선 행동을 취하라고 말해 줄 사람들이다. 당신의 성공을 축하하고, 당신이 실패에서 배울 수 있도록 도울 사람들이다.

협력집단을 찾고, 포용하고, 지지하라. 그러면 그들이 당신의 드높은 꿈 그 이상의 성공을 거머쥐게 지원해 줄 것이다. 당신도 할 수 있다. 우리는 가능성이 무한한 시대에 살고 있다.

9. 콘텐츠를 검토하고 필요한 경우 수정하는 데 며칠을 할애할 것인가?

군대에서 받은 가장 가치 있는 훈련 중 하나는 사후 검토AAR, After-Action Reviews였다. 핵심은 '사후', 즉 '행동'을 한 이후이다. 군대에서는 일단 행동하는 쪽을 선호하는데, "지금의 썩 괜찮은 계획이 나중의 위대한 계획보다 낫기" 때문이다.

성공으로 나아가는 과정에서는 모든 일이 '행동'에 맞춰져 있다. 행동하지 않고서는, 피드백도, 조정도, 발전도, 반복적으로 해야 할 일들도 존재하지 않는다.

이제 반성과 평가의 중요성을 설명할 차례이다. 빨리 움직이고, 실패하는 것도 중요하지만, 더 중요한 것은 *어째서 실패했는지*를 확인하는 일이다.

한 달에 한 번씩 팀과 함께 콘텐츠 제작 계획을 평가하라. 계획에서 뭐가 효과적이었고, 뭐가 효과적이지 않았는지 알아내야 한다. 물이 새는 곳을 막고, 제대로 기능하도록 만들 계획을 세워야 한다. 자신이 올바른 방향으로 나아가고 있음을 확인해야 한다.

이러한 중간평가는 사업이 계속 잘되어 가고 있는지 확인시켜 준다.

누구나 북극성을 놓치는 날이 있다. 다만 그것을 알아차리고 방향을 수정하는 사람만이 성공을 유지할 수 있다.

이 때문에 우리는 매달 수익 보고서를 발행하고 있다. 수익 보고서는 우리 청취자들에게 무척이나 도움이 된다, 우리 사업에서 무엇이 효과를 발휘했고, 무엇이 효과가 없었는지를 보여 주기 때문이다. 수익 보고서는 우리 팀에도 엄청나게 도움이 된다. 우리에게 무엇이 잘 되어 가고 있는지 알려줄 뿐만 아니라, 사업으로 들어오는 한 푼 한 푼에 우리가 책임을 져야 함을 일깨워 주기 때문이다. 우리는 수익을 동전 하나까지 보고서에 기록하고, 지출도 세심히 조사한다. 이는 순수익을 높은 수준으로 유지하게 해 준다. 내역을 볼 때마다 우리는 수익원에 대해 깊이 생각하게 되고, 가능한 우리가 원하는 방향으로 사업을 수정하게 되기 때문이다.

나는 사업을 하면서 수익이 새어 나가는 걸 몇 년간 방치한 경우를 많이 보았다. 처음에는 한두 방울이 새어 나갔지만, 이 누수는 점점 막대한 손실을 불러일으키고, 심할 때는 성공했을 사업을 파산시키기도 했다.

한 달에 하루를 할애하는 것만으로도 배의 누수를 막고 올바른 방향으로 나아갈 수 있게 된다.

≫ 나의 콘텐츠 제작 계획

이제 내가 콘텐츠 제작 계획을 어떻게 세웠는지 살펴볼 차례이다. 그 전에 당신이 만드는 것 중 절대 변하지 않는 것은 없을 거란 사실을 기억하라. 이것이 중요하다. 모든 것은 진화한다.

  콘텐츠 제작 계획에도 같은 원리가 적용된다. 콘텐츠를 계속 만들어 나갈수록 당신 자신과 사업, 아바타에게 최선의 효과를 내는 것이 무엇인지를 판단하게 되고 그 과정에서 계획 역시 변화하고, 수정되고, 발전한다. 그렇다고 해도 기반은 갖추고 일을 시작해야 한다. 그렇지 않으면 뭔가를 세울 곳이 없지 않은가.

  나의 첫 기반은 다음과 같다.

1. 어떤 일정 관리 시스템을 사용해 콘텐츠 제작 일정을 짤 것인가?

  사업을 시작하기 전 내 일정표는 당시 나의 상사가 누구냐에 따라 달라졌다. 나는 매일 두려워하면서 일정표를 열고, 일과 대부분을 차지하고 있는 끝없는 회의 목록을 바라보았다. 일정표에는 공란이 거의 없었고, 나는 멍한 눈으로 컴퓨터를 바라보며 기운이 쭉 빠지는 업무를 하고 있었다.

  사업을 시작하고 상황은 정반대가 됐다. 사업을 시작했을 무렵, 일정표를 열면 공란 말고는 아무것도 없었다. 불안해졌다. 아무 생각이 떠오르지 않았다. 내게 뭘 해야 할지 말해 줄 사람은 대체 어디 있을까?

  군 장교로 복무할 때, 나는 매일 명령을 전달하는 부대장이었다. 부동산 중개인으로 일할 때도, 회사에 다닐 때도 마찬가지였다. 하지만 이제 일을 제시하고 방향을 제공할 유일한 사람은, 빈 일정표를 응시하고 있는 나 자신이었다.

이제 어른이 될 때였다. 배가 항구를 떠나면, 닻을 내리는 것은 나의 몫이 되었다.

나는 인터넷에서 '최고의 일정표', '일정 관리 앱'을 검색했다. 몇몇 글과 앱을 살펴보고 나서 나는 구글 캘린더와 스케줄 원스Schedule Once에 안착했고, 아직까지 사용하고 있다. 이 과정을 너무 어렵게 생각하지 마라, 그저 시간을 조금 들여서 검색을 한 후 괜찮게 느껴지는 것을 고르면 된다.

일정표 프로그램을 선택했다면, 그것을 생활에 적용하면서 한동안 씨름하게 될 것이다. 시간을 들여서 자신이 가진 정보로 할 수 있는 최선의 결정을 하고, 실행하고, 다음 단계로 나아가라.

2. 콘텐츠를 어느 정도 간격으로 내보낼 것인가?

사용할 일정표를 정했으니, 콘텐츠를 발행할 빈도수를 정할 때이다. '당신의 사업에 불을 지펴라'를 주 7일 방송하기로 결심했지만, 여전히 결정해야 할 것이 많았다.

- 방송 안내표

모든 방송에 달아야 할까, 아니면 주간 일정표를 올릴까?

• **이메일**
이메일 목록을 어떤 식으로 구축할까? 이메일 뉴스레터를 얼마나 자주 발행하는 것이 좋을까?

• **SNS**
어떤 SNS로 이 프로그램을 홍보할까? 그리고 SNS 게시물을 얼마나 자주 올릴까?

나는 이 내용을 간단하게 만들어놓고, 앞으로 팀이 성장하고 시스템이 조정되는 상황에 따라서 조금씩 살을 붙여나가기로 했다.

• **방송 안내표**
'당신의 사업에 불을 지펴라'가 내 사업의 중심이기 때문에, 나는 방송 안내표를 만들어 매 방송에 달기로 했다. 방송 안내표는 청취자들에게 재생, 링크, 기타 정보를 어디에서 얻을 수 있을지 알려준다. 또한 내게도 웹사이트 방문객 수를 늘릴 기회를 주며, 내 이메일 목록을 보강하고, 청취자들에게 제공하는 전체적인 가치를 늘릴 수 있다.

• **이메일**

매주 이메일을 두 차례 발송한다. 한 가지는 내가 만들었던 방송에 초점을 맞춘 것이고, 다른 한 가지는 청취자들이 관심이 있을 거라고 예상되는 주제를 다룬 것이다.
• SNS
매일 트위터로 당일 방송 일정을 홍보하고, 매주 2회 페이스북에 방송 예고편을 올린다.

콘텐츠를 올릴 빈도수를 정했으니, 콘텐츠 제작 계획의 다음 단계로 넘어가자.

3. 언제 내보낼 것인가?

내 계획에서 이 부분은 간단했다. '당신의 사업에 불을 지펴라'는 주 7일 방송을 할 것이기에 주중 어느 날 방송을 할지 생각할 필요가 없었던 것이다. 내가 고려해야 할 유일한 사항은 몇 시에 방송을 할 것이냐였다.

내 청취자들은 대개 북미 지역에 살고 있다. 또한 내 아바타는 통근 시간에 방송을 들었다. 나는 인터넷으로 '뉴요커들의 출근 시간'을 검색했다. 몇 가지 글을 읽은 후 아바타의 출근 시간은 오전 5시로 정해졌고, 그보다 한 시간 전인 4시에 방송을 올리기로 했다.

내 아바타는 오전에 일어나서 커피 한 잔을 내리고 '당신의 사업에 불을 지펴라'를 다운로드를 하고 나서 아내와 아이들에게 인사를 하고 차에 올라타 25분 정도 걸리는 회사로 출근한다.

내 아바타는 매일 새 방송을 듣기를 바랐고, 나는 그가 새 방송을 듣기를 바랐다. 따라서 매일 그에게 오늘 날짜로 올라간 방송이 전달되어야 했다.

나는 팟캐스트 방송마다 안내표를 붙였고, 이제 이메일 뉴스레터를 보내고, SNS를 올릴 때를 결정하는 일만 남았다.

이메일 뉴스레터는 주당 2회 보내기로 했는데, 언제, 어떤 내용을 보낼 것인지를 결정해야 했다. 몇 가지를 고려하여 월요일 뉴스레터에는 그 주의 방송 일정과, 전 주의 방송에서 얻은 몇 가지 핵심 내용과 교훈을 쓰기로 했다. 이는 청취자들에게 어떤 방송을 듣게 될지 기대감을 고조시키고, 전주에 방송되었던 내용에서 가치 있는 내용만 다시 공부할 수 있게 했다.

두 번째 뉴스레터는 금요일에 발송했다. 그 주의 방송을 정리하고, 주말 방송 예고편을 담고, 내가 지난 5일 동안 개인적으로 경험했던 유레카의 순간들에 대해 썼다. 이는 청취자들에게 지난 5일 동안의 방송을 곰곰 생각할 기회를 주고, 방송에서 강조한 내용을 정리하고, 주말 방송에 대한 기대감을 심어 주었다.

이메일 뉴스레터에 대한 구상을 끝냈으니, SNS 계획을 확정지어야 할 때이다. 트윗은 매일 올리기로 결정했지만, 언제 트윗을 올릴 것인가? 나는 내 팔로워들이 가장 활발하게 트위터를 이용하는 시간을 알아보고 시간 범주를 정했다. 그리고 트위터는 그날 할 방송의 간단한 예고와 함께 방송 목록 링크를 올리는 정도로만 사용했다.

페이스북 게시글은 주 2회, 수요일과 일요일에 올리기로 결정했다. 월요일과 금요일에 이메일 뉴스레터를 발송하니, 그 중간인 수요일을 택했고, 일요일은 내 팔로워들이 페이스북을 가장 활발하게 사용하는 요일이기 때문이었다. 각 게시물은 상단에 간단하게 한 가지 방송에 대해 간단한 하이라이트를 보여 주고 방송 링크를 거는 식으로 구상했다.

이렇게 하자 콘텐츠 제작 계획의 윤곽이 잡혔다. 나는 일정표를 바라보고, 언제 콘텐츠를 만들고, 무엇을 만들고, 언제 게시할지를 보았다. 계획을 갖추자, 남은 할 일은 '실행'뿐이었다.

내 계획은 어디까지나 예시일 뿐이다. 내 계획을 길잡이 삼아서, 당신만의 콘텐츠 제작 계획을 세워야 한다. 그리고 그 때 물어볼 대상은 당신의 아바타이다.

4. 콘텐츠의 평균 길이는 얼마나 되는가?

이제 콘텐츠의 길이를 정할 때이다. 어디서부터 시작해야 할지는 이미 알고 있으리라 믿는다. 당신의 아바타가 필요로 하는 게 무엇인지 정확하게 알면, 이런 질문이 나올 때마다 빈칸을 채울 수 있다. 갈림길이 나올 때마다 당신의 아바타가 무엇을 원할지 생각하라. 성공으로 향하는 여정에서 당신의 아바타를 안내자로 삼아라.

내 아바타 지미는 매일 아침 25분 자동차로 출근을 하고, 매일 저녁 집으로 돌아오는 데 30분이 걸린다(저녁에는 교통체증이 약간 있다). 그리하여 나는 '당신의 사업에 불을 지펴라'를 20분에서 30분 정도 길이로 결정했다. 내 목표는 지미가 출근 시간에 그날의 방송을 처음부터 끝까지 듣고, 퇴근길에는 이전에 놓친 방송을 듣는(혹은 좋아하는 방송을 한 번 더 듣는) 것이었다.

20분에서 30분 정도의 방송 길이는 지침일 뿐이다. 토니 로빈스가 53분 동안 인터뷰를 해 주었을 때, 나는 인터뷰 내용을 편집하여 줄이지 않았다. 다만 나는 모든 콘텐츠에 일관성을 부여하고 싶었을 뿐이다. 기억하라, 원칙이란 절대 수정할 수 없는 견고한 무언가가 아니라, 콘셉트를 일관성 있게 유지하는 지침으로 쓰여야 한다.

방송 안내표에는 상단에 본 방송에서 제시할 세 가지 가치를 적고, 인터뷰 중에 언급된 링크들을 첨부하기로 했다. 맨 끝에는 내가 가장 중요하다고 생각하는 요점을 적었다. 이 구성안은 내가 적당한 시간 내에 질 높은 안내표를 만들게 해 줄 뿐만 아니라, 청취자들이 웹사이트를 방문했을 때 어떤 가치를 기대해도 되는지를 알려준다.

이메일은 간단하게 작성했다. 일단 최대 500 단어를 넘지 않는 내용을 담기로 했다. 지미는 시간이 한정적이었고, 따라서 가치를 분명하게 축약하여 전달하는 것이 중요했다.

글자 수 제한 외에는 뉴스레터 안에 창의성을 발휘할 공간을 많이 남겨 두어서, 나는 수년 동안 수많은 실험을 시도해 보았다. 몇 가지는 대단히 멋졌지만, 대부분은 처참히 실패했다.

SNS도 이메일과 비슷한 방식을 사용했다. SNS 게시물 한 건당 100 단어 이하로 글자 수를 제한하고 실험할 공간을 많이 남겨 두었다.

나는 내 사업의 모든 일을 아래의 과정을 따라 했다.

제작 ➡ 발행 ➡ 피드백 요청 ➡ 피드백 분석 ➡ 수정 ➡ 반복

5. 편당 제작 시간은 얼마나 드는가?

할 일은 너무 많고 시간은 너무 적다고 느껴질 때, 나는

성공은 단번에 이루어지는 것이 아니라 '성공으로 향하는 여정'이 있음을 되새기곤 한다. 꾸준하게 인내를 가지고, 한 가지씩 집중하여 나아가야 하는 여정.

콘텐츠 제작에는 오랜 시간이 걸린다. 머리도 엄청 써야 한다. 새로운 것을 만들어 낼 때는 늘 그런 법이지만. 그렇다고 좌절할 필요는 없다. 일을 반복해서 하다 보면 우리는 더 나아지고, 더 효율적으로 움직이고, 자연스레 시스템과 프로세스를 만들게 된다. 첫 시도에 오랜 시간이 들었다고 해서 낙담하지 말고, 그 일에 짓눌리지도 마라.

일반적인 팟캐스터들은 대개 처음 방송 편집을 할 때 고통을 겪는다. "존, 나는 첫 번째 인터뷰를 마쳤고, 그건 너무 멋졌어! 그런데 인터뷰를 20분으로 편집하는 데 3시간이나 걸렸어. 매번 인터뷰를 할 때마다 이만큼의 시간을 할애할 수가 없는데 말야."

내 대답은 늘 똑같다. "처음 팟캐스트 방송을 편집하는 거니, 모든 게 처음이고 헷갈리는 게 당연하지. 첫 인터뷰를 편집하는 데 세 시간이 걸렸고, 일일 방송을 이런 속도로는 할 수가 없다는 걸 아니까 엄청 걱정되겠지. 당연해. 하지만 편집을 10번쯤 했을 땐 걸리는 시간이 90분으로 줄어들 거야. 15번쯤 하면 30분으로 줄어들 거고. 나도 그랬어. 할 때마다, 한 걸음 내밀 때마다 조금씩 더 나아지는 거야. 할 수 있어!"

마무리하겠다. 첫 번째 콘텐츠를 만드는 데는 오랜 시간이 걸릴 것이다. 따라서 정교한 계획을 세우고 이를 착실하게 따라야 한다. 하지만 곧 좋아질 것이란 자신감을 갖고 조금만 더 노력하라. 그러면 분명히 더 빨라지고, 더 나아지고, 효율이 높아질 것이다. 성공의 비밀은 특별한 게 아니다. 작지만 올바른 일들을 오랫동안 행하는 것이다. 시작해 보자!

6. 비상용 콘텐츠를 몇 개나 준비해둘 것인가?

평범한 사람들은 대개 '주문형 창작' 방식을 따른다. 이들은 늘 마감일 직전에 목표를 달성하는 방향으로 우르르 달려간다. 콘텐츠를 소비하는 사람들은 그 콘텐츠에 대해 어떻게 느낄까? 잘 짜인 느낌이 들지 않고 뭔가 빠진 것 같이 느낄 것이다. 급하게 마무리했다는 느낌은 숨겨지지 않는다. 이건 성공과는 거리가 멀다.

매일 팟캐스트를 방송하겠다는 대담한 목표를 세웠을 때, 여기에는 수많은 장애물이 있었다. 우선 인터뷰를 할 만한 사람을 그만큼 찾을 수 있는지가 문제였다. 두 번째는 그들이 인터뷰에 응해줄 것이냐는 것이었다. 그러니까 운이 좋아서 연락이 된다 해도, 성공한 사업가들이 생전 듣도 보도 못한 팟캐스트를 위해 일면식도 없는 사람과 30분이나 이야기를 나누게끔 설득해야 한다는 문제가 있었다.

 간신히 첫 인터뷰이에게 '좋다'는 대답을 얻어냈지만, 1년 동안 방송을 하기 위해서는 아직도 364명의 허락이 필요했다. 나는 이 방송이 성공하리라는 확신이 있었다. 그러기 위해서는 신뢰가 중요했다. 내가 매일 한 편씩 올리겠다는 약속을 지켜야 한다는 말이다.

 내 목표는 항상 45개의 '편집 완성본'을 갖고 있는 것이었다. 45개나 되는 비상용 방송이 있다면 혹여 일어날 수 있는 사태들에 충분히 대응할 수 있을 것이라 판단했다. 연달아 인터뷰 약속이 취소되거나, 인터뷰 중에 갑자기 녹음기 전원이 나가거나, 천재지변이 덮쳐 와도 말이다.

 방송을 시작하기 전에 나는 석 달을 들여 45개의 방송을 완성했다. 방송을 시작하고 나서도 본 방송에서 적어도 30일에서 45일 전에는 편집을 마치는 일정을 따랐다.

 2017년 드디어 이 계획이 빛을 발했다. 허리케인 '마리아'가 푸에르토리코 섬에 있는 내 집으로 돌진하고 있었다. 집을 떠나야 했다. 다행히 내게는 미리 만들어둔 보험이 있었고, 단 한 번의 결방 없이 허리케인을 이겨냈다.

 방송을 45편이나 미리 만들어 두어야 한다는 말에 지레 겁먹지 마라. 내 경우는 일일 팟캐스트였기 때문이다. 만약 당신이 주 1회 콘텐츠를 올릴 계획이라면 6편 정도면 충분하다. 약간 모자라도 된다.

마무리하기 전에 이 주제와 관련해 사람들이 공통적으로 하는 질문이 있다. "존, '당신의 사업에 불을 지펴라'에 나올 초대 손님들을 모두 어떻게 찾았나요?"

나의 전략은 팟캐스트 게스트를 찾는 데 맞춰져 있긴 하지만, 기본적으로 이 방법은 대부분의 플랫폼에 적용 가능하다. 먼저 스스로에게 이런 질문을 해 보았다. "어디에 가야 영감을 주는 성공한 기업가들을 볼 수 있는가?" 나는 목록을 적기 시작했다. 목록 맨 꼭대기에는 두 가지를 적었는데, 바로 비즈니스 잡지와 컨퍼런스였다.

첫 번째는 쉬웠다. 나는 인기 비즈니스 잡지의 디지털판을 몇 가지 구독하고, 잡지에서 다룬 기업가들을 모조리 메모했다. 진짜 일은 이제부터였다.

인기 비즈니스 잡지에서 다루어지고 미디어에 노출될 정도라면 많은 사람이 그에게 접근하기 위해 경쟁하고 있다는 말이다. 나는 그들이 가장 활발하게 활동하는 SNS 플랫폼을 검색하고, 그들을 팔로우하고, 그들의 콘텐츠를 매일 살펴보았다. 곧장 깨달은 것은, 그 사람들도 팔로워들에게 주목한다는 사실이었다. 팔로워가 수없이 많다고 해서 이들이 댓글이나 메시지를 무시한다는 뜻은 아니다. 그들의 주목을 끄는 팔로워가 된다면, 그들이 당신의 요청을 받아줄 기회가 크게 늘어난다. 당신이 그들의 세계에서 어느 정도 가치 있는 사람이 되었기 때문이다. 이 점이 중요하다.

이제 나는 어느 정도 성공한 사람으로서, 직접 경험을 통해 이렇게 말할 수 있다. 내가 받은 대부분의 메시지는 이런 식이다. "안녕하세요, 존, 당신이 수천 개의 메시지를 받고, 답장을 처리하는 팀이 따로 있다는 걸 알아요. 그런데……." 하지만 모두들 내게 하루에 몇 톤씩이나 되는 메시지가 온다고 생각하기 때문에 실제로 메시지를 보내는 사람은 잘 없다. 그 결과 나는 받은 메시지에 모두 응답할 수 있다.

내가 팟캐스트에 초대하고 싶은 기업가들에게 메시지를 보내던 때로 돌아가 보자. 세스 고딘에게 이메일을 보냈을 때 나는 앞서 언급한 사실을 경험했다. 그가 한 시간도 안 되어 답을 보냈다. "지금은 오후 1시예요. 내일 동부 시간으로 이 시간에 괜찮은가요?" 입이 쩍 벌어졌다.

당신이 내 조언을 받아들여 만나고 싶은 사람들과 관계를 맺게 되길 바란다. 100% 성공률을 장담하지는 못하지만, 시간과 노력을 들일 가치는 분명 충분하다.

내가 사용한 다음 전략은 정말 보석 같은 것이었다. 먼저 '올해 최고 기업가 컨퍼런스'를 인터넷에서 검색했다. 검색 결과 50개 이상의 컨퍼런스가 목록으로 정리되었다. 그다음 단계는 컨퍼런스 입장권을 구매하고, 비행기표와

호텔 방을 예약하는 게 아니다. 나는 컨퍼런스 웹사이트에 들어가서, '강연' 메뉴를 클릭하고, 거기에 써 있는 강연자들을 받아적고, 그 옆에 그들의 경력, 연설 주제, 개인 웹사이트까지 기입했다.

나는 이 정보를 이용하여 원하는 연사들의 목록을 만들었고, 한 사람씩 연락을 시작했다. 내 생각에 최고의 초대손님이 될 사람을 찾고, 그 사람의 웹사이트에 들어가, 이메일 보내기 버튼을 클릭하고, 다음과 같은 글을 작성했다.

ooo 씨, 안녕하세요.
저는 존 리 듀마스라고 하고, '당신의 사업에 불을 지펴라'라는 비즈니스 팟캐스트를 진행하고 있습니다. 세계에서 가장 성공하고 영감을 주는 기업가들을 주 7회 인터뷰하는 방송입니다.
선생님께서 제 프로그램과 완벽히 어울리는 분이라고 생각합니다. 30분만 시간을 내주신다면 제게는 큰 영광일 것입니다. 선생님께서 편하신 시간에 댁에서 온라인으로 인터뷰를 하며, 방송은 녹음으로만 진행됩니다.
선생님께서 ooo 컨퍼런스에서 ooo라는 주제로 연설하신 것을 보았습니다. 제 청취자들에게 꼭 맞는 주제로 보입니다.

관심이 있으시다면, 아래의 링크를 열어 보시고, 편한 시간을 골라 주십시오.

저희 일정표에 선생님께서 가능한 시간이 없다면, 가능하신 날짜와 시간을 두어 개 적어서 보내주세요. 그 일정에 맞추도록 하겠습니다.

메일을 읽어 주셔서 감사드립니다. 선생님과 함께 불을 지필 수 있기를 바랍니다!

- 존 리 듀마스

팟캐스트 첫 방송을 하기 전에도 나는 60%의 사람에게 답신을 받고, 40%의 성공률을 기록했다. 메일 열 통을 보내면, 네 사람의 완벽한 초대 손님이 프로그램에 출연해 주기로 약속했던 것이다!

이 성공의 핵심은 그들이 '하겠다'라는 말을 쉽게 하도록 내가 자리를 깔았다는 데 있다. 나는 그들에게 자신의 전문 분야에 대해, 자기 집에서 편안하게 이야기해 주기를 요청했다.

기억하라, 행운은 용기 있는 자를 좋아한다. 일을 시작하고, 요청하라. 그러면 자신의 성공에 놀라게 될 것이다!

7. 콘텐츠를 만드는 데 주당 며칠을 할애할 것인가?

멘토와 협력집단을 구했을 때 내겐 성공할 준비가 갖춰

졌다. 내 멘토는 내가 바라는 곳에 있으면서 내가 위험을 통과하도록 이끌고, 내가 중요한 일에 집중하게 해 주었다. 내 협력집단은 다양한 단계를 통과 중인 열 명의 팟캐스터들로 구성되었는데, 그중에는 팟캐스트를 선도하는 클리프 레번스크래프트도 있었다.

그런데 내가 모두로부터 지속적으로 받은 조언 하나가 있다.

"절대 일일 팟캐스트를 시도하지 마라."

실패할 것이다. 초대 손님으로 청할 사람이 부족해진다. 시간에 쫓기게 된다. 완전히 지쳐 나가떨어질 것이다. 청취자들도 매일 들을 수 없어 좌절하고 구독을 취소할 것이다. 이래서 성공한 기업가들을 인터뷰하는 일일 팟캐스트가 존재하지 않는 것이다. 그 아이템은 절대 먹히지 않는다!

이 조언이 나를 당황시키지는 못했다. 오히려 내게 '불을 붙였'다. 세계적으로 성공한 팟캐스터 몇 사람은 내게 그렇게 할 수 없을 거라고 말했고, 나는 그렇게 할 방법을 찾을 수 있었다. 그리고 와우, 이건 기회였다!

나는 이 말이 좋다. "장애물이 높을수록 경쟁자는 줄어든다." 나는 이 사업을 만들어 내는 방법만 찾을 수 있다면, 그건 내 독점 시장이 되리라는 사실을 알았다.

> 더 멀리 나아가면, 교통 체증 따윈 없다.
>
> 지그 지글러 Zig Ziglar

나는 '당신의 사업에 불을 지펴라'가 누구나 듣고 싶어 하는 방송이 아님을 알았다. 동시에 영감을 주는 기업가들의 인터뷰를 들으며 매일 아침을 맞이하고 싶어 하는 사람들이 있다는 점도 알았다.

나는 자리에 앉아 일일 팟캐스트를 하는 모습을 상상해 보았다. 왜 모두가 일일 팟캐스트는 절대 안 될 거라고 그토록 단정하는가? 아하! 사람들은 내가 매일 아침 일어나서, 인터뷰 약속을 잡고, 인터뷰하고, 방송을 편집해서 내보내고, 그러고 나서 SNS 게시물을 작성할 거라고 생각했다.

이런 일정은 내가 하루를 꼬박 방송 한 편에 투자해야 함을 뜻했다. 만일 뭐 하나 문제라도 생긴다면? 내가 아프기라도 한다면? 인터뷰 대상이 아프기라도 한다면? 전기가 나간다면? 기타 등등 수없이 많은 사건이 일어날 수 있었다.

이런 식으로 생각하자 끔찍해졌고, 어째서 최고의 비즈니스 팟캐스트 진행자들이 일일 팟캐스트는 안 된다고 조언하는지 알 수 있었다. 일일 팟캐스트를 진행하려면, 더 나은 방법을 찾아야만 했다.

그때 불현듯 무언가 떠올랐다. 하루에 한 편씩 방송을 만들지 말고, 일주일에 하루 동안 인터뷰를 여덟 개 한다면? 나는 인터뷰를 한 시간씩 하기로 했다. 이는 20분에서 30분짜리 인터뷰 방송을 만들기에 충분한 시간이었다. 이렇게 하면 8시간동안 인터뷰 8개를 하여 방송 일주일 치에 더해 하루치 분량을 확보할 수 있었다.

이 아이디어를 협력집단에 이야기하자, 그들은 내게 미쳤다고 말했다. 하루에 인터뷰를 여덟 개 한다고? 완전히 지쳐 나가떨어질 거야! 나는 이 말에 동의할 수가 없다. 그냥 일을 좀 많이 하는 것일 뿐이니 말이다. 이라크 파병 당시 하루에 16시간 일했던 것을 떠올려 보았다. 심지어 그곳은 덥고, 먼지 날리고, 위험으로 가득하지 않았던가!

에어컨이 빵빵한 사무실에 앉아서 일주일에 단 8시간을, 영감을 주는 기업가들과 수다를 떠는 일이 그렇게 미친 짓일까? 절대 그렇지 않다. 인터뷰를 하는 날을 '슈퍼볼'(미 프로미식축구 챔피언 결정전으로, 미국에서 큰 인기를 끌고 있다.-옮긴이)을 보는 날이라고 생각하면 안 되나?

그렇다, 그날은 길고 힘들 것이다. 하지만 하루가 저물고 햇살이 내려앉을 무렵이면, 나는 인터뷰 여덟 개를 녹음하고 끝내주는 기분을 느끼게 될 것이다. 인터뷰하는 날을 슈퍼볼이 열리는 날이라고 생각하자 정말 그렇게 느껴졌다.

관점을 새로이 한 후, 다음 단계는 인터뷰를 진행할 날을 고르는 것이었다. 화요일로 결정했다. 월요일에는 일을 정리하고 사전 준비를 완벽히 한다. 화요일은 '슈퍼볼'이 있는 날이고, 그 주의 나머지 날에는 남은 일들을 하고, 보충하고, 신경 써야 할 사업상 다른 부분들에 집중한다.

2,500편 이상 방송을 하면서 주간 일정을 이런 식으로 꾸렸는데, 이 일정은 내게 잘 맞았다. 나는 사업 전반에 이 같은 방식을 적용했다. 화요일은 인터뷰 날이다. 수요일에는 편집을 하고, 방송 안내표와 요약본을 만든다. 목요일은 기타 해야 하는 일들을 위해 비워 둔다. 금요일에는 다음 주에 내보낼 SNS 게시글 및 이메일 방송 안내표를 만든다. 주말에는 쉬며 재충전하고, 기회가 된다면 약간의 업무들을 쳐낸다. 월요일에는 그 주의 기조를 만들고, 내가 해야 할 일이 완전히 준비되었는지 확인한다.

나는 이 과정을 '일괄처리'라고 부른다. 수년에 걸쳐 우리는 팀원을 충원하고, 시스템과 프로세스를 재조정했고, 내 일정도 조금씩 변화했지만, 절대로 바꾸지 않은 한 가지는 콘텐츠 제작 일정을 요일별로 나누어 한 주짜리로 묶는 바로 이 일괄처리 방식이다.

이는 내게 다른 사람들이 불가능하다고 생각하는 일들을 하도록 만들어 주었다. 나는 10년 동안 일일 팟캐스트

를 방송했고, 1억 회 이상의 다운로드 수를 기록했으며, 이는 내 인생에 경제적 자유와 충족감을 가져다 주었다.

8. 당신이 콘텐츠 제작 계획에 책임감을 갖도록 만드는 사람은 누구인가?

사업을 하기로 결정한 초기에 협력집단에 들어갔던 건 아주 좋은 판단이었다. 일일 팟캐스트를 하겠다고 말했을 때 모두가 그건 불가능하다며 나를 설득하려고 애썼다. 하지만 내가 이 아이디어를 실행하는 모습을 보자, 이들은 놀랄 만큼 많은 지지를 보내 주었다.

매주 협력집단 모임을 가지고, 지난 7일 동안의 성과를 이야기하고, 현재 처한 고난에 대한 조언과 지지를 받고, 다음 주의 계획을 세웠다. 매주 나는 대담한 목표를 세웠다.

마법 같은 성공은 모두 안전지대 바깥에서 일어나기 마련이다.

내 목표는 모두 내 안전지대 바깥에 있었다. 나는 협력집단의 친구들을 모두 존경했다. 그들은 모두 자신의 꿈을 좇고 그 상황 속으로 들어가 열심히 일했다. 집단이 힘을 모으면 특별한 일이 일어난다. 우리는 서로가 축 처지도록 놔두지 않았다. 그 결과 스스로의 생각보다 훨씬 더 멀리까지 도달하고, 꿈꿨던 것보다 훨씬 높이 비상했다.

몇 차례인가 나는 협력집단 모임 직전까지도 지난주에 세웠던 목표를 완수하지 못했던 적이 있다. 그때 혼자였더라면 아마 마감일을 미뤘을 것이다. 하지만 나는 혼자가 아니었다. 지난주에 모여서 목표를 발표한 사람은 나 말고도 아홉 사람이나 되었으며, 모두들 그 목표를 달성하고자 한 주 내내 애썼고, 나 역시 자신들처럼 노력하길 기대했다.

모임에서 내가 목표를 달성하지 못한 이유를 떠벌리는 모습을 그려 보았다. 어떤 동정도 받지 못하고, 이해한다고 고개를 끄덕이는 사람도 없을 것 같았다. 오히려 사람들은 내게 지난주에 세운 목표를 어째서 달성하지 못했느냐고 캐물을 것이었다.

앞에 무엇이 기다리고 있는지 보이자, 나는 기운을 끌어올리고, 본격적으로 덤벼들어 목표를 달성했다! 그해 내내 나는 콘텐츠 제작 계획에서 스스로 설정한 마감일을 한 차례도 어기지 않았다. 행동 계획을 수립하고, 협력집단과 계획을 공유하고, 매주 어느 정도 일이 진척되는지 보았다.

협력집단은 구명줄이다. 그들은 기반이 되어준다. 불평과 불안감을 털어놓고, 걱정을 내려놓을 곳이 되어준다. 또 협력집단은 질문을 하고, 조언을 구하고, 피드백을 받을 수 있는 곳이기도 하다.

협력집단 사람들은 똑같은 감정을 겪고, 똑같은 질문을 가지고 있다. 당신에게 이들이 필요한 만큼, 이들에게도 당신이 필요하다. 노력하는 사람을 돕는 것은 뿌듯함과 기쁨을 주는 일이며, 이것은 우리의 연료가 된다. 우리는 이 모든 것을 함께한다.

같이 성공으로 향하기로 결심한 사람들은 당신이 계획을 미루거나 포기하지 않고 밀어붙일 수 있도록 도와줄 것이다. (제6장에서는 이런 측면에 초점을 맞추고, 완벽한 협력집단을 만들어 내거나 협력집단에 합류하라고 말했다.)

9. 콘텐츠를 검토하고 필요한 경우 수정하는 데 며칠을 할애할 것인가?

앞서 말했듯이 '사후 검토'는 우리로 하여금 실수를 검토하고, 행동을 조정하고, 실행 과정을 발전시켜 우리가 더 효율적으로 나아갈 수 있게 해 준다.

기업가로서 적어도 한 달에 한 번씩은 사후 검토를 해야 한다. 나는 매월 마지막 주 금요일마다 일정표에서 4시간을 따로 빼놓고 사후 검토를 진행한다. 마지막 금요일이 올 때까지 한 달 동안 어떤 프로젝트를 끝내거나 할 만한 가치 있는 일이 떠오르면, 언제든 사후 검토 일정표를 열고 이달의 검토 내용에 덧붙인다. 마지막 금요일이 오면 나는 일정표를 열어서 내용을 하나하나 살펴본다.

몇 년 동안 나는 사후 검토를 보완하기 위해 다음과 같은 질문을 개발했다.

1. 이 프로젝트의 목표는 무엇인가?
2. 목표가 달성되었는가?
3. 무엇을 잘했는가?
4. 무엇을 못했는가?
5. 이 프로젝트에서 무엇을 배웠는가?
6. 이 프로젝트가 사업의 핵심 가치에 부합하는가?
7. 다시 같은 일을 할 것인가?
8. 다음에는 어떻게 다르게 해 보겠는가?
9. 더 나은 결과를 만들기 위해 어떤 시스템으로 어떤 프로세스를 거쳐야 하나?
10. 이 프로젝트는 직접 해야 하는가, 아니면 팀원 누군가에게 맡기거나 외주를 줄 수 있는가?
11. 이 프로젝트가 사업에 어떤 가치를 부여하는가?
12. 누가 이런 프로젝트를 하고 있으며, 거기에서 배울 게 있는가?

다음은 성공적인 사후 검토의 사례이다.

1. **이 프로젝트의 목표는 무엇인가?**

새로운 팟캐스트 강좌 '팟캐스터의 천국'을 홍보하고자 인터넷 화상 세미나를 처음으로 주최한다.

2. 목표가 달성되었는가?

    그렇다, 인터넷 화상 세미나를 성공리에 주최했다. 150명 이상의 사람들이 훈련 과정에 참가했으며, 14명의 사람들이 '팟캐스터의 천국'을 구매했다.

3. 무엇을 잘했는가?

    프레젠테이션을 잘 해냈다. 많은 가치를 제공하고, 그걸 매끄럽게 전달한 것 같다.

4. 무엇을 못했는가?

    실시간 채팅 참석자들과의 소통. 멋진 대화가 수없이 이루어지고 멋진 질문이 많이 나왔지만, 내가 너무 긴장해서 프레젠테이션에만 집중하고, 댓글을 놓치기도 했다. 그로 인해 참석자들과 연대감을 쌓고 구매 장벽을 제거하는 기회를 다소 잃었다.

5. 이 프로젝트에서 무엇을 배웠는가?

    인터넷 화상 세미나는 사람들을 '팟캐스터의 천국'에 가입하도록 설명할 놀라운 기회를 제공함은 물론, 팟캐스트와 관련해 막대한 가치를 제공하는 방식이다.

6. 이 프로젝트가 사업의 핵심 가치에 부합하는가?

당연하다. '당신의 사업에 불을 지펴라'에서 우리가 하는 일은 가치 있는 무료 콘텐츠를 지속적으로 제공하는 것이다.

7. 다시 똑같은 일을 할 것인가?

   사람들이 계속 참석한다면, 나는 적어도 월 2회 이 세미나를 열 것이다.

8. 다음에는 어떻게 다르게 해 보겠는가?

   직원에게 사람들이 한 질문 중 중요하고 세미나와 연관성 있는 질문들을 모아서 내게 보내게 할 것이다. 그리고 내가 하나씩 답장을 한다.

9. 더 나은 결과를 만들기 위해 어떤 시스템으로 어떤 프로세스를 거칠 수 있을 것인가?

   이메일 내용을 보강하여, 참가자들이 인터넷 화상 세미나에 참석하기 전에 필요한 정보를 모두 보내 준다. 세미나 전에 최대한 많은 질문에 답변해 줌으로써, 참가자들이 세미나 내용에 집중하게 한다.

10. 이 프로젝트는 직접 해야 하는가, 아니면 팀원 누군가에게 맡기거나 외주를 줄 수 있는가?

    이 프로젝트는 내가 이끌어야 한다. 강의를 하고, 내 프레젠테이션 기술을 늘리고, 질문에 대답하고, 참가자들과 유대를 맺는 것이 내게는 중요하다. 이 과정에서 다른 부분을 팀원들에게 할당할 것이지만, 내가 주도적으로 이끌어야 한다.

11. **이 프로젝트가 사업에 어떤 가치를 부여하는가?**
인터넷 화상 세미나는 청취자들에게 무료로 가치를 전달하고, 우리 사업에 대한 신뢰를 높이는 또 다른 기회를 준다. 또한 우리의 프리미엄 팟캐스트 커뮤니티 '팟캐스터의 천국'을 대대적으로 노출시키는 데 더해, 나를 팟캐스트 사업 전문가라는 위치에 올려준다.

12. **누가 이런 프로젝트를 하고 있으며, 내가 배울 게 있는가?**
인터넷 화상 세미나에 통달한 인물들로는 루이스 호위스Lewis Howes와 러셀 브런슨Russell Brunson을 꼽을 수 있다. 나는 이들의 훈련 프로그램에 등록하여 전체 프로세스를 살펴보고 우리가 현재 준비한 것을 보강할 만한 내용이 있나 확인할 것이다.

이상은 내가 금요일의 사후 검토에서 행한 다양한 점검 사항 중 일부이다.

보다시피 사후 검토는 우리가 사업상 어떤 일을 하고 있는지 이해하게 해 주고, 그것을 발전시킬 방법을 알려주고, 일에 더욱 몰두하는 방법을 알려준다. 이런 사후 검토를 통해 나는 80/20 규칙을 알게 되었다. "*수입과 영향력의 80%는 우리가 한 활동의 20%에서 나온다*"는 것이다. 월례 사후 검토는 우리에게 집중해야 할 20%가 무엇인지 규정하고 발전시키게 하여, 사업을 의미 있게, 수익을 창출하는 튼튼한 기계로 전환시켜 준다!

'당신의 사업에 불을 지펴라'에 출연한 비범한 기업가들

케이트 에릭슨Kate Erickson이 콘텐츠 제작 계획을 수립하는 방법

> 좋은 시스템을 세우느라 바쁘다면,
> 계속 그렇게 바쁘기만 할 것이다.
> _브라이언 로그Brian Logue

케이트는 꿈에 그리던 직업을 발견했다. 은행 인사과에서 치열하게 몇 년을 보내고 난 후 그녀는 마침내 좋아하는 직업을 얻어냈다. 소규모 개인 광고 대행사에서 AE(제작 총괄, 프로듀서 정도로 생각할 수 있다. -옮긴이)로 일하게 된 것이다.

그녀는 광고 제작자를 그린 드라마 <매드 맨>을 두 번이나 보아서, 그 일이 미친 듯이 바쁘고 도전적이며 만족스러운 모험이 되리라는 사실을 알았다. 그렇게 한동안은 그녀가 바랐던 모든 게 이루어진 듯했다.

입사 후 케이트는 가장 큰 고객을 넘겨받았고, 그 관계의 중요성을 알아서, 고객을 만족시킬 수 있는 일이라면 뭐든 해내려고 애썼다.

이는 쉽지 않았고, 결국에는 일에 대한 인내심과 애정이 사라지기 시작했다.

그녀의 남자친구 존(나다!)은 그녀에게 막 시작한 자신의 사업에 합류하는 게 어떠냐고 물었고, 처음에 그녀는 제안을 거절했다. 그녀는 광고 대행사에서 많은 일을 배웠고, 자신이 말도 안 되는 마감일을 맞추며 오랜 시간 일할 수 있다는 점을 입증하고 싶어 했다. 하지만 석 달 후, 2013년에, 내가 다시 같은 제안을 했을 때, 그녀는 장밋빛으로 보였던 광고업계의 삶이 실제로는 그렇지 않다는 것을 깨달았다. 내 제안은 그녀가 두 번 지나칠 수 없는 기회였다.

나는 케이트가 세심하고 조직력이 뛰어나다는 점을 알았기에 그녀에게 '당신의 사업에 불을 지펴라'의 엔진이 될 시스템을 수립하는 역할을 맡겼다. 그녀는 콘텐츠 제작 계획의 초안을 잡았다. 일 년 후에 '당신의 사업에 불을 지펴라'는 연간 100만 달러짜리 사업이 되었다. 케이트의 다음 모험이 시작되었다.

2014년으로 가 보자. 케이트가 '당신의 사업에 불을 지펴라'의 콘텐츠 제작 계획을 담당한 지 일 년 이상이 지났고, 그걸 시험해 볼 때가 되었다. 2012년 첫 방송 이후 처음으로 우리는 휴가를 갔다. 2주 동안 유럽 여러 곳을 둘러보았다. 우리의 목표는 휴가동안 일에서 완전히 손을 떼고 우리 팀이 다 알아서 하리라고 믿는 것이었다.

케이트는 오직 긴급 상황일 때만 팀원들이 사용할 수 있는 특별 이메일 계정을 만들었다. 약간의 불안감과 걱정하는 마음을 안고 우리는 비행기에 올랐다.

2주는 휙 지나갔고 여행은 완벽히 성공적이었다. 긴급 이메일 계정은 한 번도 손대지 않은 채로 남았고, 사업은 문제 없이 번창 중이었다.

그다음부터 우리는 매년 휴가를 15일씩 늘렸다. 2015년에는 30일의 휴가를 갔고, 2016년에는 45일을, 2017년에는 60일을, 2018년에는 75일을 쉬었다. 2019년에는 90일 동안 전 세계를 한 바퀴 돌았다. 푸에르토리코에서 출발해 콜로라도, 피지, 동유럽, 서유럽을 거쳐 푸에르토리코에 있는 집으로 돌아왔다.

그러는 동안 우리 사업은 매달 수십만 달러의 순수익을 창출했다. 모두 우리의 시스템, 프로세스, 콘텐츠 제작 계획이 흠 없는 덕분이었다. 케이트의 성공적인 콘텐츠 제작 계획을 수립하는 일곱 가지 핵심 원칙은 다음과 같다.

1. **자기가 다루는 주제를 알아라.** 콘텐츠를 만들 때 특히 초점을 맞추어야 하는 것은 무엇인가? 이는 당신의 아바타가 원하고 필요로 하는 것을 바탕으로 해야 한다.
2. **목표를 세워라.** 콘텐츠 한 편 한 편은 목표와 CTA(call to action, 즉각적인 반응을 유도하거나 즉각적인 판매를 장려하는 장치)를 지니고 있어야 한다. 블로그 게시글이든, 팟캐스트 방송이든, SNS 게시물이든, 동영상이든, 고객들이 당신과 함께 다

음 단계로 나아가기 쉽게 만들어야 한다.

3. **매체를 선택하라.** 한 번에 한 가지 매체에 집중하는 편이 이상적이다. 선택한 매체를 위한 콘텐츠 계획을 완전히 짜고 나서, 확장할 매체를 찾는다. 이를테면 블로그나 팟캐스트에서 시작하는 데 관심이 있다면, 먼저 시작할 매체를 한 가지 고르고, 그에 맞는 콘텐츠 계획을 세운 후, 일들이 순조롭게 운영되면 다른 일들을 시작하라. 어떤 매체가 자신에게 최선인지를 판단하려면 먼저 이렇게 물어라. "내 아바타가 어디에서 시간을 자주 보내지? 내 아바타는 뭘 소비하고 싶어 할까?" 다양한 매체를 시험해 보는 가장 좋은 방법은 매체를 용도에 맞게 수정하는 것이다. 한 가지 매체에 정착했다면, 다양한 플랫폼을 통해 중심 매체의 효과를 끌어올려라. 어떤 매체가 상황을 얼마나 크게 변화시킬지에 근거해 집중할 분야를 규정하라.

4. **빈도와 길이를 정하라.** 계속해 나가는 것이 핵심이다. 따라서 콘텐츠를 내보낼 빈도가 초기에 확립되어야만 한다. 콘텐츠에 얼마나 헌신할 수 있는지 가슴에 손을 얹고 솔직히 판단해 보고, 자신의 아바타가 무엇을 원하는지 고려하라. 일일 콘텐츠는 너무 지나치게 느껴질 수 있다. 블로그 게시글을 읽는 데 20분 정도가 걸리면 너무 과하게 느껴질 수 있다. 콘텐츠의 길이와 빈도수를 정할 때 이런 사항들을 고려하라.

5. 포맷을 만들어라. 템플릿, 아웃라인, 체크리스트, 뭐라고 부르든 상관 없으니 초기에 포맷을 확정하라. 나는 방송 한 편을 제작할 때마다 내가 진행하는 콘텐츠에 대한 아이디어를 무수히 가지고 있다. 덕분에 나는 제작할 때 붙박여 앉아 있지 않아도 되며, 무엇을 이야기할지를 떠올리려고 애쓰면서 다람쥐 쳇바퀴 도는 일상을 하지 않아도 된다. 나는 매번 똑같은 도입부 멘트를 말하고, 같은 음악을 깔고, 같은 식으로 청취자들에게 인사를 한다. 그다음에 우리가 논의할 주제를 소개하고, 그 주제와 관련된 일련의 단계들을 밟아 나가고 나서, 개요를 설명한다. 마무리 멘트 역시 매번 똑같다. 이처럼 콘텐츠를 만들 때 쓸 포맷이 만들어져 있다면 곧바로 제작으로 돌입하기가 무척이나 수월해진다. 이 방법은 블로그든 팟캐스트든, 동영상이든 SNS 게시물이든 어느 매체에나 적용할 수 있다. 매번 따를 수 있는 포맷이 있다는 건 확장 가능성이 무궁무진하다는 이야기이다.

6. 피드백을 구해라. 일단 콘텐츠를 세상에 내보냈다면, 청취자들에게 피드백을 요청하라! 이는 무엇이 효과가 있는지, 무엇을 개선할 수 있을지, 시험하려는 것이 무엇인지를 확인하는 중대한 단계이다. 피드백 요청은 다양한 방면에서 가능한데, 이를테면 콘텐츠 내용 중 특정 부분에 관한 CTA에 대해 피드백을 요청할 수 있다. "오늘 방송에서 당신의 '최고의 순간'을 듣고 싶어요! 제가 알 수 있게 이메일을 보

내주세요!"라든가, SNS를 통해 청취자들에게 어떤 멘트나 내용이 어땠는지 알려 달라고 피드백을 요청할 수도 있다. 청취자들로부터 받은 이메일 혹은 기타 메시지들에 답을 하면서 피드백을 요청하는 것도 좋다!

7. 계획을 마련하라. 일정을 세워라! 기반을 탄탄히 닦았다면, 이제 그것을 일정표로 한데 모을 차례이다. 자리에 앉아서 어떤 계획을 마련할지 개요를 작성하고, 늘 한 달 먼저 일정을 짜라. 예컨대 주간 팟캐스트를 제작한다면, 전체적인 계획은 다음과 같을 것이다.

- 월요일 오전 9시~ 11시: 방송 4편 분량의 콘텐츠를 준비
- 화요일 오전 9시~11시: 방송 녹음
- 수요일 오전 9시~11시: 4편의 방송 편집, 업로드, SNS에 일정 올리기

이 계획을 잘 따른다면, 늘 한 달 먼저, 월 한 차례, 3일 동안, 6시간만 들여서 콘텐츠를 만들고 내보낼 수 있게 된다! 계획은 사람마다 일정에 따라 다르겠지만, 꾸준하게 계획된 일정을 지켜 나간다면, 콘텐츠 제작 계획이 밀릴까봐 우려하지 않아도 된다. 또한 이 말은 사업을 성장시키고 갈고 닦는 데 더 많은 시간을 할애할 수 있다는 뜻이기도 하다!

THE COMMON PATH
TO UNCOMMON SUCCESS

탁월한 성공을 위한 여덟 번째 준비

· 8 ·

콘텐츠를 만들어라

*The
Common Path
to
Uncommon Success*

> 콘텐츠는 왕이 아니다, 왕국이다.
>
> 리 오든 Lee Odden

콘텐츠 제작 계획이 자리를 잡았다면, 일을 할 때다. 슬프게도 '일을 한다'는 건 가장 힘든 부분으로, 대부분의 기업가들이 창립 1주년을 맞이하지 못하는 이유이기도 하다.

당신은 한 가지 짜릿한 아이디어가 떠올랐다. 이 아이디어를 다른 사람들과 나누는 것이 무척 즐겁다. 자신의 아이디어가 세상을 바꾸고, 자신과 사랑하는 사람들에게 경제적 자유와 만족감을 안겨 주리라는 상상만 해도 황홀하다.

콘텐츠로 성공하기 위해 거쳐야 할 세 가지 관문trifecta은 *가치 있고, 지속적인, 무료 콘텐츠*를 만드는 것이다. 셋 중 가장 힘든 부분은 무엇일까? '지속성'이다.

역사의 뒤안길로 사라지는 기업가와, 큰 성공을 거두는 기업가를 가르는 건 무엇인가? 바로 '지속성'이다. 가치 있는 콘텐츠를 하나 만드는 건 누구든 할 수 있다. 두 번도 할 수 있다. 한 달 연속 하는 사람도 수천 명 정도는 된다. '지속성'은 겨우 한 달을 말하는 게 아니다. '몇 년'을 말하는 것이다.

이 정도의 시간 동안 꾸준히 무언가를 해 나가기란 무척이나 어렵다. 오히려 중도에 그만두기가 쉽다. *'동기'가 충분히 강하지 않다면, 당신 역시 중도에 그만두게 될 것이다. 누구나 동기는 다르지만, 그 동기를 초기에 규정하고, 자주 확인하는 게 중요하다.*

우리가 인간임을 기억하라. 인간이기에 뭔가 새로운 일을 할 때 의심, 두려움, 압박, 불안 같은 부정적 감정을 겪는 것은 당연하다. 특히나 새로 시작한 일이 잘 안 될 때는 더욱 그렇다. 요는 이런 감정들을 겪는 건 당연한 일이며, 동기가 충분히 강하지 않으면, 어떻게든 변명거리를 찾아서 일을 때려치게 된다는 것이다.

경제적 자유와 만족감이 있는 삶을 만들어 나가는 일은 우리에게 안전지대에서 나오라고 요구한다. 의구심, 두려움, 압박, 불안을 수용하고, 그것들 위로 우뚝 서라고 요구한다. 그것만이 두려움을 밀고 나가 성공을 거머쥐는 유일한 방법이다.

파킨슨 법칙을 소개하겠다. "*시간이 많을수록 일은 늘어진다.*" 한 가지 일을 하는데 일할 시간으로 하루를 소모했다면, 그 일을 하루 동안 질질 끈 것인데, 그건 하루가 주어졌기 때문이다. '모든' 일을 처리하는 데 한 시간이 주어진다면, 우리는 자리에 앉아서 뇌를 '집중' 모드로 맞추고, 한 시간 동안 일을 할 것이다. 모든 일을.

그냥 일을 하는 것보다, 일하는 이유를 찾아야만 한다, 그래야 의구심, 두려움, 압박, 불안이 슬금슬금 일어날 때 동기에 다시 초점을 맞추고 일을 하게 된다.

"장애물이 높을수록, 경쟁자는 줄어든다."

부정적 감정은 거대한 장애물이며, 이런 감정들을 수용하고 그 위로 우뚝 선다면, 성공으로 향하는 길 위에 서게 될 것이다.

≽ 나는 어떻게 콘텐츠를 제작하는가

처음 사업을 시작했을 때만 해도 나는 콘텐츠를 산만하게 제작했다. 내게는 계획이 없었다. 생산성이 없었다. 규율도 없었다. 집중하지도 못했다.

다행히도 나는 배의 방향을 바로잡는 방법을 알게 되었지만, 그 방법은 시간이 오래 걸리고 쉽지 않았다. 수없는 시행착오를 겪고, 멘토로부터 코칭을 받았으며, 협력집단에게도 조언을 받고, 팟캐스트의 초대 손님들에게도 수없이 배웠다.

시간이 흐르면서 나는 시스템을 갖춰 나갔다. 시스템을 갖추자 생산성이 나아지고 좀 더 올바른 곳에 초점을 맞추게 되었다. 매일 시스템을 발전시켰고, 시간이 흐르면서 내 팟캐스트는 기름칠이 잘 된 기계처럼 굴러가기 시작했다. 우리는 빠르고 효율적으로 콘텐츠를 만들고, 모든 실린더가 작동하도록 했다.

이 시스템이 성공적임을 깨달은 건, 내가 세 가지 측면을 숙달했기 때문이다. 바로 생산성, 규율, 집중이다. 나는 이 세 가지 특성이 어째서 그토록 중요한지, 그리고 각각을 어떻게 계속 발전시켜 나갈 수 있을지를 확인했다.

생산성

대부분의 사람들은 자신이 생산적이라고 여긴다. 실은 그렇지 않다. 그저 바쁘기만 할 뿐이다. 바쁜 것과 생산성은 다른 문제이다.

우리는 모두 매일 해야 하는 일들이 있다. 아직 학생이든 직장인이든 과제가 됐든 업무가 됐든 어떤 '일'이 말이다.

그런데 그 일들은 우리를 만족스러운 삶으로 이끌어주지 않는다. 만약 당신이 진정 성공을 원한다면, 매일 '적절한' 분야에서 생산성을 발휘할 시간을 따로 빼 두어야 한다.

나는 생산성이란, 아바타에게 '적절한' 콘텐츠를 만드는 것이라고 생각한다. 바쁜 것과 생산적인 것은 완전히 다른 문제이다. 하지만 얼마나 많은 사람들이 이 둘을 같다고 생각하며 사는지 모른다! 늘 바쁘고, 생산적으로 활동한다고 생각하지만, 실상 목표와 포부에 다가가지 못하고 있다. 진정한 의미에서 생산성이 없기 때문이다.

'무엇이 생산적인 것인가'를 진지하게 고민하고 나서 나는 '생산 시간'을 가장 잘 사용하는 법을 정리했다. 나는 '당신의 사업에 불을 지펴라'의 진행자이다. 영감을 주는 성공한 사람들을 인터뷰한다. 적절한 콘텐츠를 만드는 것이란 내가 할 수 있는 한 최고의 팟캐스트 인터뷰를 진행하는 것이다. 그 밖의 다른 일들은 부수적이다. 다른 말로 그냥 '바쁘기만 한 것'이다.

규율

실행해야 할 다음 단계는 규율이다. 군복무 시절 배운 명언이 있다. "적군을 마주치면 계획이고 뭐고 없어진다." 헬무트 폰 몰트케Helmuth von Moltke 장군의 말이다. 많은 기업가들의 인생도 이러하다.

밤이 되면 우리는 다음날 뭘 하겠다는 의지를 품고 잠자리에 든다. 다음날 활기차게 잠에서 깨어나 수없이 많은 '할 일'들과 씨름하며 세상을 정복하는 꿈을 꾸며 잠이 든다. 그러고 나서 아침에 일어나면, 온갖 방해물이 끼어든다. 아이들은 소리를 지르고, 개는 응가를 하고, 현관 초인종이 울리고, 전화가 울려 댄다. 아침의 일상은 어긋나고, 그에 따라 오후 일상도 어긋나며, 결국 저녁이 되면 "현재를 즐기자!"라고 외치면서 그날 계획했던 일들을 죄다 포기하곤 한다.

이런 패턴이 반복되면서 경제적 자유와 만족감은 요원한 꿈이 되고 만다. 나는 일찍이 이런 일들을 경험했고, 이런 소모적인 패턴을 그만둘 때가 되었음을 깨달았다. 그 순간 나는 온 힘을 다해 규율대로 행동하기로 했다.

나는 다음과 같은 규율을 따르기로 했다. '계획 신봉자가 되기.' 더 이상 의지만 가지고 잠자리에서 일어나지 않을 것이다. 전날 세워 둔 계획을 가지고 다음 날 아침을 맞이할 것이다. 전날 밤에 미리 계획을 세워 둘 것이다. 나는 이를 '내일의 승리를 위한 오늘의 준비'라고 부른다.

전날 적절하고 탄탄한 계획을 세워 두었다면 오늘 할 일은 오직 계획을 따르는 일밖에 없다. 다음 날의 계획을 전날 밤 글로 써 둔다는 이 간단한 전략 하나가 모든 것을 바꾸었다. 이제 나는 목적을 지닌 채 잠에서 깨어난다. 미뤄지는 일은 없다. 오늘 뭘 해야 할지 생각하는 데 뇌를 사용하지 않아도 된다. 모든 것이 모 아니면 도로 딱 떨어진다.

모두가 그렇듯이, 나 역시 정신을 산만하게 하는 대상들과 씨름한다. 나는 '내일의 승리를 위한 오늘의 준비'를 통해 이를 극복할 수 있었다. 계획을 세우는 것만으로도 달라진다. 지금 시작하라. 오늘 밤 잠자리에 들면서 내일 무엇을 할지 미리 계획하고 잠자리에 들어라. 그리고 아침에 일어나면 계획을 다시 한번 떠올리고 해야 할 것들에만 집중하라.

집중

'당신의 사업에 불을 지펴라' 방송 몇 편을 들어 본 청취자라면, 내가 가장 좋아하는 단어가 '집중focus'임을 알 것이다. 이 단어의 뜻 자체도 무척 좋아하지만, 아주 멋진 문장 하나를 머리글자로 정리하면 이 단어가 도출되기 때문이다.

성공할 때까지 한 길을 걸어가라
Follow One Course Until Success

내가 수백만 달러짜리 사업을 일으킨 가장 큰 이유가 바로 이것이다. 이 한 단어는 내게 누구도 시도하지 않으려는 일을 하게 만들었다. '집중'을 통해 나는 세계 최고의 기업가들을 인터뷰하는 일일 팟캐스트를 만들었다. 새롭고, 차별화되고, 독창적이고, 도전적인 일을 해냈다.

1954년 5월 6일, 로저 배니스터Roger Bannister는 불가능한 일을 해냈다. 1마일을 3분 59.40초에 달림으로써 마의 4분 장벽을 깨뜨린 것이었다. (이는 1.6km를 100미터 15초의 속도로 쉬지 않고 달리는 것이다.)

이때까지 인간이 1마일을 4분 안에 달리는 것은 과학적으로 불가능하다고 여겨졌다. 로저는 다른 어느 것에도 시선을 흐트러트리지 않고 오랫동안 이어져 온 잘못된 믿음을 부쉈다. 그 순간 다른 사람들도 그 일이 가능하다고 믿게 되었으며, 그 후 수많은 사람들이 1마일을 4분 안에 주파하게 되었다.

우연의 일치일까? 나는 그렇게 생각하지 않는다. 내가 '당신의 사업에 불을 지펴라'를 시작한 뒤로 많은 사람들이 일일 인터뷰 팟캐스트를 선보였고, 몇몇은 대단한 수준의 성공을 거두었다.

내가 일일 인터뷰 팟캐스트는 성공할 수 없다는 잘못된 믿음을 깨뜨리기 전에는 비즈니스 분야 최고의 팟캐스터들마저 그런 방송은 시도조차 힘들다고 말했었다. 나는 이 일을 가능하게 만드는 것 말고 그 무엇에도 집중하지 않았다. 다른 것은 무엇도 중요치 않았다. 다른 것은 무엇도 내 관심을 끌지 않았다. 나는 성공을 거머쥘 때까지 오직 한 길만을 따라갔다.

현재 '당신의 사업에 불을 지펴라'는 방송뿐만 아니라 다양한 분야의 사업으로 다각화된 확장을 이루었다. 하지만 이 모든 사업이 가능했던 것은 처음에 집중했던 팟캐스트가 반석 위에 오른 덕분이었다.

많은 창업가들이 초기에 여러 아이디어를 모두 끌고 가고 싶어 한다. 그들이 판단하기에 당연히 이 아이디어는 전부 감탄할 만한 것들이어서 시간과 에너지, 노력을 각각의 아이디어에 조금씩 나누어 담는다.

인간의 시간과 에너지, 노력은 유한해서 이렇게 하면 모든 아이디어를 넓고 얕게 다룰 수밖에 없어진다. 그러고 나서 자신들의 얄팍한 성과물이 어떤 관심도 끌지 못하고 어떤 영향력도 발휘하지 못하는 모습을 보고는 충격을 받게 된다.

진짜 성공한 사람들은 다르다. 넓고 얕게가 아니라 좁고 깊이 판다. 우리는 한 가지에 집중하고, 깊이 파고, 다른 사람들이 기꺼이 하려고 들거나 할 수 있는 것보다는 자신의 틈새시장 하나에 집중한다. 경쟁자보다 당신이 훨씬 더 잘하지 못한다면, 그건 아직 당신의 틈새시장이 아니다.

'당신의 사업에 불을 지펴라'를 시작하던 날, 이 방송은

성공한 기업가들을 인터뷰하는 최고의 일일 팟캐스트이자
성공한 기업가들을 인터뷰하는 최악의 일일 팟캐스트이자
성공한 기업가들을 인터뷰하는 '유일한' 일일 팟캐스트였다.

내가 무엇을 했는지 보았는가? '당신의 사업에 불을 지펴라'는 그 시장에 있는 유일한 프로그램이었다.

이는 몇 가지 이유에서 중요하다. 우선 나는 첫 방송을 시작할 때만 해도 내가 좋은 팟캐스트 진행자는 못 된다고 여겼다. 그런데 어떻게 할 수 있었을까? 나는 팟캐스트를 해 본 적이 없었다. 기술을 연마할 시간이 필요했고, 반복해서 연습해 보아야 했다. 일일 팟캐스트 방송은 나를 빠르게 성장하게 해주었지만, 숙달될 때까지는 청취자들의 인내심이 필요했다. 하지만 그 시장의 유일한 프로그램이라는 말은, 선택의 여지가 없어서 청취자들이 너그러워질 수밖에 없다는 말이기도 하다.

내가 첫 책을 쓰면서 첫 강좌 프로그램을 출시하고, 동시에 주간 팟캐스트를 했더라면 죄다 실패했을 것이다. 그

러기보다 나는 한 가지에만 집중했다. 시장의 공백을 메웠고, '당신의 사업에 불을 지펴라'로 청취자들을 유인했다.

사업이 발전해 나감에 따라 시스템도 계속 개선되어 왔다. 하지만 우리의 성공이 생산성, 규율, 집중이라는 이 세 가지 마법에서 뻗어 나왔음은 변하지 않았다. 오히려 점점 분명해졌다.

'당신의 사업에 불을 지펴라'에 출연한 비범한 기업가들

팻 플린Pat Flynn이 콘텐츠를 만드는 법

콘텐츠를 만들 때는 그것이 인터넷에서 얻을 수 있는
최고의 답변이 되게 하라.

_앤디 크레스토디나Andy Crestodina

2008년이었다. 팻은 건축가로서 몇 년간 경력을 쌓고, 최근 LEED 건축 시험(미국 그린빌딩위원회US Green Building Council에서 개발, 시행하는 친환경 건축물 인증 제도. -옮긴이)을 통과한 참이었다. 시험 준비를 위해 온라인 검색을 할 때, 그는 시험 주관사 외에는 시험에 대한 정보를 제공하는 곳이 거의 없음에 매우 놀랐다.

팻은 시험에 통과한 뒤 공부 요강을 작성하고, 그것을 이북e-book으로 만들어 온라인상에서 팔기로 했다. 이 결정은 팻에게 20만 달러 이상의 수익을 안겨 주었다. 수험생들은 그의 이북으로 몰려들었고, 값을 치를 만한 가치가 있다면서 기꺼이 돈을 지불했다. 이 시험에 통과하는 것이 자신들의 경력에 중요했기 때문이다.

이후 팻은 회사에서 해고를 당하게 되었다. 그에게는 두 가지 선택지가 있었다. 해고된 다른 건축가들 무리에 합류하여 새 직장을 구하는 줄에 서느냐, 아니면 스스로에게 헌신하여 자신의 지침서를 홍보하고 웹사이트를 만드느냐의 기로였다. 우리들에게는 천만다행으로, 팻은 두 번째 선택지를 골랐고, 그는 SmartPassiveIncome.com 이라는 블로그를 시작했다.

시행착오를 겪으면서 팻은 현재 자신이 만드는 모든 콘텐츠에 사용되는 공식을 개발했다. 팻의 공식은 다음과 같다.

1. **목표를 염두에 두고 거꾸로 시작하라.** 소비자들에게 무엇을 제공할 것인가? 당신이 목표로 하는 것은 무엇인가? 당신의 북극성은 무엇인가?

2. **스토리, 단계별 가이드, 케이스 스터디, 인용문을 적극 활용하라.**

3. **뇌에서 떠도는 아이디어를 완전히 비워 내라.** 뇌는 아이디어를 떠올리는 작업에는 탁월하지만, 그것을 체계화하는 데는 끔찍이 서툴다.

4. **순서와 위계에 따라 아이디어를 정리하라.** 제품에 필요한 아이디어들을 체계화하라.

5. **후크hook를 만들어라.** 무엇으로 소비자들을 끌어당길 것인가? 무엇으로 그들을 붙잡아 둘 것인가? 콘텐츠를 어떤 식으로 시작하고 마무리할 것인가?

6. **제목을 만들어라.** 분명하고, 간결하고 함축적이며, 키워드

가 되는 단어를 정하라. 그러면 당신의 콘텐츠가 검색 엔진 상위에 올라갈 것이다.

이상의 단계들을 밟은 뒤, 팻은 자신의 콘텐츠를 만들 준비를 마쳤다. 팻은 이렇게 말한다. "고객들에게 얼마나 잘 서비스하느냐에 따라 당신이 무엇을 얻게 될 것인지가 좌우된다. 그들의 취향에 맞추고, 그들의 고난에 해결책을 제공하라. 고객들에게 조그마한 승리를 제공할 수 있다면, 당신은 더 큰 승리로 이어지는 기회를 얻게 되고, 그 결과 당신은 매우 크게 성공할 것이다."

THE COMMON PATH
TO UNCOMMON SUCCESS

· 9 ·

출시하라

*The
Common Path
to
Uncommon Success*

> 완벽한 순간이 올 때까지 기다렸다 시작하기로 하는 것, 이것이 우리가 스스로를 망치는 방법이자, 가장 위험한 방법이다. 처음 시작할 때, 혹은 초기 50번을 시도할 때까지 완벽하게 이루어지는 일은 존재하지 않는다. 모든 일에는 학습 곡선이 존재한다. 시작할 때는 그냥 시작만 할 뿐이다. 완전무결하게 그 일을 해내겠다는 열망은 첫 시도에 무너진다. 완전한 시작은 불가능하다. 배우는 법을 배워라. 실패하는 법을 배워라. 실패에서 배우는 법을 배워라.
>
> 버로니카 투가레바 Vironika Tugaleva

완벽주의. 그것은 저주다. 당신은 "나는 완벽주의자가 아니야"라고 단언할 것이다. 우리 모두 이런 말을 한 적이 있다. 자신은 그저 에둘러 불평하는 것뿐이라고, 걱정되는 것뿐이라고. 이런 말을 해도 괜찮다. 부끄러워해야 할 건 계속 그렇게 행동하는 일이다. 완벽주의는 거지같다. 완벽주의는 우리 뒤에 숨어서, 우리로 하여금 장차 다가올 거부와 실패, 두려움에 맞서지 못하게 만든다.

완벽주의라는 환상 속에 사는 사람들은 절대 탁월한 성

공을 이루지 못한다. 그 단어 뒤에 몸을 웅크리고, 그 단어를 세상으로부터 숨는 핑곗거리로 사용한다. 그리고 몇 년 지나지 않아 자신이 평생 얼마나 이룬 게 없는지 깨닫고는 행동하지 않은 일을 후회하게 된다.

당신은 그러지 않을 것이다. 당신은 완전하지 않아도, 어설퍼도, 서툴러도 자신의 목소리, 메시지, 임무를 세상에 전파할 것이다. 탁월한 성공을 향해 나아갈 것이다.

당신은 비틀거리고, 쓰러지고, 고투할 것이다. 배우는 법을, 실패하는 법을, 실패에서 배우는 법을 배울 것이다. 여기에서 가장 멋진 부분은 무엇인가? 그건 살아남게 된다는 점이다.

이런 과정이 거듭 반복되고, 그러고 나면 어느 날 마법같이 무언가가 딱 맞아떨어지면서 삶이 그 전과 완전히 달라진다. 자기 눈앞에 놓인 성공을 보고, 그동안 감내했던 온갖 고난과 고통이 만족감과 헌신의 기억 속으로 멀리 사라져 간다.

> 먼저 사람들이 당신을 무시할 것이다. 그러고는 당신을 비웃고, 당신에게 싸움을 걸어올 것이다. 하지만 당신이 이길 것이다.
>
> 마하트마 간디

하지만 어떤 일도 '시작하지' 않으면 일어나지 않는다. 나는 그 순간을 위해 지금껏 당신을 안내하고 당신을 준비시켰다. 이제 모든 것은 당신에게 달렸다.

시작 버튼은 당신 손 안에 있다. 앞으로 나아가라. 버튼을 눌러라. 이제 때가 되었다. 시작할 때가.

≽ 내 첫 방송 이야기

이미 어느 정도 들어서 아는 이야기겠지만, 이 부분에서 중요한 이야기를 하겠다. 2012년 8월 14일이었다. 당시 나는 멘토와 두 달여간을 함께해 온 상태였다. 40편의 인터뷰를 완성했고, 방송 일정을 잡아 두었다. 웹사이트는 이미 개설했고, SNS 계정들을 활발히 이용하고 있었으며, 이메일 사전 동의 형식은 적절히 기능했다.

---

*자신이 초기에 만든 것들이 당황스럽지 않았다면,
너무 늦게 시작한 것이다.*

리드 호프먼 Reid Hoffman

그날 밤 나는 잠을 잘 이루지 못했다. 몸을 뒤척이고 돌

아눕기를 반복하다 신경이 곤두선 채 첫 방송하는 꿈을 꾸었다. 새벽 4시 반에 방송을 하려고 일어났는데, 공포의 손아귀가 내 뒷목을 덥석 움켜쥐었다.

나는 준비가 되지 않았다.

'당신의 사업에 불을 지펴라'는 준비가 되지 않았다.

나는 침대에서 벌떡 일어나서, 컴퓨터로 달려가, 태풍이 휘몰아치듯 키보드를 두드려서 불과 몇 시간 남지 않은 방송을, 모든 것을 삭제했다. 그러고 나서 멘토에게 짧은 이메일을 작성했다. 왜 2주 정도 첫 방송을 미뤄야 하는지를 설명하는 메일이었다. '전송' 버튼을 누르자마자 나는 그 메일이 헛소리로 가득하다는 사실을 알았지만, 이미 두려움이 내 모든 행동을 이끌고 있었다.

공식적으로 첫 방송을 연기하고, 나는 안도의 한숨을 쉬며 자리에 앉았다. 속으로 이런 말을 퍼부으면서. '최악은 면했어! 웹사이트가 완벽하지 않아! SNS도 완벽하지 않아! 이메일 사전 동의 형식도 완벽하지 않아! 이제 2주 동안 모든 걸 완벽하게 만들어 놓을 거야!'

이렇게 적고 보니 얼마나 바보 같은 말인지 알겠다. 그때 나는 성공으로 나아가는 길이 완벽하지 않은 일들로 가득하다는 사실을 알지 못했다.

2주 연기는 3주 연기가 되었다. 3주는 4주가 되었다. 4주는 5주가 되었다. 나는 완벽주의의 벽 뒤에 웅크리고는, 그간의 노력을 모두 수포로 만들었다.

마침내 멘토가 끼어들어서 '당신의 사업에 불을 지펴라'를 구원하는 메일을 보냈다.

존, 당신이 무얼 하고 있는지, 왜 그런지 알아요, 나 역시 그랬으니까. 자기 작업을 세상에 내보내기는 두렵죠, 특히나 그게 썩 훌륭하지 않다고 생각될 때는요. 그래도 해야 해요. 이건 최후통첩이에요. 이번 주에 첫 방송을 하지 않는다면, 난 당신의 멘토를 그만두겠어요.

청천벽력 같은 말이었다. 첫 방송보다 두려운 일이 있다면 그건 멘토를 잃게 되는 일뿐이었다. 그렇게 2012년 9월 21일, 나는 '당신의 사업에 불을 지펴라'의 첫 방송을 했고, 엄청나게 허술한 작품을 세상에 내보냈다.

돌이켜보면 나는 첫 방송에 대한 두려움에 사로잡힌 이유를 스스로 알고 있었다. 나는 첫 방송을 시작하기 전, 준비 단계의 환상 속에서 살아가고 있었던 것이다. 우리는 말도 안 되는 수준의 포부를 뛰어넘는 성과를 이룰 수도 있다. 꿈꿨던 최악의 사태보다 훨씬 더 무서운 실패를 겪을 수도 있다. 하지만 그 중간에서 벌어지는 일도 있다.

나는 '당신의 사업에 불을 지펴라'의 아이디어가 멋지다는 사실을 알았다. 이 아이디어가 효과를 발휘하리라는 사실도 알았다. 동시에 아무 영향도 미치지 못할 수 있다는 사실도.

준비 단계의 환상 속에 머무른다면 계속 최고로 밝은 미래를 꿈꿀 수 있다. 하지만 '시작' 버튼을 누르고 나면, 환상은 거품처럼 터지고, 그 자리에는 현실이 놓이게 된다. 현실이 해피엔딩일 수도 있지만, 비극일 수도 있다. 어째서 '만약에'라는 안락한 거품 속에서 잠시 더 지내면 안 되는 건가? 어째서 '당신의 사업에 불을 지펴라'가 실패했을 때의 고통을 미루어선 안 되는 건가?

이런 생각들이 무의식 수준에서 일어났다. 첫 방송을 평가해 볼 때까지는 내가 이런 식으로 생각했다는 사실조차 깨닫지 못했다. 나는 나처럼 준비 단계의 환상에 발목이 잡힌 기업가들을 수없이 만났다. 멘토는 내 감정에 공감하면서 환상이라는 거품을 빵 터트려 주었지만, 누구에게나 이런 행운이 있진 않다.

나는 놀랄 만한 작품을 세상에 내보인 기업가들이 출발선에서 불안해하며 시작도 전에 미리 지쳐 버리는 모습을 많이 보았다. 이들은 시작하지 않으면서 아무것도 만들어 내지 않는 상태 속으로 빠져들고, 두려움과 의구심, '만약에 ~하면 어쩌지'라는 생각에 잠기고 말았다. 이들의 작품은 세상에 결코 나오지 못하고, 이들의 메시지는 누구에게도 영향을 주지 못하게 된다.

당신은 탁월한 성공을 향해 나아갈 것이다. 이제 첫 발을 내디딜 것이다. 초라한 발걸음일 것이다. 불안정한 발걸음일 것이다, 두려움을 품은 발걸음일 것이다. 하지만 중요한 건 첫 발을 내디뎠다는 점이다.

'당신의 사업에 불을 지펴라'에 출연한 비범한 기업가들

제프 워커Jeff Walker의 출시하는 법

시작하는 방법은 말을 멈추고 행동에 착수하는 것이다.

_월트 디즈니Walt Disney

제프에게 이 장을 쓰는 걸 도와 달라고 청했을 때, 그는 미소를 지으며 이렇게 말했다. "물론이죠. 난 25년간의 경험을 책 한 장으로 축약할 수 있어요. 함께 최선을 다해 봐요."

제프는 전업 주부 아빠였다. 첫 시작은 1996년이었다. 그는 제법 오랜 시간 동안 주식시장에 관한 무료 뉴스레터를 발행하다가 유료로 전환할 때가 되었음을 깨달았다!

여기에는 한 가지 큰 문제가 있었다. 제프가 마케팅이나 영업을 해 본 경험이 없었던 것이다. 무엇보다도 제프는 뉴스레터를 사 달라는 요청을 하는 것이 불편했다. 영업 사원 체질은 아니었던 셈이다. 이런 결함들을 메우고자 제프는 사람들에게 훨씬 큰 가치를 제공하려 노력했다. 그렇게 하면 유료 제안을 했을 때 그들이 '싫다'고 말할 수가 없을 듯해서였다.

그다음 몇 주에 걸쳐 제프는 결심을 실행에 옮겼다. 막대한 가치가 담긴, 믿을 수 없을 만큼 상세한 주식 시장 보고서를 발표한 것이다. 그는 순수한 의지를 쌓아 올려 사람들의 흥을 끌어올린 후, 그들에게 유료 구독을 요청했다.

한 주 후에 제프는 1650달러를 벌었다. 이 금액은 제프의 삶을 변화시켰고, 그렇게 그는 사업에 뛰어들었다. 온라인으로 가치를 전달하면, 사람들이 이를 구매한다는 것이 입증되었던 것이다.

기억하라, 이때는 1996년이었다.

제프의 유레카의 순간이었다. 그는 한 번 성공했다. 그러니 같은 일을 다시 하지 않을 이유가 있겠는가?

제프는 다음 보고서로 6천 달러를 벌어들였다. 세 번째 보고서로는 8천 달러를 벌어들였다. 2년이 순식간에 흘러갔고, 제프는 3만 4천 달러를 벌었다.

하늘 아래 한계는 없다. 제프와 그의 대가족은 콜로라도 주의 산기슭에서 꿈에 그리던 집을 발견했고, 그 집을 위한 계약금이 필요해졌다. 이는 제프에게 동기가 되어 그로 하여금 다음 작업을 하게 했고, 그는 유명세를 떨치게 되었다.

그는 막대한 분량의 보고서를 만들어 출시했고, 이것은 7일 동안 10만 6천 달러를 벌어들이며 매진되었다. 이는 제프에게 짜릿한 경험이었다. 이전에 회사 생활을 할 때도 연봉 3만 5천 달러 이상을 받아 본 적이 없었다. 그런데 일주일 동안 10만 6천 달러를 번 것이다!

와우.

이 시점에서 당신은 궁금할 것이다…… 그래서 정확히 뭘 판 건데? 그전에 먼저 할리우드에 대해 이야기해 보자.

영화 스튜디오들이 새로운 영화를 개봉할 때, 그들은 어느 날 불현듯이 영화를 출시하지 않는다. 영화 개봉을 준비하는 기간이 있다. 회사에서는 예고편을 만들고, 배우들을 토크쇼에 출연시켜서 영화 시사회 전에 가급적 홍보가 많이 되도록 차근차근 쌓아 나간다. 누구나 이렇게 하고 싶을 것이다. 자신이 제공한 콘텐츠가 출시되기 전에, 사람들이 콘텐츠에 주목하고 그것이 무엇인지 예측하길 바랄 것이다. 입소문을 퍼트리고 싶을 것이다.

2005년 제프는 상품과 서비스를 성공적으로 출시하는 법에 대한 '상품 출시 공식'이라는 강좌를 출시했다. 매년 제프와 그의 팀은 이 강좌를 업데이트한다. 지난 15년 이상 '상품 출시 공식'은 어디서나, 어떤 틈새시장에서나, 어떤 언어로나 사용되고 있다.

제프는 《출시Launch》를 발간했고, 이 책은 곧바로 〈뉴욕 타임스〉 베스트셀러 1위에 등극했다.

출시 부문에서 제프는 유명한 선도자이며, 자신의 상품을 성공적으로 출시하려는 사람들과 수년 동안 함께하면서 얻어 낸 지혜를 세상에 공유하기를 좋아한다.

출시에 관한 제프의 핵심 지침 몇 가지를 소개하겠다.

1. 일단 출시하면, 사람들은 시장에서 당신을 찾게 될 것이다.

2. 사람들이 비용을 지불할 사업은 무궁무진하다. 선택을 받고 싶다면 그들의 눈에 띄어야 한다.
3. 희망 마케팅은 당신이 상품을 만들고 누군가 그 상품을 구매하기를 바라는 것이다.
4. 희망 마케팅은 전혀 효과가 없다.
5. 상품을 출시할 때 잘 조율되고 조직적으로 한다면, 추종자들을 모으는 데 필요한 추진력이 생겨나고 첫날 판매가 확실히 보증된다.
6. 영업은 사업에 있어 산소와 같다. 영업이 팀을 만들게 하고, 마케팅을 키우며, 상품(서비스)을 발전시키기 때문이다.
7. 영업은 사업을 궤도에 오르게 하고 유지시킨다.
8. 한 걸음 앞으로 나아가서, 일단 시작하고, 실수에서 배우고, 매번 더 나아져라.

제프는 지금까지 '상품 출시 공식'으로 10억 달러 이상의 부가가치를 창출해냈다. "당신은 출시할 준비가 되어 있습니다. 해야 할 일은 빨리 가치를 전달하고, 예측하고, 어떻게 출시할지 조율하고 체계화하는 것입니다."

경제적 자유를 향한 첫 번째 발걸음

• 10 •

아바타의 가장 큰 어려움을 파악하라

*The
Common Path
to
Uncommon Success*

> 모든 문제에는 기회가 자리하고 있다.
>
> 로버트 기요사키 Robert Kiyosaki

탁월한 성공에 이르는 과정에 관한 큰 오해가 있다. 이 오해는 사람들을 시작 지점에서부터 멈춰 서게 한다. 바로 자기에게 사업으로 수익을 창출할 아이디어를 만들어 낼 능력이 있을까, 의구심을 품는 것이다. 이런 의구심은 두려움으로 나타나고, 두려움은 옴짝달싹 못하게 우리를 묶어 두며, 그렇게 모든 것이 멈춘다.

이런 일은 당신에게는 일어나지 않을 것이다. 어째서일까? 당신은 이미 성공으로 향하는 여정에 있으며 그 경로는 일직선이고 분명하기 때문이다.

당신은 자신만의 빅 아이디어를 규정했다. 아직 서비스가 잘 제공되지 않는 틈새시장을 발견했다. 아바타를 만들었고, 플랫폼을 골랐다. 멘토를 지녔고, 협력집단을 만들었다.

이제 다음 단계를 밟을 때이다. 다음 단계가 뭐냐고? 당신의 아바타가 지닌 가장 큰 어려움을 파악하는 것이다.

이전 단계들을 잘 따라 왔다면, 당신은 직접 고른 플랫폼을 통해 가치 있는 무료 콘텐츠를 지속적으로 만들어 내고 있을 것이다. 팟캐스트든, 블로그든, 브이로그든, SNS든, 혹은 이 중 몇 가지를 동시에 사용하든 말이다. 당신의 아바타에게 맞는 가치 있는 무료 콘텐츠를 지속적으로 제작하면, 고객은 자연스럽게 늘어난다.

고객은 당신이 삶에 더해 준 가치들로 인해 당신을 알게 되고, 좋아하게 되고, 신뢰하기 시작할 것이다. 이제 고객과 접촉하여 네 가지 간단한 질문을 던져라.

1. 나를/내 콘텐츠를 어떻게 알게 되었는가?
2. 내가 제작한 콘텐츠에서 무엇이 좋은가?
3. 별로인 점은 무엇인가?
4. 지금 가장 큰 어려움은 무엇인가?

이쯤이면 "내게 모여 든 고객들과 어떻게 접촉할 것인가?"라는 고민이 생길 것이다. 너무 복잡하게 생각하지 마라. 고객들의 이메일 주소를 확보했다면, 이메일을 보내라. SNS로 고객들과 접촉했다면, 개인 메시지를 보내라.

콘텐츠를 제작하는 데 어떤 플랫폼을 사용했든, 고객들에게 질문을 할 때에는 같은 플랫폼을 사용하라.

다음과 같이 간단한 메시지면 된다.

안녕하세요, ooo 씨,
제 콘텐츠를 봐 주셔서 감사합니다. 제가 보내 드리는 네 가지 질문에 간단히 답변해 주실 수 있을까요? 당신에 대해 더 많이 알면 무척 큰 도움이 될 것 같습니다.
감사합니다.

-존

핵심은 가급적 많은 고객들과 일 대 일로 연락하는 것이다.

그렇다, 중요한 것은 '일 대 일'이다. 나는 저울질을 하면서 일하는 사람을 많이 보았다. 당신도 이런 말을 들어 보았을 것이다. "일 대 일 대화는 돈과 시간을 교환하는 일이고, 나는 내 시간과 지식을 투입한 것보다 더 큰 이득이 나는 사업을 키우고 싶어."

이런 사람들은 결코 탁월한 성공을 거머쥐지 못한다. 우리는 언젠가는 시간과 지식을 투입한 것보다 더 큰 이득이 나는 지점에 도달하겠지만, 아직 그 위치에 있진 않다. 이 단계에서는 저울질 하지 않고 일해야만 한다. 자신의 콘텐츠를 소비하는 사람들에게 위의 네 가지 질문을 할 때 일대 일로 해야만 한다. 그래야만 우리에게 필요한 솔직하고 상세한 답변을 얻어 낼 수 있다.

어째서 이 네 가지 질문일까? 하나씩 살펴보자.

1. 나를/내 콘텐츠를 어떻게 알게 되었는가?

반드시 해야 하는 질문이다. 사람들이 당신과 당신의 콘텐츠를 어떻게 찾았는지 그 경로를 밝혀 주기 때문이다. 이 질문에 대한 답을 몇 개만 들어도, 아바타가 당신을 찾아올 방법들에 불을 지필 수 있게 된다. 이 질문이 중요한 이유는 시간을 낭비하지 않고 제대로 된 부분에 시간을 투자하게 해 주기 때문이다.

아바타 중 많은 수가 누군가의 웹사이트를 통해 당신(의 콘텐츠)을 알게 되었다고 답변했다고 하자. 그럼 이제 앞으로 프로젝트를 할 때 그 웹사이트와 함께할 방법을 찾아야 한다는 점을 알게 된다.

페이스북에 낸 광고를 보았다고 답변한 사람이 없다고 하자. 그러면 '최고의 추종자'를 만들어 내지 못하는, 즉 효과 없는 전략을 그만두어 시간과 돈을 절약할 수 있게 된다.

'최고의 추종자들'이란 이 네 가지 질문과 관련한 대화를 하는 데 5분을 내 주는 사람들이다. 이들을 금과 같이 귀하게 여겨라.

2. 내가 제작한 콘텐츠에서 무엇이 좋은가?

역시 반드시 해야 하는 질문이다. 이 질문을 할 때까지 무엇이 아바타의 마음에 와닿았는지 알 수 없기 때문이다. 그리고 이 질문은 앞으로 그들이 좋아할 콘텐츠를 만들 수 있게 해 준다! 특정 주제에 관한 어떤 흐름이 보이기 시작하면, 해당 유형의 콘텐츠에 집중하고, 계속 불을 지펴 나가라!

3. 별로인 점은 무엇인가?

이 질문을 할 때 주의할 점은, 답변에 따라 콘텐츠를 쉽게 수정하는 단순한 실수를 저지르지 말아야 한다는 것이다. 이 질문의 응답이 들어오기 시작할 때, 많은 사람들이 즉시 그 내용을 반영하여 콘텐츠를 수정하는 실수를 저지른다.

답변 하나를 보고 지금 하는 일을 수정하지 마라. 그 답변이 예외적이거나 나쁜 피드백일 수도 있다. 뭔가를 바꾸기 전에, 다양한 사람들이 그와 비슷한 의견을 갖고 있는지 보아야 한다.

4. 지금 가장 큰 어려움은 무엇인가?

가장 중요한 질문이라고는 할 수 없지만, 이에 대한 대답은 앞으로 취해야 할 다음 단계를 알려 준다. 이 질문에 관해서는 '모든' 대답을 기록하고 유사성을 중심으로 분류해 두어야 한다.

나는 적어도 서른 사람에게서 답변을 받은 뒤, 비슷한 유형별로 다섯 그룹 이상 분류할 것을 추천한다.

그다음으로 어떤 문제에 대한 해결책을 만들지 정할 차례다.

너무 복잡하게 생각하지 마라. 행동 중심으로 생각하고, 당신이 완벽하게 소화할 수 있는 방안이어야 한다.

목표는 아바타가 지닌 현실의 문제에 진짜 해결책을 제공하는 것이다. 어떤 문제를 해결해 주고 싶은지 골라라. 자신의 직관을 따라라.

당신이 한 첫 번째 제안은 효과가 없을 수도 있다. 두 번째 제안도 마찬가지일 수 있다. 하지만 이 과정에 충분한 시간을 들이면, 고객들이 자신이 힘들게 번 돈을 기꺼이 투자하지 않고 못 배길 제안을 찾게 될 것이다.

어떤 문제를 먼저 다루고 싶은지 정했다면, 이제 완벽한 해결책을 만드는 데 집중할 때가 되었다. 이에 대해서는 다음 장에서 다룰 것이다.

⚞ 아바타가 지닌 가장 큰 어려움

문제에는 '정지' 신호가 없다, 지침만이 있을 뿐이다.

로버트 H. 쉴러Robert H. Schuller

2013년 8월이었다. '당신의 사업에 불을 지펴라'는 11개월 동안 닻을 내렸다. 나는 330편의 방송을 했다. 기업가들을 초대해 대화를 나누고, 청취자를 늘리고, 영향력을 키우고, 가치 있는 무료 콘텐츠를 지속적으로 제공하는 등 많은 목표를 달성했다. 그리고 광고와 코칭을 통해 많지는 않지만 꾸준히 수익을 창출했다.

이제 물방울처럼 똑똑 떨어지는 수익을 폭포수처럼 키울 때가 되었다. 경제적으로 다음 수준으로 넘어갈 일을 할 때가 되었다. 어떻게 할 것인가? 첫 번째 단계는 아바타가 겪는 가장 큰 어려움을 규정하는 일이다.

대부분의 사람들은 이 일을 잘못된 방향에서 접근한다. 차갑고 어두운 방구석에 틀어박혀, 자기 아바타가 마주한 가장 큰 문제가 드러날 때까지 밖으로 나오지 않는다. 이런 식의 사고방식이 지닌 문제는 글로 아바타를 배운다는 데 있다.

당신은 지금까지 가치 있는 무료 콘텐츠를 꾸준히 만들

었다. 아바타는 이제 현실 세계의 사람이다. 아바타는 당신이 가치를 제공하는 동안 늘어난 고객들이며, 그들은 당신을 좋아하고 신뢰한다.

이제 그들에게 이렇게 물을 때가 되었다. "지금 당신이 당면한 가장 큰 어려움은 무엇입니까?"

2013년 8월 나는 우리 청취자들, 파이어 네이션Fire Nation들에게 이 질문을 했다.

나는 이메일을 보내고, 이 질문에 피드백을 요청하는 특별 방송을 제작했으며, SNS에 질문을 올리고 개인 메시지를 보내 묻기도 했다.

답변이 쏟아져 들어오기 시작했다. 나는 답변 하나하나를 공들여 기록하고 분류하고, 그 대답들에 매료되었다. 11개월 동안보다 한 주 동안 파이어 네이션에 관해 더 많이 알게 되었다.

나는 파이어 네이션들의 꿈과 희망, 두려움과 의심을 알게 되었다. 이렇게 알게 된 사실들은 그 후 수년 간 콘텐츠를 만드는 데 참고 자료가 되었다. 가장 중요한 것은 그 답변들이 내가 찾던 해답을 제공했다는 것이다.

이 답변들에서 한 가지 주제가 나왔다.

존, 전 당신이 자신의 목소리, 메시지, 사명을 세상과 나누고자 플랫폼을 만든 게 너무 좋아요. 저도 [원예, 운동, 음악, 기타 등등]에 무척이나 열심인데, 이런 열정과 지식을 팟캐스트 플랫폼으로 만들어 세상과 나누고, 이 틈새시장에서 영향력 있는 인플루언서가 되고 싶어요. 하지만 팟캐스트를 어떻게 시작하는지 아무것도 몰라요. 제가 팟캐스트를 만들어 방송할 수 있도록 도와주실 수 있나요? 그리고 이 플랫폼을 어떻게 성장시키고 수익을 창출할지 알려 주시겠어요?

솔직히 나는 약간 놀랐다. 내게 이런 일이 일어났던 적이 없어서였다. 방송을 시작한 지 일 년이 조금 못 되었는데, 사람들이 나를 팟캐스트 제작 코칭을 할 만한 '전문가'라고 보고 있어서였다. 게다가 나는 스스로 팟캐스트를 만들려는 사람들의 구미에 맞을 만한 어떤 아이디어도 가지고 있지 않았다. 나만이 자기 프로그램을 진행하고 싶어 하는 외로운 괴짜라고 여겼는데 아니었다.

세상에는 자기 프로그램을 진행하고 싶어 하는 사람들이 많았다. 나는 질문을 했고 파이어 네이션은 분명한 대답을 주었다. 내가 해결책을 내야 할 때였다. 해결책에 관해서는 다음 장에서 집중적으로 다룰 것이다.

스포일러 주의! '해결책'을 내려는 나의 첫 번째 시도는 엄청난 헛발질을 하고 실점을 냈다.

하지만 나는 마침내 제대로 된 해결책을 냈다. 당신이 내 성공을 따르길 바라는 만큼 당신이 내가 했던 실수를 피하길 바란다. 주변의 우려가 수없이 많겠지만 당신이 나를 믿길 바란다.

다음 단계로 넘어갈 때가 되었다. 아바타가 직면한 가장 큰 어려움에 대한 해결책을 만드는 단계이다.

자, 가 보자!

'당신의 사업에 불을 지펴라'에 출연한 비범한 기업가들

라이언 레베스크Ryan Levesque가 아바타가 처한 어려움을 파악한 방법

> 보다 효율적으로 소통하려면, "내가 전달해야 하는 정보가 무엇인가?"에서 "내가 청자들에게 묻고 싶은 게 무엇인가?"로 생각을 전환해야 한다.
> _칩 히스Chip Heath

헨리 포드는 이렇게 말하지 않았던가? "사람들에게 무엇을 원하는지 묻는다면, 과연 그들이 더 빨리 달리는 말을 바란다고 말할까?"

스티브 잡스 역시 이렇게 말하지 않았던가? "사람들은 보여 주기 전까지 그것을 바라는 줄도 모른다."

그렇다. **사람들은 원하는 것을 보여 주기 전까지는 자신이 무엇을 바라는지 모른다.** 당신의 아바타가 바라는 것을 발견하려면 옆문으로 나가야 한다. 다음의 세 가지 질문을 하면 옆문이 열릴 것이다.

1. **가장 중요한 질문은 다음과 같다. "X에 관해, 당신이 지금 겪고 있는 가장 큰 도전 혹은 좌절은 무엇인가? 가급적 자세하게 설명하라."**

   당신의 아바타가 사용하는 특정 언어에 늘 주의를 바짝 기울여라. 마케팅을 할 때 사용해야 할 언어가 바로 그 언어이다. 당신에게는 구매자들이 있으니, 언제나 상세한 답변을 구하라. 예를 들어 난초 관리를 한다고 치면, 현재 맞닥뜨린 가장 큰 도전 혹은 좌절은 무엇인지 물어라. 가급적 상세하게 설명해 달라고 요청하라. "난초를 옮겨심기하는 게 너무나 힘들어요. 무슨 방법을 써도 늘 죽어요." 같은 상세한 답변을 구해야 한다. 이것이 진짜 문제, 즉 핵심이다. 이에 대한 해결책을 찾을 수 있다면, 고객들은 당신의 상품을 구매할 것이다.

2. **답변이 충분히 들어왔다면, 이제 문제를 해결하는 데 얼마나 많은 시간을 투자할 것인가?**

   수없이 어려움을 겪은 사람들을 찾아내라. 이런 어려움에 대한 해결책을 찾는 데 많은 시간을 들여라. 지금 당장 올바른 해결책을 얻을 수 있다면 돈을 지불할 사람들이 생긴다.

3. **이 특정한 도전을 해소하기 위해 얼마나 많은 금액을 투자할 것인가?**

과거 행동이 미래 행동의 가장 좋은 지표이다. 누군가 과거에 돈을 지불했다면, 그는 앞으로도 돈을 투자할 확률이 높다.

라이언의 책 《질문하라Ask》는 세계적으로 100만 부 이상이 팔린 베스트셀러가 되었다. 이 주제에 관해 더 알고 싶다면 이 책을 읽어도 좋을 것이다. 라이언은 이렇게 말한다. "이 세 가지 질문은 시장에서 가장 반응이 좋을 만한 지점을 짚어 주고, 그 문제를 묘사하는 데 사람들이 어떤 언어를 사용하는지 특정해 준다. 그럼으로써 우리가 시장에서 반향을 불러일으키고, 상품에 대한 반응을 불러일으키게 해 준다."

경제적 자유를 향한 두 번째 발걸음

• 11 •

콘셉트를 검증하고 해결책을 만들어라

The
Common Path
to
Uncommon Success

11. 콘셉트를 검증하고 해결책을 만들어라

> 고객들이 문제를 해결하거나 목표를 손에 넣을 수 있게 하는
> 아이디어를 가지고 고객 한 사람 한 사람에게 접근하라.
> 무언가를 팔겠다는 목적으로 접근하면 실패한다.
>
> 브라이언 트레이시Brian Tracy

당신은 지금까지 특별한 성공의 법칙을 따라 모든 일을 올바로 행했다. 당신의 아바타에게 가치 있는 무료 콘텐츠를 꾸준히 전달했다. 당신을 알고, 좋아하고, 신뢰하는 고객도 보유하게 되었다. 고객들에 현재 가장 어려운 점이 무엇인지 질문하고, 그 답변을 기록하고 분류도 해 두었다. 당신이 어떤 문제에 해결책을 제시해야 할지도 정했다.

이제 소매를 걷어붙이고 해결책을 만들 때이다, 그렇지 않은가? 아니다.

이 지점에서 많은 사람들이 길을 헤매게 된다. 많은 사람들이 몇 달 동안 자기 안에 틀어박혀서, 완벽한 해결책을 만들고는, 마침내 밖으로 나와 세상을 향해 자신만만하

게 소리친다. "내가 해결책을 가지고 돌아왔도다! 당신의 가장 암울하고 불공정한 문제에 대한 세계 최고의 해결책을 가지고 돌아왔도다!"

하지만 사람들은 이미 떠나고 없다.

내 말을 오해하지 마라, 방금 말한 전략은 한동안 효과를 발휘하긴 한다. 그동안 당신이 대부분의 일들을 제대로 해냈기 때문이다.

고객들을 위해 완벽한 해결책을 만들기 전에, 우리는 그 해결책에 돈을 지불할 사람들이 어떤 이들인지 확인해야만 한다. 뻔한 말이지만 이 말을 기억하라. "사람들은 자기가 원하는 것을 산다."

고객들의 가장 큰 문제에 대한 완벽한 해결책을 만드는 데 당신의 가장 가치 있는 자산과 시간을 투자할 거라면, 무엇이 고객들에게 그 해결책에 기꺼이 돈을 지불하게 만들지 확실하게 알고 있어야만 한다. 나는 해결책을 만들기 전에 먼저 아이디어를 검증하지 않는 통탄할 실수를 저질렀다. 그리고 그 누구도 내 해결책에 관심을 갖지 않았다.

다행히 나는 여기에서 교훈을 배웠다. 나는 이제 해결책을 만드는 데 시간을 쓰기 전에 콘셉트를 검증하라고 주장할 것이다. 어떻게 검증하냐고? 고객들이 원하는 것을 구매함으로써 검증해 줄 것이다. 고객들이 내가 만들 거라고 사전 공지한 해결책에 선불이나 계약금을 치르지 않는다면, 그 문제가 값을 치러 해결할 만큼 괴로운 문제는 아니라는 말이다.

나는 이 전략을 밀어붙임으로써 수백 시간 동안 무의미한 노력을 하는 일을 방지했다. 잠시 후에 내가 어떻게 실패했고, 또 이 전략으로 어떻게 성공했는지 알려 줄 것이다.

그 전에 우선 당신이 어떤 해결책을 낼 수 있을지 규정하라. 해결책은 대부분 상품이나 서비스, 커뮤니티 등으로 만들 수 있다. 다음과 같은 몇 가지 종류가 있다.

- 일 대 일 코칭
- 그룹 코칭
- 협력집단 주재
- 책 집필
- 강좌 개설
- 온라인 세미나 주재
- 유료 과제
- 서비스 소프트웨어 제작SaaS: Software as a Service
- 물리적 제품 개발
- 프리미엄 커뮤니티 개설
- 타사의 상품, 서비스, 커뮤니티 등과 제휴하여 홍보
- 자격증 발급
- 오프라인 혹은 온라인 이벤트 주최

다음은 내가 '당신의 사업에 불을 지펴라'를 운영하면서 개인적으로 경험한 사례들이다.

일 대 일 코칭

'당신의 사업에 불을 지펴라'로 처음 수익을 창출한 순간을 나는 절대 잊지 못할 것이다. 첫 방송을 한 지 두어 달쯤, 한 청취자가 연락해서 자신이 곧 팟캐스트를 시작할 것이며 몇 가지 의논할 것이 있다고 말해 왔다. 그는 내가 첫 방송을 성공리에 해낸 방법을 따라서 했으며, 앞으로의 방향을 잡아 줄 지침을 찾고 있다고 말했다. 나는 그때만 해도 코칭 프로그램을 운영하고 있지 않았지만, 그의 요청은 내 정신이 번쩍 들게 했고 행동을 취하게 했다. 그 즉시 나는 1개월/2개월/3개월 과정의 코칭 프로그램을 만들었다. 아직도 그때 책정했던 가격이 기억이 난다. 1개월 과정은 800달러, 2개월 과정은 1,400달러, 3개월 과정은 1,800달러였다. 나는 주 1회 30분 통화와 무제한 이메일 교환이 포함된 코칭 프로그램을 짰다. 그리고 이메일 '전송' 버튼을 눌렀다. 몇 분 후에 답신이 왔고, 그는 3개월짜리 프로그램에 등록했다. 나는 충격을 받았다. 몇 분 만에 1800달러를 벌어들인 것이었다. 그렇게 일 대 일 코칭이라는 콘셉트는 검증이 되었고, 나는 첫 번째 학생에게 코칭을 시작했다.

협력집단 주재

'당신의 사업에 불을 지펴라'가 일 년이 되었을 무렵, 팟캐스트에도, 청취자 증가에도 크나큰 추진력이 붙고 있었다. 일일 청취자 수가 늘어가고, 참여도도 높았으며, 나는 팟캐스트 방송이라는 이 조그마한 틈새시장에 관해 많은 것을 이해하게 되었다. 나는 우리 청취자인 파이어 네이션들과 소통하는 것도 좋았다. 이메일, SNS로 소통하는 것은 물론, 일반 우편도 정기적으로 왔다.

이런 소통에서 지속적으로 드러난 것은 우리 청취자들이 서로 소통할 자리가 생기면 무척 좋아할 것이라는 점이었다. 이것은 협력집단을 만들 기회였다. 따라서 나는 성공리에 유료 협력집단을 운영하고 최선의 방식을 파악한 다른 기업가들에게 연락했다. 곧 파이어 네이션 엘리트Fire Nation Elite를 출시하겠다고 발표할 준비가 되었다.

파이어 네이션 엘리트는 '공개 질의응답'이라는 주간 실시간 대화와 페이스북 그룹을 통한 일일 소통, 그리고 주제에 맞는 전문 연사를 초대하고 내가 진행하는 월 1회의 강연으로 구성되었다. 나는 100명의 회원과 파이어 네이션 엘리트를 시작하고, 지원자들에게 자리를 내주기 전에 한 사람씩 인터뷰를 했다.

파이어 네이션 엘리트는 얼마 지나지 않아 가족처럼 친밀해질 것이었다. 그리고 이렇게 커뮤니티를 형성하여 기업가로서 힘겨운 여정을 가는 동안 서로를 지탱하고 이끌어 주는 것은 매우 중요한 일이었다.

활동은 최소 3개월은 해야 했고, 분기별 300달러의 가격으로 시작했다. 수요와 공급에 근거해 몇 달 후 가격을 올렸고, 회원가의 10배 이상의 가치를 전달하려고 애썼다.

파이어 네이션 엘리트들과 함께한 첫 번째 실시간 온라인 대화를 절대 잊을 수 없을 것이다. 자기 일에 헌신적인 멋진 사람들이 한자리에 모여서 열정적으로 서로에게 배우고 서로를 지지해 주는 모습은 환상적이었다. 그다음 2년 반에 걸쳐 파이어 네이션 엘리트는 월 평균 1만 2천 달러의 수익을 창출했다. 케이트와 나는 여기에 온 마음을 다 바쳤다. 그때 맺은 우정은 계속 이어졌고, 여전히 내 마음을 울리는 성공담들이 등장하고 있다.

책 집필

'당신의 사업에 불을 지펴라' 첫 방송을 한 지 3개월 즈음, 모든 것이 잘 되어 가고 있었다. 방송 지식을 좀 더 쌓아야 한다고 깨달은 나는 아마존에서 관련 주제를 다룬 책들을 찾아 모조리 샀다. 그 과정에서 놀랍게도 팟캐스트를 하는 법만을 다룬 책은 없다는 걸 알게 되었다.

당시 나는 팟캐스트라는 주제에 완전히 빠져 있었으며, 세계 최고의 팟캐스트 전문가는 아니었지만, 이 주제와 관련한 사람들 99퍼센트를 알았다. 그들에게 나는 전문가였다. 팟캐스트에 관한 책이 나와야 한다는 생각이 들었다. 그리고 내가 그렇게 할 수 있는 사람이라고 판단했다.

바로 다음 날 나는 개요를 짜고, 약 20시간에 걸쳐 《팟캐스트 시작하기Podcast Launch》라는 원고 초안을 썼다. 《팟캐스트 시작하기》를 아마존 서점에 발행하고자 '발행하기' 버튼을 눌렀을 때는 짜릿한 기분이 들었다.

그 책이 완벽했을까? 아니다. 아마존에 있는 최고의 팟캐스트 책이었을까? 그렇다. 최악의 팟캐스트 책이었을까? 역시 그렇다. 그건 그 책이 아마존에 있는 '유일한' 팟캐스트 책이었기 때문이다.

즉시 이익이 눈에 보이기 시작했다. 하루에 10퍼센트에서 20퍼센트까지 판매량이 증가했다. 책 가격은 2.99달러로 책정했는데, 따라서 큰 액수를 벌어들이지는 못할 터였지만, 그래도 어마어마한 추가 이득을 발생시켰다.

'당신의 사업에 불을 지펴라' 다운로드 수가 눈에 띄게 증가했다. 내 이메일 목록과 SNS 팔로워들이 상당히 늘어났다. 책과 관련된 메시지들이 들어오기 시작했다. 나는 공정한 가격에 진짜 가치를 전달했고, 사람들은 고마움을 표했다.

이는 또한 나에 대한 신뢰도를 증가시켰다. 강연 기회가 많이 늘어났다. 무엇보다 이제 나는 팟캐스트에 관한 책을 쓴 사람이 되었다. 《팟캐스트 시작하기》로 수익을 발생시키고 있었고, 마케팅에 활용할 이메일 목록을 늘려 주고, '당신의 사업에 불을 지펴라'의 청취자들을 더욱 많이 끌어들여 그 뒤로 수년 동안 내 사업에서 광고 수익과 강좌 판매 수익을 증가시켰음은 물론, 내 브랜드의 인지도 및 가치도 기하급수적으로 키웠다.

당신의 틈새시장과 관련한 도서 시장에서 틈을 발견할 수 있다면, 책 집필은 시간과 노력에 대한 큰 보상을 되돌려 줄 것이다.

강좌 개설

잠시 후 나는 '팟캐스터의 천국'을 시작한 경험담을 풀어 놓을 것이다. 지금은 먼저 온라인 세미나 '웨비나 온 파이어Webinar on Fire' 강좌를 시작한 경험을 짧게 설명하겠다.

2014년에 우리의 팟캐스트 강좌('팟캐스터의 천국')는 거의 일 년 동안 기반을 다졌고, 우리는 이 강좌를 홍보하고자 매주 실시간 온라인 세미나를 진행했다. 우리는 이 실시간 온라인 세미나로 막대한 성공을 거두었는데, 팟캐스트에 관한 질문은 물론 우리의 온라인 세미나 시스템과 관련된 수많은 질문을 받았다.

온라인 세미나에 관한 질문들이 여러 차례 반복해 들어와서, 나는 관련 강좌를 개설할 때가 되었음을 알게 되었다. 우리는 2014년 1월에 '웨비나 온 파이어'를 출시했고, 이는 '팟캐스터의 천국'에 딱 맞는 부수 강좌였다. '웨비나 온 파이어'는 한 해 동안 우리에게 어마어마한 수익을 안겨 주었다. 이는 우리에게 청취자들의 소리에 귀를 기울이고, 그들이 처한 가장 큰 문제로 하여금 우리를 안내하게 하라는 가치 있는 교훈을 가르쳐 주었다.

온라인 세미나 주재

버추얼 서미트virtual summit를 통한 온라인 세미나는 전형적으로 특정 주제에 관해 전문가들을 인터뷰한 동영상으로 구성되며, 참가자들은 며칠간의 프로그램 기간 동안 이 동영상들을 보고, 마지막에 제안을 받게 된다. 버추얼 서미트는 사업의 시동을 걸게 하는 멋진 방법이 될 수 있다. 이는 우리로 하여금 특정한 주제를 선택하고, 아바타의 어려움을 확인하고, 최선의 해결책을 전달하게 해 줄 것이다.

주제를 선정하고 나면, 해당 주제의 전문가로 알려진 권위 있는 인물을 찾아야 한다. 또한 버추얼 서미트를 하면서, 당신은 랜딩 페이지(검색엔진이나 광고 등을 통해 접속했을 때 나오는 첫 페이지. 이용자가 어느 링크로 유입되었는지 확인하고자 유입 경로별로 랜딩 페이지를 따로 만들기도 한다. -옮긴이)를 만드는 법, 이메일 제공자에게 연락하는 법, 영상 채널을 운영하는 법, 그리고 이런 콘텐츠들을 사전에 조율된 일정에 따라 배포하는 법을 배우게 되어 기술을 빠르게 향상시킬 것이다. 이러한 기술은 특별한 성공의 법칙을 통달하는 데 있어 매우 중요하다. 따라서 초기 단계에서 이런 프로젝트를 다양하게 시도해 보는 것이 좋다. 경험이 쌓이면서 향후 성공을 거둘 수 있는 시스템과 프로세스를 만들 수 있을 것이다.

무엇보다도 온라인 세미나는 이메일 목록을 확보하고, 권위 있는 인물과 접촉하게 해 주며, 프레젠테이션 기술을 발전시키고, 고객들에게 제안하는 방법을 습득하게 해 준다. 내게는 허슬앤드스케일닷컴HutsleandScale.com의 마크 T. 웨이드Mark T. Wade 박사가 버추얼 서미트를 위해 찾아야 할 자원이었다.

유료 과제

유료 과제는 전형적으로 3일, 5일, 7일, 10일, 15일, 30일짜리 온라인 이벤트로, 약속된 결과를 전달한다. 내가 참여했던 과제 중에는 '크리스티 코드 레드 니켈'Cristy 'Code Red' Nickel의 '10파운드 감량' 프로그램이 있었다. 이 과제의 목표는 30일 안에 10파운드를 감량하는 것이다. 한 달 동안 매일 크리스티는 내게 이메일을 보내 그날 치 걷기 운동을 지시하고, 동기를 계속 유지할 만한 동영상을 보내 주었다. 또한 이 과제를 수행 중인 다른 사람들과 페이스북 그룹을 통해 30일간 서로를 북돋고 이끌어 주었다.

목표에만 시선을 두고, 비슷한 마음가짐을 지닌 사람들과 함께 목표를 추구하며, 서로를 지지해 주면, 성공 가능성은 급증한다. 유료 과제는 47달러였지만 과제를 수행하는 동안 크리스티에게서 개인 코칭을 받을 수 있는 다양한 추가 상품이 있었는데, 이것이 진짜 순수익을 냈다.

나는 몇 가지 과제를 진행해 보았다. 그중 한 가지는 토니 로빈슨의 '지식 브로커 청사진Knowledge Broker Blueprint'이라는 프로그램으로, 출시 전에 준비를 함께했다.

나는 출시 전에 청취자들에게 서서히 준비 운동을 시켜 두어야 함을 깨닫고, 팟캐스트 '스크루 더 나인 투 파이브 Screw the Nine to Five'를 운영하는 질과 조시 스탠턴Jill and Josh Stanton과 제휴하여 5일짜리 '전문가처럼 생각하기' 프로그램을 만들었다.

이 프로그램은 5일짜리 과제를 수행하는 것으로, 우리는 특정한 행동을 취하도록 촉구하는 일일 실시간 온라인 훈련 프로그램을 진행하기로 했다. 또한 페이스북 그룹을 활발하게 운영하면서, 참여자들의 질문에 대답하고 매일 마주치게 되는 어려운 문제들을 다루기로 했다. 출시일이 다가왔고, 우리는 사람들이 우리 프로그램을 잔뜩 기대하게 만들고자 감상회watch party를 열었다. 그 결과 우리는 토니의 프로그램을 50만 달러 이상 팔았고, 열다섯 지역에서 5천 곳 이상의 제휴처를 만들었으며, 피지에 있는 토니의 개인 리조트인 나메일에서 4일간의 휴가를 즐기게 되었다.

'지식 브로커 청사진'의 판매 상황을 분석하면, 대부분의 판매가 5일짜리 '전문가처럼 생각하기' 프로그램에 참여한 사람들로 이루어져 있음을 알 수 있다. 우리는 신뢰가 넘쳐흐르는 가족 같은 환경을 조성했다. 우리가 토니의 강좌를 신뢰하며, 이 강좌를 듣는 게 좋을 것 같다고 생각한다고 말하면, 많은 사람들이 강좌를 들었다. 그리고 그 결과로 대단한 성공담들이 지금까지도 들려오고 있다.

유료 과제는 비슷한 생각을 지닌 사람들에게 막대한 이득을 전달하는 멋진 방식이 될 뿐만 아니라, 신뢰를 발전시켜 나가는 어마어마한 결과를 안겨 준다. 유료 과제는 대개 7달러에서 97달러 사이로 가격이 책정되고, 5일에서 30일 정도의 기간 동안 이루어진다. 무료 과제는 당신이 이제 막 사업을 시작한 사람이라면 해볼 만한 가치가 있지만, 당신이 이미 자신의 시스템을 가지고 있는 상태에서, 과제에 비용을 투자한 사람들과 함께 작업해 보고 싶을 때는 별 쓸모가 없다. 명심하라. 사람들은 비용이 나가면 집중하게 되는 법이다.

서비스 소프트웨어 제작

내가 서비스 소프트웨어SaaS, Software to Service 분야를 직접 경험해 본 적은 없지만, 수년간 보고 배운 내용을 말해 보겠다. 서비스 소프트웨어는 장단점이 있다.

먼저 장점이다. 제대로 만든다면, 빠른 시간 안에 수익을 끌어올릴 수 있다. 슬랙Slack은 조직 내에서 이용하는 소프트웨어를 만든 가장 멋진 사례로, 개발사는 시장에 슬랙보다 나은 업무용 메신저가 없음을 깨닫고는 이를 발전시키고 판매하는 데 집중했다.

또 다른 장점은 안정적인 월 수익이 창출된다는 점이다. 서비스를 이용하기 위해 매달 결제를 하는 사람들이 어느 정도 모이면, 정확하게 수익을 예측하고, 그에 따라 앞으로의 계획을 세울 수 있게 된다.

서비스 소프트웨어의 단점은 서비스를 출시하기 위해 필요한 기초 연구 개발 비용이 사전에 투입되어야 하고 이를 위한 팀을 조직해야 한다는 데 있다. 서비스가 시장의 반향을 일으킬지는 보증되지 않으며, 초기의 투자비를 회수할 수 있을지 알 수 없다.

우리는 2014년에 서비스 소프트웨어 제안을 위해 한 회사와 제휴를 맺었다. 그들은 적절한 팀을 보유하고, 정말로 좋은 아이디어를 가지고 있었으며, 위로 올라갈 열정도 있었다. 하지만 우리는 상당수의 청취자를 보유했음에도,

프로젝트를 지속할 만한 성과가 나지 않았다. 돌이켜 보면 우리가 서비스 소프트웨어를 통해 청취자들의 문제에 대한 해결책을 충분히 제공하지 못해서였던 듯싶다.

내 생각에, 서비스 소프트웨어는 사업 초기에는 시도하지 말아야 할 고급형 비즈니스 모델이다.

물리적 제품 개발

물리적 제품을 만드는 일을 고려하라(혹은 이미 제품을 만들었다면 계속 유지하길 바란다). 나는 '당신의 사업에 불을 지펴라'를 하는 5년여 동안 물리적 제품 제작은 생각도 하지 않았다. 오직 온라인상에서 제공할 수 있는 콘텐츠에만 집중했다. 팟캐스터의 천국은 성공했고, 웨비나 온 파이어는 잘 굴러갔으며, 협찬 비용 역시 많이 들어왔고, 제휴 사업에서도 상당한 수익이 나고 있었다.

또 다른 수익 흐름을 만들 때가 되었다는 생각에, 나는 청취자들에게 가장 힘든 일이 무엇이냐고 물었다. 목표를 설정하고 달성하는 것이 가장 힘들다는 답변이 압도적으로 많았다. 청취자들은 특정한 시간 안에 목표를 설정하고 달성하게 해 줄 단계별 프로세스가 있으면 좋겠다고 말했다.

그리하여 나는 목표 달성을 위한 단계별 프로세스를 만드는 계획에 착수했다. 그 과정에서 사람들의 손에 쥐여 줄 것을 만들어야 함을 깨달았다. '인조가죽 표지를 씌운 잡지'라는 콘셉트가 떠올랐는데, 그걸 해야겠다는 직감이 들었다. 즉시 관련 조사를 시작했고, 가능한 모든 것을 알아냈다. 그 결과가 100일 동안 최우선 목표를 설정하고 달성하는 단계별 지침을 담은 《프리덤 저널Freedom Journal》이었다. 콘셉트가 완전히 정해지자, 나는 친구인 리치 노턴Richie Norton이 설립한 프로덕트닷컴Prouduct.com과 제휴를 맺었다. 상품은 손에 쥐어 줄 수 있는, 물리적인 형태로 만들기로 했다.

완제품을 받아 보았을 때 나는 《프리덤 저널》이 특별한 것임을 알았다. 이것은 내 청취자들이 처한 문제에 대한 완벽한 해결책이었다.

다음 단계로 나는 이 상품을 세상에 노출하는 방법을 찾았다. 한참을 숙고한 끝에 '킥스타터Kickstarter'라는 크라우드 펀딩을 이용하기로 했다. 크라우드 펀딩은 아이디어를 실행하기 전에 검증할 수 있는 무척 멋진 플랫폼이다.

나는 《프리덤 저널》 몇 부를 인쇄했지만, 킥스타터 결과가 나올 때까지 기다렸다. 본격적인 출시 전에 《프리덤 저널》이라는 콘셉트를 입증하고자 한 것이다.

나는 온갖 노력을 기울여 33일간 캠페인을 했다. 25분 만에 킥스타터 목표 금액 2만 5천 달러를 달성했고, 날이 저물 무렵 10만 달러 이상의 수익을 냈다. 캠페인이 끝날 즈음,《프리덤 저널》은 45만 3810달러의 모금액을 기록하며 킥스타터에서 당시 6번째로 가장 많은 모금액을 모은 캠페인이 되었다.《프리덤 저널》은 100만 달러의 판매를 기록했고, 나는《마스터리 저널Mastery Journal》과《팟캐스트 저널Podcast Journal》이라는 두 종의 저널을 더 발행했다. (이 세 저널은 각각 TheFreedomJournal.com, TheMasteryJournal.com, ThePodcastJournal.com에서 확인할 수 있다.)

나는 적절한 시나리오가 있다면 물리적 제품이 강력한 차별화를 이루어 줄 수 있다고 믿는다. 하지만 그 전에 먼저 순이익을 파악하고, 보관비와 물류비를 알아야 한다. 그렇지 않으면 순이익은 극히 적으면서 고생만 하는 결과를 맞이할 수도 있다.

프리미엄 커뮤니티 개설

프리미엄 커뮤니티는 대개 특정한 주제 혹은 비즈니스 분야에서 자신의 지식을 넓히고 수익을 늘리려는 사람들로 이루어진 집단으로, 매월 특정한 비용을 지불하는 모임을 말한다. 우리는 2013년부터 '당신의 사업에 불을 지펴라'의 프리미엄 커뮤니티인 '팟캐스터의 친국'을 운영하고 있다. 다음 장에서 이에 관한 이야기를 나눌 예정이니, 여기에서는 너무 자세한 설명은 피하겠다. 다만 프리미엄 커뮤니티와 협력집단의 구분되는 점을 말하자면, 동영상 강좌, 템플릿, 체계화된 지침을 통해 커뮤니티 회원들이 해당 주제에 대한 전문가가 되도록 돕는다는 것이다. 이러한 프리미엄 커뮤니티는 아직 서비스가 부족한 시장에 진입하고, 전문가가 되고, 지식과 기술을 기르는 데 필요한 도구를 만드는 것의 힘을 보여준다.

타사의 상품, 서비스, 커뮤니티 등과 제휴하여 홍보

타사의 상품(서비스)을 홍보하는 제휴를 맺는 일은 수익을 창출하는 대단히 좋은 방법으로, 성공으로 향하는 여정의 초기 단계에서는 특히 그러하다. 제휴를 맺으면, 판매 금액의 몇 퍼센트를 받고 회사의 상품이나 서비스를 추천하게 된다. 그 비율은 몇 가지 요소에 근거하게 될 터이지만, 당신이 알고, 좋아하고, 고객들에게 추천할 만큼 신뢰하는 상품(서비스)을 찾는 것이 가장 좋다.

당신이 홍보하는 상품(서비스)을 고객들이 좋아하게 만들려면, 리뷰 작성, 제품 사용법을 담은 동영상, 회사 설립자 인터뷰, 광고 등의 방법을 이용하는 것이 좋다. '당신의 사업에 불을 지펴라' 역시 수년 동안 제휴를 통해 상당한 수익을 창출했다. 가장 수익이 크고 의미 있었던 제휴는 클릭퍼널스ClickFunnels와의 제휴였다. 클릭퍼널스는 수년 동안 우리의 퍼널(funnel, 고객이 유입되고 구매 결심을 하기까지의 단계를 확인하고 분석하는 마케팅 방법론. -옮긴이) 분석은 물론, 랜딩 페이지,

판매 페이지, 부가서비스 페이지 제작 등을 제공한 회사였다. 나는 설립자인 러셀 브런슨Russell Brunson과 좋은 친구가 되었으며, 그를 '당신의 사업에 불을 지펴라'에 초대 손님으로 여러 차례 출연시키기도 했다.

나는 내 청취자들 중 많은 수가 클릭퍼널스 같은 가치 있는 서비스를 이용하면서 이득을 얻으리라고 보고 기회가 올 때마다 기쁜 마음으로 이를 홍보했다. 그 결과 지금까지 수수료로 130만 달러 이상을 받았다.

여기에서 하고 싶은 조언은 자신이 자주 사용하는 상품(서비스) 목록을 만들어 두라는 것이다. 회사 웹사이트에 들어가서 가장 아래쪽까지 죽 내려가 보면, 대체로 맨 하단에 제휴 링크가 있을 것이다. 그 페이지에는 회사에서 진행하는 제휴 프로그램에 대한 상세 설명 및 지원 방법이 쓰여 있을 것이다. 제휴 링크를 못 찾았다면, 회사 이메일을 이용하여 제휴 담당자와 연락하고 싶다고 청하라.

제휴 수익은 제대로 행해질 경우 막대한 수익 흐름이 될 수 있다. 지금까지 설명한 단계들을 따라서 해 보고, 합리적인 곳과 제휴하여 적절한 시기에 고객들에게 제휴 링크를 보내라.

마지막으로 할 조언은, 자신이 홍보하는 제품(서비스)에 대한 믿음이 있어야 한다는 것이다. 당신의 고객들에게 가장 좋은 것을 행하고, 성공을 향해 굳건히 나아가라.

자격증 발급

신뢰는 무척이나 중요하다. 나는 의과대학을 졸업하지 않은 의사가 나를 수술하기를 바라지 않는다. 건축 학교를 나오지 않은 건축가가 우리 집을 설계하길 바라지 않는다. 우리는 누군가가 어떤 지식을 보유하고 있다고 주장할 때 자격증을 제시하기를 바란다.

여기가 자격증이 등장하는 지점이다. 당신이 자기 분야의 전문가가 되어 특정한 수준의 성공을 거두면 사람들은 당신에게서 그걸 배우고 싶어 할 것이다. 이는 팟캐스트를 하면서 내게 일어났던 일이기도 하며, 그 결과가 바로 '팟캐스터의 천국'이었다. 강좌 개설 외에 자격증을 발급할 프로그램도 고려해 보아라. 당신의 프로그램을 수강한 사람들에게 자격증 이수를 위한 활동들을 수행했다는 인증을 부여해라.

기억해 둘 사항은 당신의 명성에는 일관성이 있어야 하며, 당신의 프로그램을 통해 자격증을 받게 되면 그것이 그 직무에 필요한 서비스를 제공할 준비가 갖추어졌다는 보증이 되어야 한다는 점이다. 자격증 프로그램이 제대로 짜여 있다면, 강좌 수강 시 선지급하는 수수료 및 자격 유지를 위한 연간 수수료로 막대한 수익을 창출할 수 있다. 물론 당신은 프로그램을 전체적으로 꾸준하게 업데이트해야 한다.

성공적으로 자격증 프로그램이 이루어지고 있는 곳은 건강관리 분야로, 여기에서 사용하는 내용들을 다른 분야에서도 효율적으로 적용할 수 있다.

오프라인 혹은 온라인 이벤트 주최

사전에 주제를 정해 두고, 그에 대한 가치를 전달하는 이벤트(오프라인 혹은 온라인)를 할 수 있는데, 이런 이벤트는 주로 1일~3일 정도의 기간을 두고 진행된다.

나는 오프라인 이벤트를 기획했다. 여행 및 숙박을 조율하는 데 일이 많았지만, 열정적인 사람들을 통해 얻게 되는 에너지와 대규모 오프라인 이벤트를 진행하는 경험을 얻는다는 사실이 모든 고난을 이겨내게 했다. 케이트와 나는 수년간 1일에서 3일짜리의 이벤트를 시행했고, 우리는 항상 즐거운 마음으로 일했다. 전 세계 사람들이 한데 모여 서로에게서 배우고 서로를 지지하는 경험은 특별한 일이었다. 오프라인 이벤트 주최를 위해서는 많은 일을 해야 하지만, 내 경험상 이것만큼 사람들의 삶에 큰 영향을 주는 더 좋은 방법은 없다.

우리는 3일 동안 40명의 사람들을 대상으로 이벤트를 진행했고, 참가자들은 이 짧은 기간 동안 돌파구를 찾고 서로 유대를 맺었다고 이야기했다. 사람들에게 막대한 영향을 발휘하고 싶다면, 오프라인 이벤트를 주최하라. 후회하지 않을 것이다.

온라인 이벤트 또한 제대로 시행되었을 때 막강한 힘을 발휘할 수 있다. 온라인 세미나에도 오프라인 세미나와 비슷한 부분이 많으므로 상세한 설명은 하지 않겠다. 다만 다음의 사항은 기억하라. 당신의 아바타를 알라. 당신의 고객을 알라. '그들이' 원하는 이벤트를 만들어라. 행운의 여신은 용감한 자의 편이니, 담대하게 나아가라.

결론

이상은 당신의 고객들이 지닌 가장 큰 문제에 대한 해결책을 통해 수익을 창출하는 몇 가지 방법이다. 할 일이 많다고 미리 기겁하지 마라. 한 가지만 기억하면 된다. 최고의 실행 방법은 고객들에게 지금 겪는 가장 큰 문제가 무엇인지 묻고, 당신이 전달하려는 해결책이 무엇인지 정리하고, 그 콘셉트를 입증하고 나서, 해결책을 만들어 전달하는 것이다.

당신도 할 수 있다!

≪ 나의 해결책

앞 장에서 내가 청취자들이 지닌 가장 큰 문제를 규정하는 프로세스에 대해 말했다. 내가 만들었던 해결책과 비참하리만큼 실패했던 해결책, 장외 홈런을 날린 해결책을 소개하면서 지금까지의 내용을 정리하고 보다 자세히 살펴보고자 한다.

모든 문제에는 간단하고 명료하며
잘못된 해결책이 존재한다.

H. L. 멩켄H. L. Menken

'당신의 사업에 불을 지펴라'가 방송되었다. 때는 2013년 8월이었고, 나는 11달에 걸쳐 330편을 방송했다. 다운로드 수는 매달 증가했고, 방송 편 수가 쌓여 감에 따라 내 자신감도 커져 갔다. 모든 것이 계획대로 착착 진행되었다.

한 가지만 제외하고. 바로 수익이었다. '당신의 사업에 불을 지펴라'의 방송 1주년이 다가오면서, 나는 방송과 관련한 각종 수치를 살펴보았고, 방송으로 연 2만 8천 달러도 벌지 못한다는 사실을 알게 되었다. 끔찍한 수준은 아니었지만, 2년째에도 그 수준이길 바라진 않았다.

나는 자리에 앉아서 한 가지 간단한 질문을 했다. 지난 11개월 동안 330명의 성공한 기업가들을 인터뷰해서 수익을 창출했는데, 어찌 된 일일까? 나는 방송 일정표를 열심히 들여다보고, 인터뷰한 기업가들의 웹사이트에 들어가 보고, 수많은 방송을 다시 들었다. 그리고 마침내 한 가지 답이 번뜩 떠올랐다.

성공한 기업가들은 '한 가지' 문제에 대한 '한 가지'의 놀라운 대답을 제공하고 있었다. 이들은 자기 전문 분야에서 '찾아가야 할 전문가'로서 자신을 자리매김하고, 좁고 깊이 파고들었다. 즉, 그들은 다른 무언가에 정신을 팔지 않고, 자신의 고객들이 겪는 문제에 대한 최선의 해결책을 제시하는 데 집중했다.

이들의 바늘 같은 집중력은 영감을 불러일으켰고, 나는 이 모델이 성공할 수밖에 없음을 깨달았다.

그래서 내가 무얼 했을까? 나는 청취자들인 파이어 네이션들에게 물음을 던졌다. 전 장에서도 설명했듯이, 나는 이메일을 보내고, 이 질문에 대한 직접적인 피드백을 요청하는 특별 방송을 하고, SNS 게시물을 올리고, 개인 메시지를 보냈다. 질문은 모두 같았다. "지금 당신을 가장 힘들게 하는 문제는 무엇입니까?"

나는 수많은 답변을 받았다. 다양했지만 지속적으로 나오는 답변은 결국 다음과 같았다. "내가 지닌 열정과 지식을 가지고 팟캐스트를 만들어 방송하고 싶어요. 도와줄 수 있나요?"

나는 이 문제를 해결할 답변, 내가 할 수 있는 답변이 무엇일지 곰곰이 생각했다. 15개월 전에 팟캐스트를 시작하면서 내가 무얼 놓치고 있었는지 생각해 보았다. 그 답이 번개처럼 번득였다. 바로 사람들이 팟캐스트를 시작하길 겁낸다는 것이었다. 이유는 시간과 에너지가 많이 들고 능력이 필요하다고 생각해서였다.

사람들은 이미 일과 가정, 그밖에 세상에서 자기가 할 일들에 허덕이고 있었다. 내가 팟캐스트와 관련된 온갖 힘든 일들을 대신 해 주는 플랫폼을 만든다면 어떨까? 오디오 콘텐츠를 녹음하고, 내게 보내기만 하면 되는, 최소한의 노력으로 팟캐스트를 만들 수 있게 해 주는 플랫폼 말이다.

이 콘셉트를 생각할수록 의지가 불타올랐다. 바로 이거였다! 오디오 녹음을 하는 일만 제외하고 모든 걸 대신해 주는 플랫폼을 만들자! 나는 여기에 '팟플랫폼$_{PodPlatform}$'이라는 이름을 붙였다! '팟플랫폼'은 다음과 같은 서비스를 제공할 예정이었다.

- 팟캐스트 진행
- 인터뷰 편집
- 도입 멘트와 마무리 멘트 삽입
- 방송 편성표 제작
- 주요 카테고리마다 방송 올리기

• 방송을 성공리에 시장에 내놓도록 돕기

나는 열정에 불타올랐다. '팟플랫폼'의 개시는 쉽게 결정되었다. 이 서비스가 큰 가치를 가졌음을 알았고, 제대로 된 팀을 꾸리면 이윤을 끌어올릴 수 있음을 직감했다. 나는 벌써 마음속으로 수익을 계산했다. 무척 멋진 그림이었다.

이제 청취자들에게 다가가서 콘셉트의 유효성을 확인해야 할 때였다. 청취자들에게 이 아이디어를 말하고, 사전에 비용을 지불할 용의가 있는지 물어야 했다. 이 서비스가 불편한 부분을 해소해 준다면, 파이어 네이션은 이 서비스를 이용하는 데 비용을 지불할 것이고, 이것으로 콘셉트의 유효성을 확인할 수 있었을 것이다.

하지만 그러기보다 나는 이 콘셉트를 더 연마하고 또 연마했다. 팀을 꾸리고, 호스팅 계정을 만들고, 출시일 전에 팀원들이 필요한 만큼 능숙해질 때까지 다양한 훈련을 시켰다. 그뿐만 아니라 이 서비스에 기반한 비즈니스를 운영하는 데 필요한 온갖 잡다한 일들을 모조리 했다.

많은 돈과 시간, 노력을 '팟플랫폼'에 쏟아붓는 동안 두 달이 흘러갔다. 그리고 출시일이 도래했다. 나는 '불이' 붙었다. 안달하면서 내 타깃들에게 이 멋진 서비스에 신용카드를 꺼내 들라고 촉구하는 이메일을 작성했다. 그리고 이메일을 한 번 훑어보고, '전송' 버튼을 눌렀다.

  판매가 이루어지길 열망하며 나는 기다렸다.

  탕!

  누군가가 곧장 결제했다.

  탕!

  또 다른 사람이 결제를 했다!

  멋졌다! 모든 게 굴러가고 있었다! 이제 의자 등받이에 몸을 묻고, 쉬면서, 돈이 쏟아져 들어오는 모습을 바라볼 차례였다.

  하지만 나는 세 번째 결제가 이루어지는 모습을 보지 못했다. '팟플랫폼'을 출시한다고 알리는 이메일을 보낸 지 48시간이 지나 있었다.

  두 사람? 고작 두 사람? 나는 '팟플랫폼'이 모두가 원하는 서비스일 것이라고 생각했다.

  자, 어쨌든 고객이 두 명 생겼으니 일을 할 때였다. 그런데 한 고객이 내게 이메일을 보냈다.

  나는 이메일을 열었다.

  많이 생각해 보았는데, 이 서비스가 제게는 잘 맞지 않을 것 같습니다. 환불 요청 드립니다.

  이런, 고객의 절반을 잃었다.

스포일러 주의! 남은 고객은 오직 한 사람뿐이었고, 그녀는 악몽 같았다. 단계별로 매번 오만 가지 질문을 해댔고, 내 작업에 만족하는 법이 없었다. 늦은 밤 이메일 한 통을 받았을 때, 내 인내심은 한계에 다다랐다. 다음 날 아침 방송 예정인 그녀의 방송에서 28분 43초 부분을 1분 정도 삭제해 달라는 요청이었다.

나는 그녀의 요청을 완수하고 난 후 결제 비용을 전액 환불하겠으며, 이 서비스를 종료한다고 고지하는 이메일을 작성했다.

'팟플랫폼'은 완전한 실패였다. 이제 하나하나 살펴보고 내가 뭘 잘못했는지 알아볼 때였다. 나는 그간의 모든 단계를 되짚어 보고, 내가 정확히 어느 지점에서 진로를 벗어났는지 확인할 수 있었다.

나는 서비스를 사전에 입증하는 단계를 거치지 않았다. 청취자들은 팟캐스트를 만들고 송출하는 방법을 배우고 싶어 했는데, '팟플랫폼'은 그들이 필요로 하는 해결책이 아니었다. 나는 계속 가설을 세우고, 이 모험에 시간과 에너지, 능력, 자금을 한 무더기 쏟아 넣었다. 그리고 그건 완전한 실패로 판명 났다.

계획을 다시 세워야 했다. 전부 새로 짠 것은 아니고, 단지 내가 실패했던 요인인 콘셉트 검증을 서비스를 시작하기 전에 진행하는 정도였다.

뒤늦게 깨달은 사실은 '팟플랫폼' 고객이 두 사람이었던 게 축복이었다는 점이다. 열 명, 스무 명의 고객이 결제했더라면, 나는 '팟플랫폼'이 성공했다고 착각하고는 팀을 달달 볶고, 고객에게 좋은 서비스를 제공하려 애쓰고, 월말이 되어서야 수익이 쥐꼬리만 하다는 것을 깨달았을 것이다. 만약 그랬다면 진짜 재앙이 일어났을 것이다. 어쩌면 내 인생에서 몇 달, 혹은 몇 년까지도 시간을 낭비하여, 성공을 이루게 하는 다른 일을 할 시간을 빼앗아 갔을 것이다.

슬프게도 많은 사업가들이 이와 같은 방식으로 사업을 운영한다. 이들은 공과금 정도만 간신히 벌면서도 시간과 노력을 빼앗아 가는 사업 모델에 모든 것을 집중한다. 이들의 사업은 성공으로 여겨지지만, 나는 그것을 평범한 성공으로 분류하고자 한다.

나와 당신은 평범한 성공이 아닌, 특별한 성공을 달성하고자 헌신하고 있다. '팟플랫폼'의 실패는 내게 가능성의 문을 열어 주었고, 나로 하여금 그간의 단계들을 되짚어 보고 무엇이 잘못되었는지를 확인하게 하였으며, 아주 약간의 수정을 거쳐 경제적 자유와 만족감을 손에 넣는 결과로 이어질 해결책을 만들게 했다.

팟캐스터의 천국

'팟플랫폼'을 단은 지 2주가 훅 지나갔다. 나는 샌디에이고의 미션 베이를 따라 달리고 있었다. 팟캐스트를 들으면서 청취자들에게 내가 제공할 수 있는 해결책이 무엇일지 생각했다. 짭조름한 바람을 들이마시고, 따뜻한 태양빛을 쬐었다. 메인주 출신으로서 샌디에이고의 날씨는 도무지 적응이 되지 않았다.

이리저리 흔들리는 야자나무를 응시하면서 '와, 여기가 천국이 아닐까!' 하는 생각이 들었다. 그리고 팟캐스터들이 이런 감정을 느끼게 할 온라인상의 무언가를 만들어야겠다고 결심했다. 그 순간 이름이 '팟'하고 떠올랐다. 바로 '팟캐스터의 천국'이었다!

나는 팟캐스터들이 팟캐스트를 하면서 생겨나는 의문들, 고민들, 어려운 문제들에 대한 온갖 답을 찾으러 오는 장소를 만들기로 했다. '팟캐스터의 천국'은 또한 다른 팟캐스터—나 자신을 포함해서—들을 지원하고 안내하는 역할을 할 것이었다.

바로 이거라는 느낌이 왔다.

하지만 '팟플랫폼' 역시 '바로 이거'라는 느낌이 왔었다. 연속으로 같은 실패를 하고 싶지는 않았다. 집으로 돌아가서 팟캐스트의 천국의 콘셉트를 아주 간단하게 글로 썼다. 동영상 튜토리얼과 온라인 커뮤니티였다. 그 뒤 나는 청취자들에게 이메일을 보내 '팟캐스터의 천국'의 뼈대를 설명하고, 그들의 생각을 묻고, 덧붙일 것이 있으면 제안해 달라고 청했다.

피드백은 즉시 돌아왔으며 긍정적이었다. 몇 가지 멋진 제안도 받았다. 내가 즉시 반영한 제안 하나는 팟캐스트의 어떤 카테고리에서든 사용할 수 있는 탬플릿 모음이었다. 이를테면 방송 중 초대 손님에게 요청하기 창, 팟캐스트 방송 표, 계정 잠금 같은 것들 말이다.

나는 불타올랐다! 하지만 한 차례 실패한 적이 있는 만큼, 나는 준비를 갖추고 '팟캐스터의 천국'을 만드는 편이 낫다는 점을 알았다. 그렇다, 콘셉트의 유효성을 확인해야 할 때였다. 사람들이 지갑을 열게 할 때였다. 실구매자가 될 사람들과 응원만 하는 사람들을 구분해야 했다.

응원꾼들은 당신이 최고이길 바라고, 당신의 성공을 희망하며, 당신이 내는 아이디어는 죄다 멋지다고 여기는 청취자이다. 이들은 좋은 뜻을 지니고 있지만, 실구매자가 아니기 때문에 당신 사업에 심각한 해를 끼칠 수 있다. 당신에게 만들라고 굳세게 격려하던 상품(서비스)을 막상 출시하면 이들은 한 발짝 물러나 이렇게 말한다. "잘되길 빌어요! 그게 멋질 줄 알았어! 난 사지 않을 거지만, 아무튼 그게 멋지긴 하다고요!"

나는 응원꾼들을 위해 상품과 서비스를 만드는 일을 끝냈다. 그리고 '실구매자'를 위해 상품과 서비스를 만드는 데 헌신했다. 자기가 말한 곳에 돈을 지불하는 사람들, 친절한 말을 건네는 데 그치지 않고 자신의 지갑을 여는 사람들, 자신과 자신의 미래에 투자하는 사람들을 위해서.

'팟플랫폼'의 실패에서 배운 교훈에 따라, 나는 '팟캐스터의 천국'에 시간과 돈, 정신적 능력을 쓰기 전에 먼저 서비스를 검증하는 절차를 거쳤다. 금요일에 나는 모두에게 멋진 피드백을 주어 고맙다는 이메일을 작성했다. 그러고 나서 '팟캐스터의 천국'이 어떤 식으로 구성될지 개요를 작성했다.

- 팟캐스트를 만들고, 성장시키고, 그것으로 돈을 버는 방법에 관한 동영상 튜토리얼
- 팟캐스트를 만들 때 사용할 수 있는 샘플 템플릿
- 매일 서로 소통하고, 다른 회원들에게 질문을 하고, 지지와 조언을 받을 수 있는 온라인 커뮤니티
- 내가 질문에 답변을 하고, 상위 팟캐스터들로부터 요령이나 사용하는 프로그램, 전략 등을 배울 수 있는 월간 실시간 방송

그리고 일요일 자정까지 최소 스무 명이 '팟캐스터의 천

국'에 결제를 한다면, 45일 후에 서비스를 시작할 것이라고 말하면서 이메일을 마무리했다. 물론 사전 구매한 사람들에게는 인센티브가 주어졌다. 오늘 구매하면 250달러로 할인된 가격에 평생이용권까지 덧붙여 주는 것이었다. 여기에다 사전 구매를 하면 '팟캐스터의 천국'이 완성될 때까지, 즉 45일 동안 팟캐스트 관련 피드백과 지침을 받을 수도 있었다.

45일 후에 정식으로 서비스가 개시되면 구매 가격이 500달러가 될 것이니, 지금 구매하면 50퍼센트 할인된 가격인 셈이라는 말도 덧붙였다. 마지막으로 일요일까지 최소 인원 20명이 모이지 않으면 '팟캐스터의 천국'은 한낱 꿈으로 사라질 것이라는 사실도 언급했다.

다시 한 번 나는 숨을 들이쉬고 '전송' 버튼을 눌렀다. 2시간 만에 20명이 구매를 했다. 콘셉트가 검증된 것이다! 일요일 자정까지 '팟캐스터의 천국' 사전 구매자는 총 35명이었다.

주제에 맞춰 튜토리얼과 템플릿을 만드는 데 45일이 쏜살같이 지나갔다. 사전 판매 구매자들은 매 단계 피드백을 요청하면 막대한 도움을 주고 많은 아이디어를 냈다. 약속한 대로 '팟캐스터의 천국'은 2013년 10월 31일에 서비스를 개시했고 곧바로 성공을 거두었다.

놀랍지는 않았다. 이미 45일 전에 콘셉트 검증을 끝냈기 때문이다. 지금까지 '팟캐스터의 천국'은 6천 명 이상의 회원들을 맞이했고, 500만 달러 이상의 수익을 창출했다. '팟 플랫폼'이 크게 실패한 만큼이나 '팟캐스터의 천국'은 크게 성공했다.

'팟캐스터의 천국' 이후에 우리는 상품(서비스)을 출시할 때 청취자들을 위한 해결책을 만들어 내는 데 시간과 돈, 정신 능력을 쏟아붓기 전에 먼저 동일한 방식을 따라 콘셉트를 검증했다.

콘셉트 검증 단계에서 수많은 아이디어들이 사장되었으며, 콘셉트 검증을 했음에도 출시 직후 흐지부지된 상품(서비스)들도 있었다. 솔직히 말해 이런 일들은 비즈니스 세계에서는 늘 일어난다. 탁월한 성공을 향한 길은 직선로가 아니라, 오히려 당신에게 유리한 가능성들을 차곡차곡 쌓아 가는 지침이라고 할 수 있다.

당신도 할 수 있다!

'당신의 사업에 불을 지펴라'에 출연한 비범한 기업가들

오마르 젠홈Omar Zenhom과 니콜 발디누Nicole Baldinu가 콘셉트를 검증하고 해결책을 만든 방법

문제를 정확히 파악했다면, 거의 답을 찾은 것이다.

_스티브 잡스Steve Jobs

니콜과 오마르는 14년 동안 교직에 몸담은 교육의 달인들이었다. 하지만 이들은 교편을 내려놓았다. 박봉에 야근에 지친 두 사람은 사업을 시작했고, 경제적 자유를 누릴 수 있고 충족감이 있는 인생을 만들 준비를 했다.

2013년 두 사람은 100달러로 실용적인 비즈니스 트레이닝 및 커뮤니티를 제공하는 '100달러 MBAThe $100 MBA'를 출시했다. 8년 넘게 이들은 고객들과의 약속을 지켜 왔다. 매주 오마르와 니콜은 '100달러 MBA'에 등록한 사람들에게 웨비나로 실시간 온라인 강좌를 제공한다.

사업은 오직 한 가지에만 집중되었다. 오마르는 매주 한 차례 웨비나 실시간 온라인 강좌를 준비하는 데 몇 시간을 보냈다. 그는 이메일 마케팅에서 랜딩 페이지, 일정 관리, 웨비나 실시간 온라인 강좌까지 전 과정을 다 소화했다. 그 뒤 웨비나를 켜고, 채팅창도 켜두고, 강좌를 진행하고, 비메오Vimeo로 이를 녹화하여 업로드하고, 접속을 유지하고, 답변을 보냈다.

그다음 주가 되면 이 과정이 다시 되풀이되었다.

사업을 조직적으로 운영하기 위해 오마르는 상세하게 계획된 단계별 체크리스트를 개발하여 매주 일정을 새로 짜지 않고도 일할 수 있게 되었다. 체크리스트는 유레카의 순간을 이끌어 냈다. 어째서 이런 체크리스트를 포장해 팔지 않는 거지? 그와 비슷한 문제를 겪는 사람들에게 이 체크리스트는 훌륭한 해결책이 될 것이었다.

그 순간 'DIY 웨비나 가이드The DIY Webinar Guide'가 탄생했다. 오마르와 니콜은 이것을 만드는 데 시간과 에너지, 노력을 다 쏟아부으면 성공하리라고 확신했다.

대대적인 홍보를 하며 이들은 'DIY 웨비나 가이드'를 출시했고, 축하를 받았고, 판매가 이루어지기를 기다렸다. 하지만 판매는 잘 되지 않았다. 이들은 단 두 사람의 고객을 확보했으며, 그중 하나는 나였다(여전히 나는 대단한 투자로 생각하지만). 그리고 나머지 한 사람은 입금 단계에서 취소했다.

오마르와 니콜은 충격을 받았다. 두 사람은 내가 '팟플랫폼'을 실패했을 때와 비슷한 상태에 빠졌다. 하지만 위대한 것을 만들어 내기 위해서는 이따금 형편없는 것도 만들어야만 하는 법이다.

'DIY 웨비나 가이드'의 출시는 그들에게 있어 형편없는 물건을 만들어 낸 순간이었다. 이들은 사람들이 뭔가를 만들 때 필요한 방대한 목록을 바라지 않으며, 다 만들어진 해결책을 떠먹여 주길 바란다는 점을 뒤늦게 깨달았다.

두 사람은 이 프로젝트를 폐기하고, 효과를 발휘 중인 웨비나 실시간 세미나와 '100달러 MBA'로 돌아갔다. 오마르는 워드프레스 개발 기술을 보유하고, 매주 웨비나 실시간 방송을 진행하는 부담스러운 업무를 간단히 하기 위한 소프트웨어도 만들었다.

그가 웨비나 강의를 하는 동안, 참석자들은 그가 어떤 소프트웨어를 사용하기에 이렇게 매끄럽게 진행되느냐고 묻기 시작했다. 오마르가 답변해 주자, 사람들은 자기들도 그것을 사용할 수 있느냐고 물어 왔다. 두 번째 유레카의 순간이었다.

이번에 오마르와 니콜은 완제품을 만드는 데 시간과 에너지, 노력을 쏟아붓지 않았다. 먼저 콘셉트 검증을 했다. 이들은 랜딩 페이지 초안에 소프트웨어의 특징과 이점을 적고, 몇 안 되는 이메일 구독자들에게 이메일을 보냈다. 거기에는 이 소프트웨어 판매 준비를 하는 데 적어도 4개월이 걸리지만, 지금 미리 구매하면 평생 이용권을 주겠다는 내용이 담겨 있었다.

이들은 한 번에 150명의 고객을 확보했다. 48시간 안에 모두 매진되었다. 이들은 100개를 더 판매하기로 했고, 모두 24시간 안에 매진되었다. 마침내 오마르와 니콜은 콘셉트를 검증했고, 그리하여 '웨비나닌자WebinarNinja'가 탄생했다.

4개월 동안 오마르와 니콜은 프리랜서 개발자 한 사람과 함께 교대로 일하면서 '웨비나닌자' 체험판을 만들었다. 사전 구매는 무료였다. 매번 오마르와 니콜은 질문을 했고, 사전 구매 고객들은 대답을 해 주었다.

그들의 말에 따르면 '웨비나닌자'는 4개월 후에 출시되었다. 사람들이 엄청나게 몰려들었다. 2014년 누적 이용자 수는 1만 5천 명을 넘어섰다. 100만 명 이상의 사람들이 '웨비나닌자'를 통해 웨비나에 참여했다.

이러한 성공 후에도, 오마르는 아직도 모든 웨비나 실시간 온라인 세미나와 샘플을 만드는 일을 직접 주도하고 있다. 오마르의 팀은 정기적으로 사용자와 인터뷰를 하여, 자신들의 서비스가 사용자가 가장 원하는 것인지 확인하는 조사를 시행한다. 또한 팀원들은 서비스 취소 양식으로 청취자들이 플랫폼을 떠나는 가장 큰 이유를 조사하여 이를 월별로 분석한다. 이 취소 양식은 사용자들이 '웨비나닌자'를 떠나는 이유를 5가지에서 10가지로 압축해 주었다.

오마르의 팀이 가장 집중하는 부분은 세 가지이다.

1. '웨비나닌자'를 단순한 형태로 유지한다. 수준 높은 웨비나 세미나를 빨리 진행할 수 있도록 올인원 플랫폼으로 만든다.
2. 수준 높은 지원. 해당 분야에서 최고의 지원을 꾸준히 해 주도록 한다.

3. 사용자들의 생각을 지속적으로 파악하여, '웨비나닌자'가 시
      장의 요구와 사용자들의 발전에 부응하여 진화하도록 한다.

오마르와 니콜은 이렇게 말한다. "당신이 만든 해결책은 오직 당신 팀에만 좋을 뿐입니다. 우리가 가장 잘한 일은, 우리가 서비스를 제공하는 고객들을 이해하고, 사용자가 되어 봄으로써 커뮤니티의 일부분이 되었던 것입니다. 자신이 만든 커뮤니티의 대변인이 되십시오."

THE COMMON PATH
TO UNCOMMON SUCCESS

경제적 자유를 향한 세 번째 발걸음

• 12 •

자신의 퍼널을 구축하라

The
Common Path
to
Uncommon Success

> 먼저 이야기를 만들어야 이야기를 팔 수 있다.
>
> 베스 콤스톡 Beth Comstock

데이트를 딱 한 번 하고 결혼한 사람이 얼마나 될까? 집을 한 번 보고 구입하는 사람은 얼마나 될까? 물론 이런 일들이 일어나기는 하지만 이는 극히 예외적인 일이다. 예외에 근거해 사업을 운영하면 절대로 탁월한 성공을 이루어 낼 수 없다.

집을 구입하는 상황을 예로 들어 보자. 당신이 보기에 어떤 부동산 중개인이 더 성공할 듯싶은가?

한 중개인은 당신을 만나자마자 이렇게 말한다. "안녕하세요, 전 메리고, 고객님께 완벽한 집을 보여 드릴 거예요. 처음 뵈었으니 저는 고객님에 대해 아무것도 모르지만, 따로 뭔가 물어보지는 않을게요. 그냥 저를 믿으세요, 마음에 드실 거예요."

다른 중개인은 이렇게 말한다. "안녕하세요, 전 마리아이고, 이 팸플릿을 잠시 읽어 보세요. 처음 집을 구매하는 분들이 저지르기 쉬운 10가지 실수에 관한 책자랍니다. 저희는 이 10가지 실수를 모두 피해 집을 찾을 거예요! 잠시 앉아서 고객님이 어떤 집을 꿈꾸시는지 들어 볼까요? 그리고 나서 제가 이 동네에서 보여 드릴 수 있는 매물이 어떤 건지 알려 드리고, 필요하신 집에 맞는지 알아보죠. 그 다음에는 차를 몰고 나가서 이웃이 어떤 분들인지 말씀드리고, 집을 몇 군데 보면서 고객님이 마음에 드는 것과 마음에 들지 않는 것을 말씀해 주시면, 그에 맞춰서 좀 더 찾아볼게요. 그러면 고객님이 꿈꾸는 집을 찾을 수 있을 거예요."

분명 마리아에게 손님이 몰려들 것이고, 메리는 어째서 자신이 집을 한 채도 팔지 못하는지, 누군가의 소개로 자신을 찾아 오는 사람이 왜 아무도 없는지, 왜 수익이 나지 않는지 의아할 것이다. 슬프게도 대부분의 사업가들은 메리와 같은 태도로 아바타를 대하고 있는데, 그들은 그것을 깨닫지조차 못한다.

자신의 빅 아이디어와 틈새시장을 찾고, 아바타를 만들고, 플랫폼을 고르고, 멘토와 협력집단을 구하고, 콘텐츠 제작 계획을 고안하고, 멋진 콘텐츠를 만들고, 출시하고, 아바타가 처한 가장 큰 어려움을 짚어 내고, 해결책을 만들어 냈다면, 이제 퍼널을 구축할 때이다.

퍼널이란 아바타가 당신의 콘텐츠를 처음 알게 된 순간부터 고객(이따금 입소문까지 일으키는 고객)이 되어 가는 전체 과정을 말한다. "안녕하세요, 제 이름은 존입니다, 이제 제 상품을 사세요." 라고 말하며 고객을 모으던 날은 오래전에 지나갔다. 아니, 사실 이런 시절은 존재한 적조차 없다.

첫 번째로 알아야 할 것은, 인간은 인간에게서 물건을 산다는 점이다. 두 번째는 인간은 자신이 알고, 좋아하고, 신뢰하는 인간에게서 상품을 구매한다는 점이다.

특별한 성공의 법칙을 따름으로써, 당신은 아바타가 처한 가장 큰 어려움을 알게 되었다. 그리고 당신은 당신이 선택한 플랫폼에서 이런 고충에 대한 해결책을 전달하고, 가치 있는 해결책을 무료로 꾸준히 제공했다. 결과적으로 아바타는 당신을 알게 되었고, 좋아하게 되었고, 신뢰하게 되었다.

이제는 퍼널을 구축해서 아바타가 고객이 되는 수순을 밟을 차례이다. '당신의 사업에 불을 지펴라'에서 우리는 여러 퍼널을 동시에 운용했으며, 퍼널마다 아바타가 지닌 문제에 근거하여 각기 다른 가치를 전달했다. 퍼널들은 모두 종국에는 상품, 서비스, 혹은 커뮤니티 구매를 유도하게 구축되어 있었다. 이 장 말미에서 수백만 달러를 창출하는 우리의 특별한 퍼널에 대해 보다 상세히 설명하겠다.

하지만 그 전에 먼저 고난에 처한 우리의 부동산 중개인 메리가 어떻게 자신의 사업을 성공의 길로 진입시킬지 살펴보자.

한 달이 흘러가도 상황은 변화하지 않았다. 메리는 한 건도 계약을 성사시키지 못했다. 어느 날 그녀는 친구와 점심을 먹으며 "난 운이 나빠."라며 투덜대다가 부동산업을 그만두겠다고 말했다.

그러자 그녀의 친구는 《아주 특별한 성공의 법칙》이라는 책을 추천했다. "새러가 장담하는데, 이 책을 읽은 뒤로 요즘 자기 사업에 고객이 넘쳐난대!" 잃을 게 없던 메리는 그 책을 사서 몰입해 읽었다.

첫 장을 읽고 나서 그녀는 이 책에 자신이 배울 게 무척 많다는 사실을 깨달았다. 자신의 빅 아이디어가 부동산임을 확인했지만, 틈새시장을 고려해 보지 않았다는 사실도 알게 되었다. 메리는 산책을 하면서 부동산 시장에서 채워야 할 공백을 찾으려고 애썼다. 이런저런 생각 끝에 그녀는 어린 시절의 일을 떠올렸다.

그녀의 아버지는 군인이라서 그녀의 가족은 이사를 자주 다녔다. 새로운 곳으로 이사할 때마다 그들은 부동산 중개인을 만나 집을 사고, 두어 해가 지나면 집을 살 때 만났던 중개인에게 집을 팔고 다음 발령지로 이사를 했다. 그녀의 부모님은 부동산 거래에 무척이나 능숙하셨고, 지금은 부동산에서 나오는 수익과 저축으로 편안한 은퇴 생활을 즐기고 계신다.

메리의 머릿속에 군인 주거 지역이 떠올랐다. 그곳은 크고, 늘 군인 가족들로 붐볐다. 온라인으로 짧게 검색을 한 뒤 메리는 군인을 대상으로 한 전문 부동산 중개인이 한 사람도 없다는 사실을 알게 되었다. 빵! 그녀가 채울 공백이 나타났다.

다음으로 메리는 아바타를 만들었다. 그녀의 아바타는 35살의 여인으로, 남편은 군 장교이다. 자녀는 셋이고, 개를 기르고, 커다란 뜰이 있는 침실 네 개짜리 집을 찾고 있다.

메리는 자신이 부동산업에서 차지하고 싶은 자리에 현재 있는 멘토를 찾고, 저축을 깨서, 3개월짜리 강좌 프로그램에 투자했다.

메리는 두 명의 동료와 함께 부동산업 협력집단을 만들고 매주 모임을 가졌다.

일은 잘 풀려 나갔다. 그녀는 부동산 계약과 관련해 군인 가족들에게 맞춤 조언을 해 주는 주 2회 팟캐스트를 시작하기로 했다. 여기에서는 군인과 그 가족들이 이사를 다니는 동안 마주치게 될 큼직한 문제들과 그에 대한 해결책을 공유할 계획이었다.

메리는 또한 지역 군부대에 찾아가 주거 지원 부서로 향했다. 그녀는 자신이 이 부서를 통해 도움을 줄 수 있는 일이 있는지 묻고, 짧은 논의 끝에 새로 발령 받은 군인과 가족들이 가장 많이 하는 질문이 이웃이 좋은 사람들인지, 왜 그 이웃이 좋은지임을 알게 되었다.

메리는 이런 질문에 답하는 팸플릿을 만들어 몇백 부를 인쇄했다. 그리고 팸플릿들을 주거 지원 부서에 가져다주었고, 부서에서는 새로 부임해 오는 군인들에게 우편으로 이 팸플릿을 전달하기로 하였다. 두어 주가 지나자 메리의 전화가 울리기 시작했다. 전화를 걸어 메리의 팸플릿을 어떻게 받았는지 이야기한 사람은 꼭 메리의 아바타 그대로였다. 전화를 건 여자는 무척 감사해하며, 발령을 받아 다음 주에 그 동네로 가는데 집을 보여 줄 수 있느냐고 물었다.

과거 메리에게 있어 고객을 상대하는 것은 전투 그 자체였다. 고객들은 명확한 조건 없이 너무 많은 선택지를 가지고 있었고, 메리는 개성도 없고 딱히 특별하지도 않은 상품만을 제안했다. 하지만 이제는 달랐다. 메리의 아바타는 먼저 구매를 결정했다. 그리고 메리를 군인 부임지에 관한 전문가로 여기고, 그녀가 팸플릿과 팟캐스트를 통해 제공했던 무료 정보들에 무척이나 감사해했다.

호혜의 원칙은 사실이다. 당신이 무료로 막대한 가치를 제공한다면, 사람들은 그에 화답하는 방법을 찾는다. 메리의 경우, 그녀의 고객들은 그녀를 굳게 믿고 그녀를 다른 사람에게도 소개해 주는 식으로 화답했다. 이런 사실을 미처 깨닫기도 전에, 메리는 넘쳐나는 고객들에게 집을 보여 줄 보조 중개인, 그리고 전화를 받고 약속 일정을 잡아 줄 비서를 고용해야 할 상황에 처했다.

메리는 마침내 탁월한 성공으로 나아가는 길 위에 섰다.

이런 일이 대체 어디에서부터 시작된 것일까? 이는 자신만의 틈새시장을 확립한 데에서 시작되었다.

메리는 자신의 퍼널을 구축했고, 이제 그녀가 집중할 일은 꾸준히 사업을 키우는 것뿐이었다. 성공을 향한 길은 마침내 그녀의 눈앞에 펼쳐졌으며, 그녀는 불이 붙었다!

⩙ 나의 퍼널

2014년 1월이었다. '팟캐스터의 천국'이 서비스를 개시한 지 두 달이 되었고, 10만 달러의 판매액을 달성했다. 대단한 판매고였지만 재난의 징조가 눈에 들어왔다. 초기 운영은 성공적이었고, 이 커뮤니티를 기다렸던 청취자들 모두가 좋아하며 가입했다.

이제 진짜 일이 시작되었다. 판매량은 하락세를 보였고 질적인 면에서 선두를 꾸준히 유지할 방법을 찾아야만 했다.

나는 팟캐스트에 흥미가 있는 사람들을 찾아, 그들에게 무료로 가치를 제공하고, 그 후 그들에게 '팟캐스터의 천국'에 가입할 것을 권유할 수 있기를 바랐다. 그러한 기회가 올 때까지 나는 퍼널을 이루는 매 단계에서 무료로 막대한 가치를 전달해야 했다.

나는 자리에 앉아서 완벽한 팟캐스트 퍼널을 구축했다. 첫 단계는 현재 나의 선도적 위치가 어디에서 비롯되었는지를 규정하는 일이었다. 그 답은 간단했다. 바로 '당신의 사업에 불을 지펴라'였다.

청취자들 중에는 팟캐스트에 대해 더 알고 싶지만 프리미엄 강좌나 커뮤니티에 돈을 더 투자할 준비가 안 된 사람이 일정 비율 있었다. 나는 팟캐스트와 관련한 가치를 제공하는 단계와 배움의 욕구를 자극하는 단계 사이에 새로운 단계 하나를 더 만들어야 했다.

그리하여 나는 무료 팟캐스트 강좌를 개설하기로 했다. 이 강좌는 질적으로 탄탄해야 했다. 팟캐스트를 만들고 출시하는 방법을 가르쳐 줄 동영상 튜토리얼과 팟캐스트에 필요한 템플릿들로 강좌를 구성하기로 했다.

나는 작업에 착수했다.

스크린플로ScreenFlow(매킨토시의 반응형 화면 녹화 프로그램. -옮긴이), 프레젠테이션 소프트웨어, 웹캠 등으로 강의를 촬영한 동영상과 프레젠테이션 슬라이드를 조합하여 다섯 편의 동영상 튜토리얼을 만들었다. 이는 프레젠테이션을 통해 가치를 전달하는 동안, 동영상을 통해 나와 시청자들이 직접 연결되게 해 주었다.

무료 강좌를 만들 때는 분명한 결과물을 사람들의 손에 쥐여 주는 게 중요하다. 별 내용 없는 무료 강좌는 사람들의 화만 돋우고, 그들을 다른 콘텐츠로 떠나게 만든다.

나는 무료 팟캐스트 강좌로 고품질의 훈련 프로그램을 제공했다. 이 강좌가 끝날 무렵이면 청취자들은 자신의 팟캐스트를 만들어 방송할 수 있게 될 것이었다.

무료 강좌를 완성한 후 나는 이용 중인 모든 플랫폼에 이 강좌들을 홍보했다. '당신의 사업에 불을 지펴라'를 방송할 때마다 방송 말미에서도 홍보했다. "자, 파이어 네이션 여러분, 팀과 함께한 오늘 방송 재미있으셨나요? 그런데 이 방송을 듣고 자기만의 팟캐스트를 만들고 싶은 생각이 든 분들께 들려 드릴 소식이 있습니다. 제가 팟캐스트를 만들고 방송하는 방법을 가르쳐 주는 완전 무료 강좌를 만들었답니다! 프리팟캐스트코스닷컴FreePodcastCourse.com을 방문해서 시작해 보세요. 거기에서 뵙죠!"

이 사이트에서 무료 강좌를 듣기 위해서는 자신의 이메일 주소를 기입하고 입장해야 한다. 얼마 지나지 않아 매주 수백 명의 사람들이 강좌를 들었다. 어느새 나는 무료 강좌에서 배운 내용을 따라하면서 자신만의 팟캐스트를 성공적으로 방송했다는 이메일을 십수 통 받게 되었다.

이쯤에서 퍼널이 결실을 맺기 시작했다. 이제 내 학생들은 팟캐스트를 성공적으로 시작했고, 새로운 문제에 대한 해결책을 찾고 있었다.

어떤 문제일까? 바로 팟캐스트 청취자를 늘리고 수익을 창출하는 것이다. 나는 해결책을 발표했다.

'팟캐스터의 천국'에 합류하세요, 그러면 팟캐스트 청취자를 늘리는 법을 가르쳐 드릴 겁니다. 청취자가 많아지면, '팟캐스터의 천국'에서 수익을 창출하는 법을 훈련시켜 줄 겁니다!

바로 그날, 무료 팟캐스트 강좌를 다 들은 사람들이 '팟캐스터의 천국'에 합류했다!

무료 팟캐스트 강좌를 다 들은 사람들이 전부 '팟캐스터의 천국'에 가입했을까? 그렇지는 않다. 일부가 당신의 제안을 받아들이지 않는다 해도, 퍼널을 구축하고 가치 있는 내용을 전달함으로써 당신은 '호혜'라는 더욱 강력한 감정을 창출하게 된다.

누군가가 다음 단계를 거쳐 당신의 강좌, 커뮤니티, 또는 프로그램에 등록하기까지는 시간이 필요하다. 몇 주, 몇 달, 혹은 몇 년이 걸리기도 한다. 당신이 퍼널을 통해 무료로 제공하는 가치는 씨앗이 되어 시간이 지난 후 꽃을 피우게 될 것이다.

시간이 흘러감에 따라 나는 퍼널을 겹겹이 쌓아 나가며 가치를 제공했다. 나는 '무료 팟캐스트 강좌' 팟캐스트를 20편 만들었다. 그리고 '팟캐스트 마스터클래스'라는 60분짜리 웨비나 실시간 온라인 트레이닝 프로그램도 제작했다. 팟캐스트에 관한 조언, 도구, 전략을 한 데 묶은 15편의 이메일 강좌 세트도 만들었다. 이 모든 것들은 '팟캐스터의 천국'이라는 한 방향으로 나아갔다.

당신이 가치 있는 콘텐츠를 무료로 꾸준히 제공하여 퍼널을 만든다면, 반드시 그 노력에 대한 결실을 얻을 수 있다.

'당신의 사업에 불을 지펴라'에 출연한
비범한 기업가들

러셀 브런슨Russel Brunson이 판매 퍼널을 구축하는 방법

고객을 얻기 위해 가장 많은 돈을 지출할 수 있는 사람이
결국 승리한다.

_댄 케네디Dan Kennedy

러셀은 '장난감 총 만드는 방법'이라는 27달러짜리 DVD를 팔았는데, 당시 광고 비용은 판매 건당 10달러가 채 되지 않았다. 그는 판매 건당 17달러를 벌었으며, 부자가 되는 길이 밝게 빛나고 있다고 여겼다.

그러다 구글이 갑자기 광고비를 올렸다. 판매 건당 50달러가 책정된 것이었다. 이는 제품이 팔릴 때마다 손해라는 뜻이었다.

러셀의 이야기를 자세히 하기 전에 잠시 앞서 설명한 내용을 살펴보자. 판매 퍼널이 정확히 뭘 말하는 걸까? 간단히 말해, 판매 퍼널은 고객이 당신이 내놓은 초기의 해결책을 알게 된 순간부터 당신이 제시한 마지막 해결책에 도달하기까지의 여정을 말한다.

판매 퍼널은 오랜 시간 동안 구축해야 한다. 역사상 성공한 회사들 중 대부분은 판매 퍼널을 이용해 수익에 불을 붙였다.

차를 구매한다고 생각해 보자. 리드 육성(lead generation, 잠재적인 상품 구매자와 끊임없이 교류하고 정보를 제공하여 구매하도록 하는 것-옮긴이)은 방송 광고, 광고판, 이벤트 등에서 시작된다. 이런 광고들은 사람들로 하여금 차를 고를 때 영업 사원의 도움을 받도록 한다. 대부분의 사람들은 이것으로 퍼널이 끝났다고 생각하지만, 이제 시작일 뿐이다. 영업 사원이 계약을 체결하러 대리점으로 당신을 데려갈 때 진정한 퍼널이 시작된다.

여기가 영업사원이 수수료를 벌어들이고, 대리점이 수익을 창출하는 지점이다. 보증서를 원하는가? 흙받기는 어떠한가? 방제용 소금에 대해 코팅 처리가 되어 있는가? 더 나은 타이어로 업그레이드할 수 있는가? 이런 전략으로 자동차 대리점들은 추가 판매를 이룬다.

맥도날드도 같은 전략을 사용한다. 이들은 군침 도는 빅맥 광고를 한다. 점심으로 빅맥을 먹고 싶지 않은가? 맛있겠다! 그러고 나서 빅맥을 주문하면, "프렌치프라이와 콜라도 함께 주문하시겠습니까?" 하는 소리가 들려온다. 이것이 맥도날드의 추가 판매 전략이며, 이로 인해 빅맥 광고를 할 만큼 손익분기점을 맞출 수 있다. 그렇다, 맥도날드는 프렌치프라이와 콜라로 돈을 번다!

이제 아마존에 대해 이야기해 보자. 인터넷 시대 초기에 사람들은 판매 퍼널에 대해 생각하지 않았다. 판매 페이지를 한 가지 상품의 판매에 이용했을 뿐이다. 그러다 아마존이 등장하고 소매 판매 퍼널이 완성되었다. 아마존에 접속해서 책을 한 권 사면, 우리는 즉시 "이 책을 사는 사람들은 다음의 물건도 구매하셨습니다."라는 글귀를 보게 된다. 아마존은 전략적으로 사람들의 데이터를 분석하고, 구매자들이 다음번에 구매할 만한 물건들을 홍보한다. 아마존은 판매자가 지니게 될 다음 문제를 논리적으로 파악하고, 프로세스의 매 단계를 통제하여 성공을 했다.

러셀과 그의 장난감 총 사업으로 돌아가 보자. 러셀이 파산을 면하려면 다시 수익을 낼 방법을 알아내야만 했다. 다행스럽게도 러셀은 유사한 상품을 팔며, 순수익을 증가시키는 '비법'을 발견한 친구와 접촉하게 되었다.

그는 러셀에게 '추가 판매' 전략을 이야기해 주었다. 추가 판매up-sell는 우리의 제품을 산 고객이 다음에 구매하게 될 해결책을 논리적으로 파악하여 고객에게 제공함으로써, 장바구니에 담긴 평균 가격을 증가시키는 것이다. 러셀의 친구는 고객 세 명 중 한 명에게 추가 구매를 유도했고, 이런 전략으로 광고 비용이 증가한 후에도 수익을 유지할 수 있었다.

러셀은 자신의 DVD를 구매한 고객이 논리적으로 다음 단계에서 취할 행동을 생각해 보았다. 그들은 홈디포 매장(Home Depot, 인테리어 도구나 재료, 원예 용품 등을 파는 대형 마트. -옮긴이)으로 가서 실제 장난감 총을 만드는 도구들을 구매할 것이었다. 러셀은 약간의 조사를 하여, 인근에 장난감 총을 만드는 키트를 파는 회사를 찾아냈다. 그리고 러셀의 DVD를 구매한 사람들에게 장난감 총 키트를 구매하도록 권하는 제휴를 맺었다.

고객 세 명 중 한 사람이 장난감 총 키트를 사기 시작했고, 고객들이 장바구니에 물건을 담은 평균 가격은 93.66달러로 상승했다. 러셀은 이제 광고 1회당 비용 50달러를 지불하고도 판매 1건당 43.66달러의 이익을 남겼다.

이 순간 러셀은 구매 과정과 관계된 '퍼널'과 사랑에 빠졌다. 그는 이 원칙을 다른 시장에 적용하여 같은 결과를 냈다. 고객들의 구매 과정을 탐구하면, 구매가 이루어진 후의 단계를 논리적으로 파악할 수 있다. 이런 전략으로 러셀은 경쟁자들보다 많은 광고 비용을 지출했다. 추가 판매 전략을 도입하자, 러셀의 고객들의 장바구니 평균가격이 경쟁자들의 구매자들보다 높은 수준을 유지하게 되었기 때문이다.

퍼널을 만들 때 해야 할 질문이 있다. "다음번에 해결해야 할 문제가 무엇일까?"

복근 만들기를 예로 들어 보자. 누군가가 복근 만드는 법을 검색하다가 당신의 상품 판매 페이지로 유입되었다면, 당신이 할 일은 그 사람에게 당신의 제품이 그가 지닌 문제에 해결책을 제공할 수 있다고 확신하게 만드는 것이다. 여기에 성공하여 고객이 당신의 제품을 구입했다면, 아직 복근을 만들지는 못했으니, 아직 그 사이에 다른 제품을 밀어 넣을 여지가 남아 있다.

그런데 추가 판매 상품으로 복근을 만드는 법에 대한 책을 추천한다면, 추가 판매는 이루어지지 않을 것이다. 이미 복근을 만드는 데 필요한 도구를 가지고 있는데 어째서 이중으로 구매를 하겠는가? 그 대신 "논리적으로 다음에 이들에게 필요한 해결책은 무엇일까?"를 물어야 한다. "복근을 빨리 만드는 데 필요한 보조제는 무엇일까?"라든가 "복근을 빨리 만들려면 피해야 할 음식이 무엇인가?" 같은 질문이 이어질 수 있다. 기억하라, 물건을 팔고 문제를 해결해 주면, 새로운 문제가 나타난다는 사실을.

당신의 퍼널은 이런 질문을 중심으로 구축되어야 한다. "다음에 나타나는 문제를 어떻게 해결해 주어야 하나?" 러셀은 이렇게 말한다. "고객의 여정을 통해 전략적 사고를 하는 것, 그것이 판매 퍼널이고, 판매 퍼널은 당신의 세계로 들어온 모든 사람들로 하여금 더 많은 지출을 하게 만들어 줍니다. 따라서 고객 한 사람을 확보하기 위해 더 많은 돈을 쓰게 하지요. 제 멘토인 댄 케네디는 이렇게 말했죠. '고객을 확보하기 위해 더 많은 돈을 쓸 수 있는 사람이 승리한다.'"

THE COMMON PATH
TO UNCOMMON SUCCESS

경제적 자유를 향한 네 번째 발걸음

· 13 ·

수익을 다각화하라

*The
Common Path
to
Uncommon Success*

> 계단 전체를 보지 마라. 지금 밟아야 할 계단 하나만 보아라.
>
> 마틴 루서 킹 주니어 Martin Luther King Jr.

"계란을 한 바구니에 담지 마라."라는 말을 들어 본 적이 있을 것이다. 이는 오늘날 우리가 납득할 만한 말이다. 우리는 크게 요동치는 세상에 살고 있다. 기회는 빠른 속도로 변화하고 발전하고 있다.

오늘 인기를 끌던 대상이 내일은 전혀 관심을 끌지 못할 수 있다. 이번 달에 당신에게 사람들을 몰려들게 했던 무언가는 다음 달에는 한 사람도 끌어오지 못할 수 있다. 우리가 따르고 있는 성공의 법칙은 한 가지 대상을 발견하고 거기에 사람들을 몰려들게 하는 방법을 찾는 것이 아니라, 한 가지 토대에 기초한 다양한 사업을 구축함으로써 수익이 순환적으로 발생하고, 전환점이 생겨나게 해 준다.

탁월한 성공이란, 좋은 시기에는 번창하고, 침체기에는

살아남게 해 준다는 뜻이다. 탁월한 성공이란, 다양한 수입원을 만들어 내서 경제, 자연, 혹은 인생에서 예기치 못한 일이 일어났을 때 적응할 수 있게 해 준다는 의미이다.

고객이 늘어남에 따라 당신은 기회마다 일 대 일로 관계를 맺어야 한다. 제10장에서 고객들에게 가장 어려운 문제가 무엇인지 묻고 그것을 짚어 내기 위한 네 가지 질문을 살펴보았다. 이 행동은 어떤 해결책을 제공할지 생각하기 위한 것이었다. 당신은 해결책을 만들어 내고 퍼널을 구축했다. 이제 다음 단계를 알아볼 때이다.

이 단계에서는 고객들에게 다섯 가지 질문을 해야 한다. 이번 다섯 가지 질문은 제10장에서 살펴본 네 가지 질문과 비슷하지만, 목표는 고객들의 동향을 계속 예의 주시하여 수입원을 다각화할 아이디어를 얻는 데 있다.

1. 내 콘텐츠를 어떻게 발견했는가?
2. 어떤 콘텐츠를 더 보고 싶은가?
3. 어떤 콘텐츠를 그다지 보고 싶지 않은가?
4. 지금 가장 힘든 일은 무엇인가?
5. 문제에 대한 완벽한 해결책이 나오는 마법의 버튼을 누를 수 있다면, 어떤 해결책이 나올 것 같은가?

다섯 가지 질문이 어째서 중요한지, 어떻게 다른 수익원을 알려 주는지를 하나씩 살펴보자.

1. 내 콘텐츠를 어떻게 발견했는가?

   가치 있는 무료 콘텐츠를 지속적으로 만들면 새로운 고객들이 꾸준히 유입될 것이다. 이 질문은 사람들이 당신의 콘텐츠를 가장 흔히 접하는 방법을 알려 줌으로써 어디에 마케팅을 집중해야 할지 알게 해 준다.

2. 어떤 콘텐츠를 더 보고 싶은가?

   사업이 자리를 잡아 감에 따라 콘텐츠 및 콘텐츠 전달 방식이 약간 바뀌게 되는데, 콘텐츠 제작자는 그 사실을 인지하지 못할 수도 있다. 이 질문은 청취자들이 어째서 당신의 콘텐츠에 끌리는지, 그리고 무엇을 더 보고 싶어 하는지를 알게 해 준다.

3. 어떤 콘텐츠를 그다지 보고 싶지 않은가?

   처음 시작했을 때 고객들이 좋아했던 콘텐츠는 과거만큼 호소력을 발휘하지 못할 수 있다. 이 질문은 초기에 부정적인 분위기를 감지하게 만들어, 필요한 경우 콘텐츠를 수정하고 중심을 잡게 해 준다.

4. 지금 가장 힘든 일은 무엇인가?

    고객들에게 할 수 있는 가장 중요한 질문이다. 이 질문은 콘텐츠를 소비하는 사람들에게 실제로 중요한 것이 무엇인지 계속 파악하게 해 주며, 호소력 있고 중요한 해결책을 계속 제공할 수 있게 한다. 사업이 발전해 나감에 따라 고객들이 겪는 어려움 역시 변화한다. 첫 번째 해결책이 완성되었다면, 그다음 해결책을 만들어야 할 때이다. 그러면 수입이 다각화되고, 미래의 취약성으로부터 스스로를 보호할 수 있게 된다.

5. 문제에 대한 완벽한 해결책이 나오는 마법의 버튼을 누를 수 있다면, 어떤 해결책이 나올 것 같은가?

    이것은 특별한 질문이다. 고객들의 생각과 아이디어를 확인할 수 있는 기회를 마련하기 때문이다. 헨리 포드는 공장 조립 라인을 걸으면서 직원들에게 이 공정에서 어떤 부분을 개선했으면 좋겠느냐고 물었다. 때로는 스스로 어려움을 겪어 보지 않은 한, 최선의 해결책이 어떤 것일지 알 수 없다. 청취자들에게 그들이 아니라면 알 수 없을 지혜를 드러낼 기회를 주어라.

이 세상은 혼란하고, 끊임없이 변화하며, 언제든 부서질 수 있는 취약한 장소이다. 반드시 기억하라.

나는 많은 사람들에게 다음과 같은 이야기를 들어 왔다.

"존, 내가 팟캐스트/스냅챗/인스타그램/틱톡(기타 등등)을 놓친 게 믿기지가 않아."

그러면 나는 늘 이렇게 대답한다…….

"저 먼 지평선을 계속 살펴봐. '그다음의 큰 사건'이 늘 거기에서 오니까. 자네가 뛰어들 기회, 특별한 무언가를 만들어 낼 기회가 거기 있을 거야."

팟캐스트를 만든 건 내가 처음이 아니다. 나는 최초의 팟캐스트 방송이 시작되고 8년이 지난 후에야 팟캐스트를 시작했다. 하지만 세계 최고로 영감을 주는 성공한 기업가들을 인터뷰하는 일일 팟캐스트를 만든 사람은 내가 처음이다.

틈새시장을 장악함으로써 나는 팟캐스트 피라미드에 꼭대기에 올라서게 되었고, 이 플랫폼에서 전문가로서의 입지를 굳히게 되었다. 당신이 이러한 지위에 올라서게 된다면, 눈덩이 효과(snowball effect, 작은 규모로 시작한 것이 가속도가 붙어 큰 효과를 불러오는 것.-옮긴이)가 일어나면서, 당신이 노력을 들이는 부문과 그렇지 않은 부문 양쪽에서의 권위가 강화된다.

이를테면 내가 팟캐스트라는 공간에서 일정 수준의 성공을 거두자, 《포브스》, 《Inc.》, 《패스트 컴퍼니》 같은 거대 언론사들이 내 성공을 기사로 쓰고, 내 웹사이트, 상품, 서비스를 소개하기 시작했다. 이는 내가 틈새시장의 선발 주자로서 얻은 이득을 증폭시켜 주었다.

당신도 그럴 것이다. 선발 주자가 되어 이득을 얻고, 성공을 향해 나아갈 것이다.

≪ 나의 수익 다각화 방법

수년에 걸쳐 우리 팀은 일곱 가지 형태의 퍼널을 만들었다.

나는 가치 있는 무료 콘텐츠를 꾸준히 제공하여 청취자들과의 신뢰를 쌓았다. 그들이 처한 가장 큰 문제가 무엇인지를 파악한 후 콘셉트를 검증하고, 해결책을 만들었다. 그리고 나서 이전 장에서 논의했던 전략을 사용하여 퍼널을 구축해, 합리적이고 유일한 결론이 내가 제공하는 상품, 서비스, 커뮤니티에 있다는 점을 청취자들에게 확신시키는 단계를 거쳤다.

'팟캐스터의 천국'은 일곱 가지 퍼널을 빠르게 성장시켰고, 이 퍼널들은 순조롭게 운영되었다. 이제 다음 단계를 따를 때였다.

나는 우리 사업을 분석했다. 무엇이 작동하고 있는가? 어디에서 수입이 나오는가? 무엇이 가장 큰 영향력을 만들어 내는가?

답은 자명했다. 웨비나였다. 우리의 실시간 웨비나는 변화를 겪기 시작했고, 따라서 우리는 매주 웨비나를 진행하게 되었다. 우리는 참석률을 높이고, 잘 운영되도록 시스템과 프로세스를 만들었다. 그러자 웨비나에 관한 수많은 질문들이 들어왔다…….

- 웨비나를 하는 데 어떤 플랫폼을 사용하는가?
- 사전 이메일부터 사후 이메일에 이르기까지 어떤 과정을 거치는가?
- 어떻게 이토록 많은 사람들이 고정적으로 웨비나에 참석하게 했는가?

이런 질문들은 우리에게 한 번 더 유레카의 순간을 맞이하게 했다. 우리는 팟캐스트 청취자들에게 정기적으로 웨비나를 제공하는 멋진 시스템을 만들었는데, 어째서 사람들에게 이 시스템을 가르쳐 줄 생각을 하지 못했을까? 이는 청취자들에게 더 많은 가치를 제공하는 동시에, 우리의 수입을 다각화하는 첫걸음이 될 수 있었다.

약간의 브레인스토밍을 한 후 우리는 '웨비나 온 파이어: 전환을 만드는 웨비나 만들기' 강좌를 시험해 보기로 했다. 우리는 시간과 돈, 능력을 본격적으로 투자하기 전에, 콘셉트 검증을 위해 '웨비나 온 파이어'를 사전 판매했다. 다행히 수요가 있었고, 사전 판매가 잘 이루어졌다. 청취자들이 웨비나를 만들고자 그 방법을 찾아 본다는 점이, 즉 새로운 강좌의 판매 준비가 되었다는 점이 입증되었다.

'웨비나 온 파이어'는 '팟캐스터의 천국'에 막대한 수익원이자 상호보완적인 역할을 했다. 수년이 흐르면서 '웨비나 온 파이어'는 수십만 달러를 벌어들였고, 우리 사업을 재정적으로 탄탄하고 안정되게 해 주었다.

탁월한 성공을 이루기 위해서는 먼저 탄탄한 기초를 세워야 한다. 수입 다각화의 밑바탕이 되는 기초가 있어야, 필요할 때 이를 수정하고 보완할 수가 있다.

당장은 자신이 어떤 벽돌로 기초를 쌓았는지 알지 못할 것이다. 그것들은 성공을 향해 나아가는 과정에서 드러나게 된다.

프로세스를 믿고, 자신을 믿고, 무엇보다도, 힘차게 첫발을 내디뎌라!

'당신의 사업에 불을 지펴라'에 출연한 비범한 기업가들

스투 맥라런Stu McLaren이 수입 다각화를 이룬 방법

한 가지 수익원에 의존하지 마라.
두 번째 수익원을 만드는 데 투자하라.

_워런 버핏Warren Buffett

스투는 이십 대 시절 자수성가한 백만장자 존을 멘토로 삼는 행운을 누렸다. 존은 하룻밤 사이에 부자가 된 것이 아니었다. 그 일은 서서히 이루어졌다. 그는 스투에게 벼락부자와 장기간에 쌓이는 부의 차이점을 가르쳤다. '벼락부자란 오늘은 부가 존재하다가 내일은 사라지는 것이다. 반면 장기간에 쌓이는 부는 평생 지속된다.'

존은 세미나 사업을 성공리에 일구어 단기적인 부를 구축했다. 이 그의 세미나 사업은 현금 흐름을 만들어 주었다. 존은 이 현금을 부동산이라는 장기적인 부의 불을 지피는 데 이용했다.

경력 초기에 존은 땡전 한 푼 없는 자동차 수리공이었다. 40대가 되어서야 세미나 사업에 뛰어들었고 부동산 투자를 하게 되었다. 존은 주거용 부동산, 상업용 부동산, 기타 위험이 높은 수익용 부동산 등에 투자를 했다. 시간이 흐르면서 그의 부동산 포트폴리오는 성장했고, 거기에서 발생하는 수익이 눈덩이처럼 불어나기 시작했다. 그의 세미나 사업은 자신이 부동산으로 어떻게 부를 일구었는지, 어떻게 하면 다른 사람들도 그렇게 할 수 있는지를 가르쳐 주는 것이었다. 존은 시간을 들여 자신의 지식을 스투에게 전수했고, 스투는 온라인과 오프라인 두 가지 방식으로 수입 다각화를 생각했다.

스투는 온라인으로 단기적인 부를 창출하여 이를 오프라인의 재화에 투자했다. 그는 책, 강좌, 회원제, 소프트웨어, 코칭, 협력집단, 실시간 온라인 이벤트 등 온라인상으로 정보를 판매하는 형태로 단기적인 부를 일구었다. 일회성 판매도 있고, 지속적 판매도 있었다.

두 가지 중에서 스투는 지속적 판매에 집중했다. 지속적인 수입은, 이를테면, 월회비를 받는 코칭, 협력집단, 소프트웨어 등에서 나왔다. 스투의 경험상 여기에서 수입이 더 많이 발생할수록, 사업은 더욱 안정되었다.

사업 다각화에 대해 말하자면, 스투는 특정 틈새시장 한 곳을 깊이 파고 추진력을 쌓아 나갔다. 추진력을 쌓으면, 유사한 제안을 가지고 동일한 시장에서 서비스할 수 있어 매번 판매 고리를 다시 만들지 않아도 된다. 이는 다시 당신을 해당 분야의 유명 리더가 되게 해 주고, 전문 분야에서 당신의 고객들에게 다양한 해결책들을 제공하게 해 준다.

오프라인에서 스투는 두 가지 유형의 부동산에 집중했다. 그는 수입을 꾸준히 안겨 주는 장기 임대 주택과, 고가 임대료를 책정하여 순이익이 높은 단기 고급 임대 주택을 선호했다.

다각화의 미(美)는 한 가지 수입원이 말라붙어도, 다른 수입원에 의존하여 상황이 바로잡힐 때까지 기다리면서 사업을 유지할 수 있다는 점이다. 스투는 이렇게 말한다. "핵심은 같은 시장에서 머물면서 고객들에게 더 질 좋은 서비스를 제공할 보다 많은 방법들을 찾고 그것에 깊이 파고듦으로써 추진력을 쌓는 것입니다. 그렇게 하면 회원제, 협력집단, 소프트웨어와 같은 지속적인 수입원으로 수익 다각화를 이루게 됩니다. 그러고 나면 단기적인 부를 이용해 장기 임대용 주택 및 단기 고급 임대 주택에 투자해서 평생의 부를 일굴 수 있게 됩니다."

경제적 자유를 향한 다섯 번째 발걸음

• 14 •

트래픽을 증가시켜라

The
Common Path
to
Uncommon Success

> 예측하지 못하면, 문을 닫게 된다.
>
> 지그 지글러Zig Ziglar.

지금까지 탁월한 성공으로 나아가는 길을 잘 따라왔다면, 당신은 '불이' 붙었을 것이다! 이제 죽 밀고 나아가서, 지금껏 만든 트래픽을 증가시켜야 한다. 돈을 주고 트래픽을 증가시키는 방법은 언제나 존재한다. 페이스북이나 구글에 광고를 올린다든지, 팔로워가 많은 새로운 인플루언서를 이용할 수도 있다.

진정한 성공을 위해 우리는 에버그린 콘텐츠(일회성 콘텐츠가 아니라 꾸준히 사용자들의 수요가 있는 콘텐츠. 데이터베이스가 쌓이고 검색과 재이용이 수월해진 상황에서 계속 유효성이 증가하고 있다. -옮긴이)에 집중해야 하며, 이는 언제나 효과가 있다. 우리에게는 우리만의 플랫폼이 있다. 이제 그걸 이용할 때이다.

유튜브를 예로 들어 보자. 유튜브 시청자들은 이미 '개종'되었다. 이들은 유튜브라는 플랫폼을 안다. 이들은 자발적으로 동영상 콘텐츠 소비를 즐긴다. 따라서 당신은 멋진 동영상 콘텐츠를 만들고, 뒤로 물러나 앉아서, 아바타가 당신의 앞까지 오기만을 기다리면 된다.

영화 〈꿈의 구장Field of Dreams〉에서 케빈 코스트너는 이런 유명한 대사를 말했다. "자네가 이걸 세우면, 사람들이 나타날 거야." 슬프게도 현실은 〈꿈의 구장〉이 아니다. 더 정확하게 말하면 이렇다. "자네가 이걸 세워도, 대부분 신경도 안 쓸 거야."

가혹한 말이지만 사실이다. 나는 "자네가 이걸 세워도, 사람들은 자네가 그것을 인지'시켜 줄' 때까지는 신경도 안 쓸 거야."가 보다 정확한 표현이라고 생각한다. 그렇다면 *어떻게 사람들에게 인지시킬 것인가?* 당신의 활동 영역 안에 콘텐츠를 만들고는 그 안에 갇혀 있어서는 안 된다. 멋진 콘텐츠를 만들고, 당신의 틈새시장 안에서, 당신의 아바타를 위한 멋진 콘텐츠를 만드는 다른 창작자들과 '협업'을 해야 한다.

예를 들어 당신의 아바타를 타깃으로 삼는 다른 유튜버들을 찾아서 연락하고 협업해야 한다. 다른 유튜버에게 당신이 가치를 더해 줄 수 있는 방법을 찾고, 그들이 당신의 세상에 가치를 더해 주게끔 해야 한다. 당신이 그들의 채널을 위한 환상적인 콘텐츠 한 편을 만들어 줄 수도 있다.

그들도 당신에게 같은 일을 해 줄 수 있다. 그들을 당신의 채널에 초대해서 인터뷰를 하고, 반대로 그들의 채널에서 당신이 인터뷰에 응해 줄 수도 있다.

이는 서로에게 상승 작용이 되는 관계이다. 그의 시청자들은 당신을 알게 되고, 당신의 시청자들은 그를 알게 된다. 이 일을 복잡하게 생각하기 전에 이 말을 기억하길 바란다. "배는 만조 때 출항한다."

이 작업은 풍요의 마음가짐으로 접근해야만 한다. 만약 상대가 결핍의 마음가짐을 내보이고 있다면, 그 사람에게 맞추어 함께 가라앉을 필요는 없다. 협업을 원하는 사람은 아주 많다. 그러니 마음 편히 다음 기회를 찾아 나아가라.

세상에는 같은 기분을 느끼는 창작자들이 수없이 많다. 두 팔을 벌리고, 마음을 열고, 유사한 단계에 있는 다른 사람을 찾아서, 협업하고, 고객을 공유하라.

≫ 내가 트래픽을 늘린 방법

"'개종'된 사람들을 다시 '개종'시켜라." 나는 늘 이 말을 가슴에 품고 산다. 2012년에 '당신의 사업에 불을 지펴라'를 처음 시작했을 때, 팟캐스트는 지금처럼 '불붙은' 상태가 아니었다. 나는 상당한 시간과 에너지, 노력을 들여 사람들의 습관을 바꾸도록 애쓰고, 뭔가 다른 것을 소개하고, 그들의 일상에 팟캐스트 청취를 넣어 달라고 애걸했을 수도 있다. 그랬다면 엄청나게 힘들었을 것이다.

팟캐스트 청취자들은 팟캐스트를 듣는다.

존 리 듀마스

그렇게 하는 대신 나는 '개종'된 사람들을 다시 '개종'시켰다. 팟캐스트를 듣는 사람들은 팟캐스트를 무척 좋아한다. 그들은 이미 팟캐스트 청취자로 전향하였다. 그들은 자신이 가장 좋아하는 팟캐스트를 스마트폰에 다운받고, 출근을 하거나, 운동을 할 때와 같이 특정한 시간을 그걸 듣는 데 할애한다.

나는 이런 사람들에게 마케팅을 집중시켰다. 보통의 팟캐스트 청취자들은 평균 7개의 팟캐스트를 구독한다는 사실을 알았기에, 나는 '당신의 사업에 불을 지펴라'를 비즈니스 및 기업가 정신에 관한 팟캐스트 청취자들이 듣는 일곱 개의 방송 중 하나로 만들기로 했다.

다음은 내가 2년간 '당신의 사업에 불을 지펴라'의 트래픽을 10배로 늘리는 데 사용한 단계별 프로세스이다. 트래픽을 늘리기 위해서는 아주 많은 노력을 해야 한다. 그것도 '올바른' 노력을.

팟캐스트 트래픽에 불을 붙이는 단계별 프로세스는 다음과 같다.

1. 애플 팟캐스트 디렉토리로 가서 비즈니스 분야에 있는 상위 200개의 팟캐스트를 살펴본다.
2. 인터뷰에 기반한 팟캐스트를 모두 기록한다.
3. 이 팟캐스트들의 최근 방송 열 편을 꼼꼼히 살펴보고, 한 편 정도는 전체 방송을 듣는다.
4. 그들의 프로그램에 내가 가치를 더해 줄 수 있다는 느낌이 들면, 방송 로고 아래에 있는 웹사이트 링크를 누른다.
5. 해당 웹사이트에서 '소개' 탭을 눌러 팟캐스트 진행자와 그들이 진행 중인 사업에 대해 더 알아본다.
6. 그러고 나서 '메일 보내기' 탭을 누른다.
7. 메일을 작성한다.

안녕하세요,
전 '당신의 사업에 불을 지펴라'라는 팟캐스트 방송을 진행하고 있는 존 리 듀마스라고 합니다. 선생님의 팟캐스트를 듣고 매우 큰 인상을 받았습니다. 특히나 최근에 방송하신 ∞ 편이 너무 좋았답니다. 지난 10편의 방송에서 굉장히 멋진 주제를 많이 다루셨던 걸 보았습니다. 하지만 ㅇㅇㅇ의 주제에는 집중하지 못하셨던 듯해요. 선생님 방송의 청취자들에게 이 주제에 대해 제가 좀 더 좋은 이야기를 들려 드릴 수 있을 듯합니다. 이와 관련해 한 가지 제안을 드립니다. 몇 가지 요점을 가지고 인터뷰 형식으로 진행하는 방송을 함께 하면 어떨까요? 말씀드렸다시피 저 역시 팟캐스트를 진행 중이며, 선생님께서 제 방송에 출현하시어 전문가로서 지식을 저희 청취자들인 파이어 네이션들에게 나누어 주시면 너무 좋을 것 같습니다. 다음 주나 다다음 주에 한 시간 정도 함께 방송을 했으면 좋겠습니다. 30분짜리 인터뷰를 두 번 해서 한 편으로 만들면 됩니다! 또한 선생님의 청취자들에게도 무척이나 즐거운 경험이 되리라고 생각합니다. 제 일정표를 보내 드릴테니 선생님께서 그 중 괜찮은 시간을 말씀해 주시고, 그게 불편하시면 선생님이 편한 시간을 알려 주세요! 소중한 시간을 함께할 수 있기를 바랍니다!

-'당신의 사업에 불을 지펴라'의

존 리 듀마스 드림

추신. 선생님도 아시겠지만 팟캐스트에 청취율과 리뷰는 무척이나 중요하지요. 별점 5점을 드리고 리뷰를 남겼습니다. 멋진 콘텐츠를 계속 만들어 주세요!
곧 연락주시길 바랍니다!

이렇게 메일을 보냄으로써 당신은 바라는 만큼, 다른 팟캐스터들 수백 명의 인터뷰를 딸 수 있다. 현재 나는 매달 400명 이상으로부터 '당신의 사업에 불을 지펴라'에 출연하고 싶다는 연락을 받고 있다.

이 때문에 저울질하지 않고 뭔가를 시도해 보는 게 중요하다. 더 개인적이고 더 특별하게 연락을 취할수록 성공이 찾아올 것이다. 동일한 형태의 메일을 400통 보내서 0.1퍼센트의 승률을 달성하는 게 낫겠는가, 아니면 20통의 개별적인 메일을 보내서 60퍼센트의 승률을 달성하는 게 낫겠는가?

이러한 프로세스는 내가 적어도 매달 열 곳의 팟캐스트에 출연할 수 있게 했다. 초대 손님으로 출연할 때마다 나는 가능한 최선의 가치를 전달하였고, 팟캐스트 진행자와 돈독한 관계를 구축하였으며, 매번 인터뷰 말미에 내 방송 '당신의 사업에 불을 지펴라'를 소개했다.

이런 식의 노출은 내가 '당신의 사업에 불을 지펴라'에 대해 설명할 수 있는 단일한 방식으로는 가장 효과적이다. 나는 그 시스템을 구축했고, 나가서 '개종'할 사람들을 모집했다. 그러자 청취자들이 찾아왔다.

트래픽을 늘리는 방법은 수없이 많다. 그 방법들을 모두 시험해 보고, 결과를 추적하여, 가장 효과적인 방법에 집중하라. 당신이 콘텐츠를 만든다면 전략적 성장 계획에 앞서 언급한 전략을 적용해야 한다. 당신의 아바타를 생각해 보아라. 아바타가 현재 어디에 있는지, 당신이 어떻게 해야 그들에게 가장 잘 접근할 수 있는지, 그들의 세상에 어떻게 가치를 더해 줄 수 있는지, 어떻게 해야 그들이 당신의 콘텐츠를 찾아오고, 당신의 고객이 되어 줄지를 생각하라.

'당신의 사업에 불을 지펴라'에 출연한 비범한 기업가들

빌리 진Billy Gene이 트래픽을 증가시킨 방법

빌리 진은 사람들의 화를 돋우는 걸 두려워하지 않는다. 그래서 자신의 팟캐스트 명칭을 적절하게도 '빌리 진의 인터넷 모독Billy Gene Offends the Internet'이라고 붙였다. 빌리가 트래픽을 늘리는 전략은 두 단어로 요약할 수 있다. 바로 '돈을 쓴다'이다.

그렇다, 직관에 어긋나는 방법이지만, 빌리는 이것이 목표를 달성하는 가장 빠른 방법임을 우리에게 보여 준다.

그는 돈이 없는 기분이 어떤 것인지 잘 안다. 팟캐스트를 처음 시작했을 때 그는 5만 달러가 넘는 빚을 지고 있었다. 은행은 그의 계좌를 정지하였다, 두 번이나. 오랫동안 빌리의 인생은 마이너스 통장 이자, 공과금 연체료, 그리고 마이너스인 은행 잔고로 이루어져 있었다.

빌리는 이런 농담을 즐겨 했다. "은행 잔고가 마이너스 400달러였던 적이 없다면, 당신은 아직 진정한 인생을 살아본 적이 없는 것이다." 그는 아직 고객이 한 사람도 없는데 돈을 써서 트래픽을 증가시키라는 조언을 하는 이런 책을 읽는 기분이 어떤지도 안다.

시간 낭비라는 생각이 들지 않겠는가?

하지만 이건 시간 낭비가 아니다. 빌리가 당신에게 5달러를 주고, 자기 사업장 바깥에 서서 4시간 동안 간판을 흔들라고 말한다. 당신은 5달러가 필요하므로 그의 제안을 받아들인다. 당신이 간판을 흔들어 보인 덕분에, 빌리의 가게에는 여섯 사람이 들어와서 물건을 사고, 그는 하루 동안 100달러의 순수익을 올린다. 5달러의 광고비로 이 모든 일이 이루어졌다.

빌리는 돈을 번 것인가, 잃은 것인가? 빌리는 돈을 벌었다. 광고에 대한 빌리의 생각은 이렇다. "가능하면 돈을 무사히 회수하라, 가급적 당일에."

광고 기회를 평가할 때, 빌리는 자신이 투자한 돈을 어떻게 즉시 회수할 수 있을지를 판단한다. 그래서 빌리는 온라인 광고를 사랑한다. 적절한 광고를 한다면, 온라인에서는 5달러로 1천 명의 사람들에게 접근할 수 있다.

질문할 것은, 이 1천 명 중 한 사람에게 당신의 상품(서비스)을 팔아서 20달러나 30달러(혹은 50달러)를 벌 수 있느냐이다. 더욱 중요한 것은, 광고를 한 당일에 이런 판매고를 올릴 수 있느냐이다. 트래픽 증가라는 게임은 전체적으로 광고비를 내고, 당일에 투자금을 회수하는 것이다.

현재 빌리는 하루에 5만 달러 이상의 돈을 지출하고 있다. 어떻게 그럴 수 있는 걸까? 빌리는 늘 살 것인지를 묻는다. 대부분의 사람들은 살 거냐고 묻기를 두려워한다. 또한 누군가에게 뭔가를 사라고 말하기를 꺼려한다. 대신 무료 콘텐츠를 만들고, 고객과 함께 선의를 쌓아 나가고, 적절한 때가 오기를 기다리고 싶어 한다.

왜 그럴까? 그것이 안전하기 때문이다. 그게 더 기분이 낫기 때문이다. 그러면 안전지대 밖에 나오지 않아도 되기 때문이다.

더 많은 사람들에게 접근하는 빌리의 비결은 매번 구매를 요청하는 것이다. 그리하여 그는 더 많이 판매하고, 더 많이 벌어서, 더 많은 트래픽을 위해 돈을 쓴다.

음반 회사들은 어떻게 돈을 버는 걸까? 그들은 소속 가수들을 광고판에 광고하고, 라디오 방송에 출연시키고, 《보그》지 표지 모델로 세운다. 이런 회사들은 소속 가수의 인기가 늘어나면 광고비용보다 더 큰 돈을 회수하게 되리라는 사실을 안다.

기업들이 슈퍼볼 대회 광고를 구매하는 이유는 그렇게 하면 판매가 증가하리라는 사실을 알아서이다.

'포천 500대fortune 500 기업'들이 광고에 수십억 달러를 지출하는 이유는 그것이 수익을 증가시키는 최선의 방법임을 보여 주는 수십 년간의 자료를 가지고 있어서이다.

이제 월간 광고 예산 10달러를 300달러로 전환시킬 방법을 알려 주겠다. 당신의 제안을 전달할 트래픽을 끌어오는 데 1일 10달러를 지출하고 20달러를 번다면, 다음 날도 똑같이 10달러를 지출할 수 있으며, 계속 그렇게 하면 된다. 30일이 지나면, 당신은 매일 10달러를 지출함으로써 총 300달러의 광고 예산을 쓴 셈이 된다. 이는 동일한 10달러 지폐에서 온 것이다.

지출한 비용이 빨리 회수되면 당신은 다시 한 번 그 비용을 지출할 수 있다.

"아무것도 못 팔면 어쩌지?"라는 꽉 막힌 믿음을 지니고 있는가? 그러면 수수료를 받고 다른 사람의 상품(서비스)을 팔아라. 빌리는 이렇게 말한다. "창의력이 없이는 사업을 이어갈 수 없습니다. 그렇게 사업을 접게 되면, 당신의 삶은 몹시 지루해질 것입니다."

THE COMMON PATH
TO UNCOMMON SUCCESS

경제적 자유를 향한 여섯 번째 발걸음

• 15 •

시스템을 안착시키고 팀을 구축하라

The
Common Path
to
Uncommon Success

> 체계란 그것으로 얻어야 할 결과를 얻기 위해
> 완벽히 고안된 것이다.
>
> 도널드 버윅Donald Berwick

성공을 향한 길 위에 선 우리들은 그간 열심히 일했고, 많은 문제를 처리했다. 사업이 성장할수록 더욱 위로 올라갈 수 있도록 체계를 세우고, 팀을 만들어야 한다.

하지만 매사가 그렇듯이 모든 일에는 때와 장소가 있다. 나는 합리적으로 구축된 시스템과 팀에 관한 이야기를 하기까지 기다렸다. 당신을 더욱 성장하게 할 시스템과 팀을 구축하기 전에, 반드시 자신의 사업을 내적, 외적으로 파악해야 한다.

자신의 사업을 이루고 있는 요소들이 어떻게 운영되고 있는지 알아야 한다. 헨리 포드는 처음부터 차를 만드는 법을 알았다. 그는 수없이 시도했다. 제작 공정의 모든 단계에 완전히 통달한 뒤에야, 그는 차를 더 빠르고, 더 낫고, 보다 효율적으로 만들 조립 라인을 설치할 수 있었다.

조립 라인을 왔다 갔다 하면서 제작 공정을 단계별로 살펴보고, 조립 라인을 따라 굴러가는 모든 자동차를 자부심이 찬 눈으로 바라보는 헨리 포드를 상상해 보아라. 자원이 어떻게 만들어지는지 알아야 사람들에게 늘 품질 좋은 상품을 제공할 수 있다.

당신은 탁월한 성공을 위해 노력하고 있다. 당신은 팔을 걷어붙이고, 사업을 구성하고 있는 모든 단계를 이해했다.

이제 성장할 때이다. 위로 올라갈 때이다. 시스템을 안착시키고, 팀을 구축할 때이다.

어떻게 하느냐고? 한 번에 한 걸음씩이다.

먼저 한 주 동안 한 일을 모조리 적는 데서 시작한다. 성실하게 하라. 당신이 수행한 모든 업무를 되짚고, 한 주가 끝날 때쯤에는 종합 목록을 손에 넣어야 한다.

그 다음에는 업무를 두 가지로 분류한다. 첫 번째 목록에는 다음 주에도 반복해서 할 일들을 적고, 두 번째 목록에는 일회성 업무들을 적는다.

그리고 두 번째 목록을 없애라.

이제 첫 번째 목록에 적힌 일들을 가장 시간을 많이 잡아먹는 일에서부터 가장 적게 잡아먹는 일의 순으로 재배열하라.

맨 꼭대기에는 시스템을 만들고자 하는, 가장 많은 시간이 소요되는 일을 적어라. 그 다음에 그 업무를 어떻게 하는지 단계별 프로세스를 적어라. 그러고 나서 단계별 프로세스를 살펴보고, 불필요한 단계들이 있는지 확인하라. 가장 효율적인 프로세스가 만들어질 때까지 불필요한 단계들을 계속 삭제하라.

다음으로 이 프로세스에 대해 이야기하고 따라 해보는 동영상을 만들어라. 동영상을 만들 때 룸Loom 같은 앱을 이용할 수도 있다. 다 마치면 동영상에 적절한 제목을 붙이고, 컴퓨터에 '시스템' 폴더를 만들어서 집어넣어라.

매주 적어도 위와 같은 단계들을 따르는 한 가지 트레이닝을 만들어라. 얼마 안 되어 가장 시간을 많이 잡아먹는 업무들에 관한 튜토리얼이 쌓일 것이다. 팀을 만들 때는 팀원들을 준비시키는 트레이닝 방법을 갖추고 초기에 자주 시행해야 한다. 또한 장차 팀원을 교체하거나 새로운 팀원을 받아야 할 때가 되면 이러한 트레이닝 방법을 사용할 수 있다.

이런 프로세스는 매우 효율적으로 사업 시스템을 구축하게 하여, 가장 많은 시간이 드는 반복적인 업무에 우선 집중하게 하고, 자기 방식으로 모든 업무들을 수행하게 해준다.

이제 팀을 꾸리는 일로 넘어가자.

☆ 시스템을 안착시키고 '팀 파이어'를 만들다

 2013년 2월이었다. '당신의 사업에 불을 지펴라'는 이제 막 여섯 달째가 되었고, 빠르게 성장해 나갔다. 한 달에 10만 명의 청취자들이 넘어왔다. 이 무렵 라스베이거스에서 열린 뉴미디어 엑스포에서 처음으로 기조 강연을 하고 돌아왔다. 내가 초청할 수 있는 수보다 더 많은 사람들이 '당신의 사업에 불을 지펴라'에 출연하고 싶다는 의견을 표명해 왔다. 티핑 포인트(tipping point, 어떤 현상이 서서히 진행되다가 마지막 작은 요인 하나로 일거에 폭발하는 지점. -옮긴이)였다.

---

*나 혼자서는 세상을 바꿀 수 없습니다, 하지만 나는
돌을 하나 던져서 수많은 물결을 일으킬 수 있지요.*

마더 테레사

 팟캐스트 광고사에서 연락을 해 왔고, 내 프로그램에 광고를 붙여 주겠다고 했다! 웹사이트 방문객들은 늘어났고, 이메일 구독자들도 매일 늘어났으며, SNS 팔로워들 역시 꾸준히 증가했다. 모든 것이 잘 돌아가는 듯 보였다.
 때가 되었다는 느낌이 왔다. '팀 파이어'를 만들 준비가 되었다.

1인 기업체를 운영하면 수많은 일을 해내야 한다. 나는 지난 9개월 동안(출시 준비 3개월, 출시 6개월) 팟캐스트와 온라인 브랜드의 성장에 관해 다방면으로 배웠다. 그리고 매일 어떤 행동을 해야 하는지, 내가 그것들을 어떻게 하고 싶은지도 알았다.

내 그릇이 넘쳐흐르는 지점에 도달해 가고 있었다. 이 이상으로 무리했다가는 '당신의 사업에 불을 지펴라'의 근본을 이루는 핵심 부분들이 틀어질 것이었다. '당신의 사업에 불을 지펴라'의 진행자를 맡는 것은 나에게 있어 최우선순위였다. 나의 일 순위 직무는 영감을 주는 성공한 기업가들을 인터뷰하는 일이었다. 이 직무를 대신할 사람은 아무도 없지만, 다른 일상적인 업무들은 외주를 줄 수 있었다.

나는 크리스 더커Chris Ducker의 책《버추얼 프리덤Virtual Freedom》을 읽고 그 주석 페이지를 뜯었다.《버추얼 프리덤》에는 내가 처음 팀을 꾸릴 때 따라야 하는 프로세스가 나와 있었다.

나는 어떤 직무를 가장 먼저 다른 사람으로 대체할지 알았다. 바로 SNS 관리자였다. SNS는 내 브랜드가 성장하고, '당신의 사업에 불을 지펴라'의 인지도를 올리는 데 큰 역할을 하고 있었지만, 나는 SNS를 제대로 성장시킬 수가 없었다.

나는 '버추얼 스태프 파인더Virtual Staff Finder' 홈페이지를 이용하여 검색을 시작했고, 내가 어떤 경력과 기술을 보유한 사람을 찾는지를 써서 보냈다. 그리고 3일 안에 내 기준에 꼭 부합하는 지원자 세 사람을 추천 받았다. 나는 화상으로 면접을 보고, 그들의 포트폴리오를 받았다. 작업물을 받아 보고 나니 고용할 사람이 분명해졌다. 그렇게 나는 '팀 파이어'에 처음 합류할 사람을 고용했다. 끝내주는 기분이었다!

이제 내게는 온라인 마케터가 있었다. 이제 SNS 작업에 대한 부담을 덜 수 있었다. 나는 그동안 직접 처리했던 일상적인 업무들을 동영상 튜토리얼로 만들었고, 온라인 마케터가 그에 관한 질문을 하면 대답을 하고, 그녀가 만드는 작업물에 대해 피드백을 했다. 한 주도 채 되지 않아 온라인 마케터는 아무 감독 없이 내 SNS 채널들을 모두 운영했고, 나는 더 주의를 기울여야 하는 다른 일들에 집중할 수 있게 되었다.

두어 달이 지나자 나는 여자친구 케이트에게 팀에 합류해 몇 가지 일을 운영해 달라고 설득했다. 그다음 직접 운영하는 부문을 줄이고자 몇 년에 걸쳐 온라인 마케터 두 명을 더 보강하였다. 우리 팀에는 군더더기 없이 딱 필요한 사람들만 있었다. 모두 각자의 역할을 알고, 자부심을 가지고 업무를 실행했다.

시스템을 만들고 팀을 꾸리는 일은 하룻밤 사이에 이루어지지 않는다. 하지만 꾸준하게 해 나간다면, 자신이 만들어 낸 사업에 어마어마한 자부심을 갖게 될 것이다.

당신도 할 수 있다!

'당신의 사업에 불을 지펴라'에 출연한 비범한 기업가들

에이미 포터필드Amy Porterfield가 시스템을 안착시키고 팀을 일군 방법

> 혼자서는 할 수 있는 게 극히 적다.
> 함께 하면 많은 것을 해낼 수 있다.
>
> _헬렌 켈러Helen Keller

에이미 포터필드는 '버추얼 팀virtual team'이라고 칭하는 작지만 강력한 팀을 보유하고 있다. 2009년 에이미는 온라인 비즈니스를 시작하고자 회사를 떠났다. 그녀는 절대 팀을 크게 꾸리지 않기로 결심했다. 이미 기업에서 기업의 규칙, 정책, 지침에 따라 모든 일을 해 본 터였다.

몇 년 동안 에이미는 결심을 잘 지켰다. 그녀는 다양한 강좌와 커뮤니티를 출시했고, 수천 명의 학생들에게 서비스를 했다. 그러다 어느 순간 자신이 수익을 계속 키워 나가고 학생들에게 질 높은 지원을 해 주려면 팀을 꾸려야 한다는 사실을 깨닫게 되었다.

단계별로 그녀는 자신의 드림팀을 꾸렸다. 물론 그 과정에서 수많은 실수를 저질렀다. 하지만 에이미는 팀을 꾸리는 과정 속 자신의 성공은 물론 실패에서도 당신이 배울 수 있기를 바란다.

현재 에이미는 18명의 직원을 고용하고, 5명의 프리랜서 도급업자들과 일을 한다. 팀을 효율적으로 운영하고자 그녀는 부서를 마케팅 부서, 콘텐츠 개발 부서, 커뮤니티 부서, 운영 부서, 넷으로 나누었다.

각 부서마다 팀장이 있었다. 매주 에이미는 네 명의 팀장들과 사업 운영을 의논하는 회의를 한다. 에이미는 팀장들만 직접 관리한다. 팀장들 아래에는 매니저와 코디네이터가 있으며, 이런 계단식 구조는 한 번에 너무 많은 사람을 관리하지 않게 해 준다.

분기별로 에이미는 팀장들을 직접 만나 이틀 동안의 회의를 한다. 48시간 동안의 집중 회의 기간 동안 해당 분기의 목표, 지난 분기에 잘못된 점, 수정해야 하는 부분, 사업을 키울 수 있는 방안, 직원들의 성과 등이 논의된다.

팀장들은 복귀하면 업데이트된 분기별, 연간 목표들을 공지하고, 팀원들은 그것을 통해 자신들이 같은 자리에 있고 올바른 방향으로 나아가고 있는지 확인할 수 있다.

팀원들 간의 의사소통에는 '슬랙'Slack 메신저가 이용된다. 이것으로 공지를 하고, 재미있는 대화를 나누기도 한다.

사업상의 일들에는 협업 관리 도구인 '아사나'Asana만 이용한다. 아사나는 안건을 목록으로 볼 수 있고, 프로젝트 진행을 확인하고,

업무를 관리할 수 있게 해 준다. 에이미는 이렇게 말한다. "사업은 '아사나'에서 일어난다."

팀원을 충원할 때 에이미와 팀원들은 이미 작동 중인 프로세스를 조율하는 데 많은 노력을 기울였다. 자신의 팀에 다양성과 폭넓음을 유지하는 데 방해가 되는 사람은 고용하지 않았다. 추가로 에이미는 다양성, 동등성, 포용력을 중점적으로 살펴보는 인사 컨설턴트도 고용했다. 인터뷰 과정에서 에이미와 팀장들은 구직자가 팀에 좋은 문화를 더해 줄 수 있는지를 판단했다.

팀의 문화에 맞는 사람이 아니라 문화를 '더해'줄 사람 말이다. 문화에 맞는 사람을 고용한다는 건, 팀원들과 비슷한 사람들만 고용한다는 의미이다. 이들은 다양성이 있는 팀을 만들 경험과 시야를 넓혀 줄 사람을 고용했다.

그다음 단계는 시험 업무였다. 구직자가 어떻게 일하는지, 그들이 마감일에 맞춰 일할 수 있는지를 파악할 수 있게끔 고안된 시험이었다.

마지막 단계는 관리 능력을 단계별로 살펴보는 개인 인터뷰였다. 고용이 되면 90일간의 수습 기간을 두었다. 수습 기간 동안은 고용주와 고용인 양측 중 어느 쪽이든 마음대로 관계를 종료할 수 있었다. 90일 동안의 상세한 신입 직원 교육 방안도 마련되어 있었다. 거기에는 매주 해야 할 일에 대한 완벽한 계획도 들어 있었다. 이는 직원이 업무에 치이지 않고 회사에 친숙해질 수 있게 도왔다. 90일간의 수습 기간이 끝나면, 직원은 건강 보험을 제공받고, 탄

력근무제를 적용받으며, 매년 휴가를 제공받고, 사업 수익 목표가 달성되면 20퍼센트의 보너스도 받았다. 기본적으로 연간 성과 평가는 없었으나, 필요한 경우 평가가 이루어졌다. 이는 모두가 자신이 가족 같은 환경 속에서 성장해 나간다는 것을 알게 해 주었다. 에이미는 이렇게 말한다. "이메일은 기업가에게 있어 사형 선고와 같습니다. 슬랙을 통해 소통이 생겨나고, 아사나를 통해 사업이 일어나지요. 예외는 없습니다."

경제적 자유를 향한 일곱 번째 발걸음

• 16 •

제휴하라

*The
Common Path
to
Uncommon Success*

> 고객에게 영향을 발휘하려면
> 그들이 어디가 아픈지 알아야 한다.
>
> 닐 파텔Neil Patel

앞에서 우리는 아바타가 겪는 문제를 이해하는 일이 탁월한 성공의 핵심 요소임을 확인했다. 아바타의 문제를 알아내면 그에 대한 해결책을 상품(서비스)의 형태로 만들고, 고객들이 거부할 수 없는 제안을 하여 수익을 창출할 수 있다.

하지만 우리는 모든 문제의 해결책을 만들 수는 없다(그렇게 해서도 안 된다). 만든다 해도, 그건 넓고 얕은 해결책이 될 뿐이다. 탁월한 성공으로 나아가기 위해서는 좁고 깊은 *해결책*을 만들어야 한다. 그리고 이를 위해서는 아바타가 지닌 가장 큰 문제에 최선의 해결책을 제공하는 데 초점을 맞추어야 한다. 당신이 잘 해낸다면 경쟁자 후보들은 그

시장에 뛰어들어봤자 소용이 없다고 판단할 것이고, 그 순간 당신은 자신이 특별한 상품(서비스)을 만들어 냈음을 알게 될 것이다.

하지만 당신의 고객들은 앞으로의 여정에서도 다른 문제들을 마주치게 된다. 바로 이때 필요한 것이 *제휴*다. 제휴란 한마디로 자신의 고객들에게 어떤 상품(서비스)을 소개하는 것이다. 고객이 제휴 상품에 돈을 내기로 결심하면, 제휴사는 당신에게 판매 수익의 일정 비율을 지급한다. 이를 흔히 제휴 수수료라고 부른다.

당신이 고객들을 유인하고 상품 구매를 유도했는지 파악하고자 제휴사는 '제휴 링크'를 준다. 또는 별도의 할인 코드 등을 만들어 제공하기도 한다.

일례로 나는 내 청취자들에게 상품을 결제할 때 할인 코드 입력란에 'FIRE'를 입력하면 추가로 15퍼센트를 할인해 주는 할인 코드를 제공한 적이 있다. 이 할인 코드 방식의 단점은 구매를 결정한 사람들의 수만 파악할 수 있다는 점이다. 반면 제휴 링크는 이에 더해 내가 판매 페이지를 얼마나 많은 사람들에게 보냈는지도 알 수 있다. 제휴 링크를 통해 페이지 접속이 상품 구매로 이어진 비율을 파악할 수 있는데, 이는 판매 페이지를 개선하는 데 있어 매우 중요한 정보가 된다.

제휴는 당신이 해결책을 고안할 필요 없이, 제휴사가 제공하는 해결책을 전달하는 데에만 초점을 두면 된다는 점에서 아주 유용한 방식이다. 이러한 제휴를 통해 당신은 청취자들을 최선의 해결책으로 안내하고, 이를 보며 고객들은 당신이 자신들의 문제에 완전히 집중하고 있음을 알게 된다. 제휴를 활용하면 당신은 고객들이 당신의 제품(서비스)을 구매할 때는 물론, 당신의 추천을 따라 제휴사의 상품(서비스)을 구매할 때에도 수익을 창출할 수 있게 된다.

어느 날 친한 친구가 당신에게 전화를 걸어서 이렇게 말했다. "어젯밤에 엄청 끝내주는 영화를 봤어, 너도 맘에 들 거야!" 당신은 그의 추천을 믿고 영화를 보러 갔고, 그 영화를 마음에 들어 했다. 그 친구는 당신의 취향을 알기에 당신이 그 영화를 재미있게 볼 거라는 것을 알고 영화를 추천했던 것이다.

이렇듯 신뢰하는 사람의 추천은 힘을 지닌다. 당신은 성공을 향해 나아가면서 고객들과 이런 신뢰 관계를 구축해 왔다. 당신은 고객들에게 가치 있는 무료 콘텐츠를 꾸준히 제공했고, 이에 고객들은 당신을 좋아하며 신뢰하고 있다. 더 나아가 그들은 당신이 이룩한 성공에 경탄한다.

그러므로 고객들이 자신이 처한 문제에 관해 조언을 얻고자 할 사람은 바로 당신이다.

당신의 추천 메시지가 상품 판매로 이어진다는 사실을 제휴사에 입증했다면, 다음 단계로 넘어갈 차례다. 다음 단계는 제휴사에게 당신을 위한 특별 랜딩 페이지를 만들어 달라고 하는 것이다. 랜딩 페이지란 당신이 첨부한 제휴사 링크를 눌렀을 때 연결되는 페이지이다. 랜딩 페이지에는 당신의 브랜드를 표시하고, 당신의 고객들을 위한 특별 판매 조건을 제시할 수 있다. 특별 판매 조건이란 무료 체험이나 더 높은 할인율, 추가 서비스 등을 제공하는 것이다.

또한 제휴는 당신의 가치를 더하여 고객들의 투자를 유도할 수 있는 기회가 된다. 잠시 후 위의 전략들을 이용하여 내가 어떻게 100만 달러 이상의 수익을 창출했는지 말하고자 한다. 이 전략에는 제법 많은 시간이 들지만, 시간이 지날수록 그만큼 큰 이익을 얻게 된다.

당신은 검증된 해결책을 추천했고, 사람들이 그 해결책에 돈을 지불하고자 결심한다면, 당신은 제휴 수수료를 받을 자격이 있다.

나는 이 전략을 진지하게 고려하지 않아 큰 수익을 놓치는 사업가들을 많이 보았다. 다음과 같은 사례를 머릿속에 그려 보자.

청취자 한 사람이 당신에게서 멋진 상품(서비스)을 추천받고, 판매 페이지로 이동하는 제휴 링크에 대한 안내를 들었다. 그때 그는 조깅 중이어서 당신이 말했던 링크가 정확히 무엇인지 잊어버렸고, 그 대신 회사 이름을 구글에서 검색해서 웹사이트를 찾고 상품을 발견했다. 이 경우 그가 제품을 구매해도 제휴 링크를 통해 제품을 구매한 것이 아니므로, 당신은 제휴 수수료를 받을 수 없게 된다. 하지만 당신이 청취자에게 "내가 건 제휴 링크를 타고 들어가면 무료 체험은 물론 15퍼센트 추가 할인까지 받게 될 겁니다."라는 점을 '분명히' 짚어 준다면, 청취자는 추가 이득을 얻고자 당신이 건 제휴 링크를 이용할 확률이 높아진다.

기억하라. 이 수익은 당신이 벌어들인 것이다. 고객들의 호주머니에서 빼 온 돈이 아닌, 제휴 회사로부터 얻은 수익이다. 그러니 기꺼이 받아도 된다!

☆ 내 제휴사들

내가 이 내용을 쓸 무렵 제휴 수익은 내 월간 수익에서 대략 절반 정도를 차지했다. 제휴는 가장 큰 수익원 중 하나이자 무척 재미있는 방식이었다. 적절한 상품(서비스)을 추천한 뒤에 수수료를 받으면 내 일은 끝이 난다. 앞으로의 일을 관리하고 조정하는 작업은 제휴사의 몫이다.

내가 맺은 가장 성공적인 제휴 관계는 클릭퍼널 사와의 제휴였다(제11장과 제12장에서 설명한 바 있다). 클릭퍼널은 사업상 판매 퍼널을 만들 때 필요한 모든 도구—랜딩 페이지, 회원 등록 양식, 주문서 양식, 추가 판매, 할인 판매 등—를 제공하는 회사이다. 나는 매일 클릭퍼널의 서비스를 사용했고, 이는 수년에 걸쳐 수백만 달러의 수익을 창출하게 도와주었다. 또한 나는 클릭퍼널의 설립자이자 CEO인 러셀 브런슨과 친구가 되었으며, 그를 통해 클릭퍼널이 플랫폼을 발전시키려고 매일 노력한다는 사실을 알게 되었다.

따라서 사람들이 어떻게 수익을 창출하느냐고 물어 왔을 때 나는 솔직하게 말했다. 내 판매 퍼널들이 수익의 상당 부분을 책임지고 있으며, 클릭퍼널이 어떻게 이런 퍼널들을 만들기 쉽게 해 주었는지를 말이다. 그리고 나는 '당신의 사업에 불을 지펴라'를 위한 제휴 링크를 전달하고, 청취자들에게 14일간의 무료 체험을 신청하기를 권했다.

나는 제휴 링크를 통해 클릭퍼널로 유입되는 사람들에게 《프리덤 저널》을 증정했다. 러셀과 나는 퍼널에 대한 무료 고급 강좌를 진행했는데, 이는 제휴 링크를 통해 클릭퍼널로 유입된 사람들만이 들을 수 있는 강좌였다. 또한 우리는 클릭퍼널의 '퍼널 만들기 One Funnel Away' 챌린지도 홍보했다. 챌린지를 신청한 사람들 모두에게 러셀이 쓴 책을 보내 주었는데, 이는 30일간 퍼널을 만드는 방법이 담긴 책이었다.

나는 일찌감치 클릭퍼널이 매우 귀중한 제휴 수익원이 될 줄 알았다. 클릭퍼널은 서비스에 '딱 달라붙어' 있었다.

그러니까 누군가가 클릭퍼널에 등록을 하고 자신의 퍼널을 구축하고, 소프트웨어상에서 랜딩 페이지, 주문서 양식, 결제 페이지를 만들면, 클릭퍼널은 다른 서비스도 구매하지 않을 수 없도록 개인에게 맞춤 서비스를 제공했다.

소프트웨어를 배우는 데 들어가는 시간과 에너지, 능력은 상당하기에, 사람은 특정한 서비스를 사용하면서 편안함을 느끼게 되면 그걸 바꾸지 않으려 한다. 클릭퍼널은 이런 빤한 사실을 완벽히 증명하는 사례이다. 우리 청취자들 중 클릭퍼널에 등록한 사람들은 계속 클릭퍼널을 이용했다.

이 일이 내게 준 이득은 무엇일까? 내가 구매를 유도한 사람들이 결제를 할 때마다 제휴 수익이 발생한다는 점이다. 내가 지금까지 얻은 제휴 수익은 135만 달러가 넘는다. 이는 전부 멋진 서비스를 추천하고 주머니에 들어온 돈이다.

클릭퍼널과의 제휴가 얼마나 수익성이 좋은지 알게 된 후 나는 청취자들에게 클릭퍼널의 서비스를 추천할 더 다양한 방법들을 고안하기 시작했다. 그리하여 나는 클릭퍼널에 내 팟캐스트를 후원한다면 광고주 할인가로 제휴 링크를 홍보해 주겠다고 제안했다.

나는 그동안 청취자들에게 알려 주었던, 퍼널을 만드는 방법에 관한 무료 강좌도 만들었다. '퍼널 온 파이어Funnel on Fire' 강좌를 다 듣고 나면, 다음 단계로 클릭퍼널의 14일짜리 무료 체험을 추천했다. 이 전략은 무료로 막대한 가치를 전달하여, 그 뒤 멋진 서비스를 무료로 체험하라고 권할 수 있게 해 주었다. 그러면 클릭퍼널이 최선을 다해 일하고, 무료 체험 이용자를 장기적인 고객으로 전환시키는 것을 지켜보면 되었다.

또한 나는 이메일 인사말에서 클릭퍼널을 홍보하고, '당신의 사업에 불을 지펴라'의 자료 탭에 해당 자료들을 올려 두었다. 기본적으로 내 청취자들이 처한 주요 문제에 관한 멋진 해결책을 제공하는 괜찮은 회사를 추천하는 것이 합당하게 여겨지면, 나는 그 일을 했다. 그것이 청취자, 제휴사, 그리고 나까지 모두에게 이득을 안겨 주는 최고의 전략이기 때문이다. 청취자들은 문제에 대한 최고의 해결책을 얻을 수 있고, 제휴사는 유료 고객을 확보할 수 있다. 나는 청취자들의 삶에 더 많은 가치를 더해 주고, 그 과정에서 제휴 수수료까지 벌 수 있다.

당신이 이 사례에 흥미를 느끼고 아이디어를 얻길 바란다. 누구에게나 해당되는 흔한 일을 하기 보다는, 자신이 가장 잘하는 일에 집중하고, 해당 분야에 뛰어난 회사의 상품(서비스)을 홍보하는 것이 모두에게 이익이 될 것이다.

당신도 할 수 있다!

'당신의 사업에 불을 지펴라'에 출연한 비범한 기업가들

질과 조시 스탠튼Jill and Josh Stanton이 제휴를 맺고 관리한 방법

제휴 마케팅은 사업체에 수백만 달러의 수익을
안겨 주며, 평범한 사람을 백만장자로 만들어 준다.

_보 버넷Bo Bennet

2011년이었다. 질과 조시는 월급쟁이 생활을 그만둘 때가 되었다고 결심했다. 이들은 다시는 '진짜 직업'을 얻지 않으리라고 맹세하고, 경제적 자유와 생활의 자유를 얻을 최선의 방법을 찾기 시작했다.

이들은 자신들의 목표를 달성할 최선의 수단으로 제휴 마케팅을 선택했다. 이들은 사람들에게 상품(서비스)에 대해 이야기를 하고, 구매 만족도 여부와 관계없이 일정 부분의 판매 수익을 대가로 받는다는 제휴 사업 방식에 만족했다. 이런 유형의 사업은 특정한 시간이나 회사에 매이지 않으므로, 이들은 그동안 꿈꿔 온 해외여행을 갈 수 있을 거라고 생각했다.

그들의 첫 제휴 마케팅은 피부 관리 분야였다. 시장 조사 결과 수많은 사람들이 온라인으로 피부 관리 제품을 사고 있었기 때문이다. 질과 조시는 어디에서부터 시작해야 할지 감을 잡지 못한 상태에서 일단 피부 관리에 관한 콘텐츠를 만들기 시작했다. 이들은 피부 관리 제품 견본품들을 요청하고, 자신들의 웹사이트에 동영상 리뷰를 올렸다.

시간이 흐르면서 유기농 제품 관련 트래픽이 생성되기 시작되었고, 구글은 특정 피부 관리 관련 문의에 대한 답변을 필요로 하는 사람들에게 이들의 게시물을 보여 주었다.

이들의 게시물에는 제휴 링크가 포함되어 있었으며, 수수료는 5퍼센트에서 50퍼센트까지 다양했다. 이들은 계속 빠른 속도로 블로그 게시글과 동영상 리뷰 작업을 했으며, 다른 홈페이지에도 글을 게시했다.

첫 번째 달이 끝날 무렵 이들은 수수료로 1100달러를 벌었다. 두 사람은 불이 붙었고, 정기적으로 월 5천 달러를 벌겠다는 야심찬 계획을 세웠다.

몇 달 지나지 않아 목표액인 5천 달러의 수익을 달성하였다. 두 사람은 토론토의 한 호숫가에서 와인을 들고 축하를 나눴다. 이들은 상품 배송, 고객 지원, 기타 고객 관리의 늪에 빠지지 않아도 되는 지금의 사업 방식이 무척이나 맘에 들었다. 이들은 화장품, 두피 관리, 위생용품, 체중 감소제, 보충제 등 기타 자신들의 제휴 마케팅 분야에서의 틈새시장으로 사업을 다각화할 때가 되었음을 알았다.

이들은 태국까지 사업 영역을 확장하고, 제휴 사업을 이어가며 월 1만 3천 달러 이상의 수익을 냈다. 질과 조시는 하루 2, 3시간 정도 일하며 삶을 충분하게 즐겼다. 이들은 다른 사람들에게 자신들의 이야기를 들려주고, 그들이 자신들과 같은 경제적 성공을 거머쥘 수 있도록 돕는 라이프스타일 블로그인 '스크루더나인투파이브닷컴ScrewTheNineToFive.com'을 시작했다.

'스크루더나인투파이브닷컴'은 질과 조시가 아는 것, 즉 제휴 마케팅에 대해 가르쳐 주기 전까지는 사람들의 관심을 끄는 데 애를 먹었다. 지금까지 이들은 제휴 마케팅 사업을 꾸준히 하면서, 수백 명의 기업가들이 다양한 분야의 틈새시장에서 제휴 마케팅 사업을 시작하는 것을 도왔다.

한 해 동안(2019년 8월에서 2020년 8월까지) 이들은 수수료로 89만 달러를 벌었다. 질과 조시는 제휴 마케팅을 할 때 다음 세 가지를 유념하라고 말한다.

1. 자신만의 틈새시장, 즉 자신만이 리뷰할 수 있고, 자신의 웹사이트와 SNS에 더할 수 있는 상품을 목록으로 만들어라.
2. 자신이 사용하는 제품과 프로그램을 목록으로 만들고, 그것들의 가치를 최대화할 방법이 담긴 튜토리얼을 제작하라. 이에 해당하는 멋진 사례는 스크린플로ScreenFlow이다. 나는

스크린플로를 구매하기 전에 그 상품에 대해 더 많이 알아보고 싶어서, 온라인에서 무료 튜토리얼을 찾아서 살펴보았다. 스크린플로를 구매하기로 결심했을 때 나는 튜토리얼을 만든 사람의 제휴 링크를 이용했다. 제휴사와 이야기를 해서 당신의 고객들에게 추가 할인 혹은 인센티브를 제공할 수 있다면, 구매로 이어지는 비율이 기하급수적으로 늘어날 것이다.

3. 당신이 전문적으로 다루지 않는 분야의 강좌 혹은 커뮤니티 중 이용자들을 유도할 만한 곳이 있는가? 당신은 가장 잘하는 한 분야에 집중하고, 다른 방면의 해결책들은 다른 곳에서 찾아 고객들에게 제시하라.

질은 이렇게 말했다. "제휴 마케팅은 우리가 좋아하고 신뢰하는 사람, 상품, 프로그램, 도구 등을 우리 웹사이트 이용자들에게 연결해 주는 일입니다. 신뢰가 곧 제휴 마케팅의 자산이지요."

THE COMMON PATH
TO UNCOMMON SUCCESS

경제적 자유를 향한 여덟 번째 발걸음

· 17 ·

번 돈을 유지하라

*The
Common Path
to
Uncommon Success*

> 얼마나 버느냐가 문제가 아니다. 번 돈을 얼마나
> 손에 쥐고 있느냐, 얼마나 열심히 일하느냐, 앞으로
> 몇 세대 동안 그 돈이 유지되느냐가 관건이다.
>
> 로버트 기요사키 Robert Kiyosaki

내가 "당신은 거짓말을 해 왔다."라는 문장으로 이 책을 시작했던 것, 기억나는가? 가장 위험한 거짓말은 사람들이 버는 돈에 관한 것이다. 어떤 사람들은 새빨간 거짓말을 하여, '그 돈을 벌 때까지 진실을 숨기'기도 한다.

SNS에는 "이제 막 출시된 상품으로 수십만 달러를 벌었어! 내 사업으로 일 년 안에 100만 달러를 벌 거야! 한 주에 수만 달러를 벌 거야!" 같은 말들이 여기저기 흩어져 있다.

이런 말 중 일부는 새빨간 거짓말이고, 또 어떤 말들은 표면적으로는 진실이나 다소 과장된 표현이 섞여 있다. 그러니까 20만 달러를 쓰고 10만 달러를 벌어들이는 상품을

출시하기란 어렵지 않다는 말이다. 고용 및 광고에 2만 달러를 쓰고, 한 주에 1만 5천 달러를 버는 것도 어렵지 않다. 아마존에서 100만 달러를 벌었는데, 실제 순수익이 12개월 동안 '노력한 것의' 1퍼센트인 경우도 드물지 않다(이 수치는 과거에 내가 직접 기록한 것이다).

내게는 '정말' 열심히 일하고, 세상에 큰 가치를 전달하고, 노력을 통해 '큰' 수익을 창출했지만, 연말에 남은 건 "내가 번 돈이 다 어디로 갔지?"라고 놀랄 일밖에 없는 친구들이 수없이 많다.

나는 그 돈이 어디로 갔는지 안다. *광고비, 월급, 그리고 세금*이다. 이 세 가지 큰 지출은 매분 매초 당신의 수익을 갉아먹는다. 그런데 문제는 많은 사람들이 돈을 버는 데만 집중하지 번 돈을 유지하는 데는 신경을 쓰지 않는다는 것이다.

기업가들은 아마존의 이익을 두고 어떻게 제프 베이조스Jeff Bezos가 세계 최고의 갑부가 되었는지 말하기를 좋아한다. 여기에 대해 할 말 있냐고? "그래요, 제2의 아마존을 만들 수 있기를 바라요!"

하지만 성공에 이르는 법칙은 제2의 아마존을 만드는 법칙이 아니다. 이건 경제적 자유와 충족감이 있는 삶을 만드는 법칙이다. 매일 당신에게 빛을 비춰 줄 사업을 만드는 법칙이다. 당신의 전문 분야에서 세상에 막대한 이익을 더해 주는 사업을 일구는 법칙이다. 당신이 바라는 삶을 살게 해 주고, 아무도 그것을 빼앗아가지 못하게 할 사업을 일구는 법에 관한 것이다.

꽤 많은 시간이 들었지만 나는 '당신의 사업에 불을 지펴라'를 사업체로 탈바꿈시켰다. 나는 원할 때 언제든 여행을 떠날 수 있다. 일 년에 90일 이상 휴가를 보낸다. 나는 매일 아침 내가 꿈꾸던 푸에르토리코의 집에서 눈을 뜨고, 일정표는 오직 내가 선택한 활동과 약속으로만 채워진다.

나는 인터뷰, 책, 동영상, 게시글들에서 어떤 영감을 받았으며, 그것들이 어떻게 자신을 성공을 향한 경로에 세워 주었는지를 말하는 청취자들의 이메일을 수백 통 받고 있다. 이게 내 연료다. 이게 내게 불을 붙인다. 이게 내가 당신에게 원하는 일이다.

하지만 어떤 일도 당신이 번 돈을 지키기 전에는 일어나지 않는다. 우리는 자기 수입에 맞는 삶을 사는 걸 좋아한다. 당신이 연간 4만 달러를 번다면, 연간 4만 달러로 살아갈 것이다.

여기서 6만 달러를 벌게 된다면, 당신의 모든 문제가 사라졌다고 생각할 것이다. "2만 달러를 더 벌었네!" 하면서 말이다. 일 년이 지나고, 당신은 조금 더 많은 '물건'을 가지게 되겠지만, 경제적으로는 4만 달러를 벌었을 때와 다를 바가 없다. 비상금 400달러말고는 변한 것이 아무것도 없다는 말이다.

미국인의 40퍼센트가 비상금 400달러도 가지고 있지 못하다는 사실을 아는가? (이 정보는 연방준비제도이사회에서 나온 것이다.) 슬픈 통계가 아닐 수 없다. 당신이 계속 공과금을 처리하고 또 처리하면서 살고 있다면, 스트레스가 넘치는 상태일 것이다. 한 번의 사고, 갑작스러운 경제적 문제, 혹은 예기치 못한 지출 한 번에 무너질 수 있다. 이런 상태에서는 한 발만 잘못 디뎌도 재앙이 닥쳐올 수 있다고 느껴지며, 실제로도 그렇다.

매출이 감소했을 때 살아남을 수 있는 사람들은 태풍이 잠잠해졌을 때 번창하기 매우 좋은 자리에 있게 될 것이다. 자기 수입에 만족하며 살아가는 사람의 또 다른 문제는 사업에 투자할 능력이 없다는 점이다. 초과 자금이 없다면 팀을 성장시킬 수 없고, 광고비에 지출할 수 없으며, 사업 기반을 발전시킬 수 없다. 당신 분야에 이런 경쟁자들이 있다면, 당신은 뒤로 처지게 될 것이다.

하지만 좋은 소식이 있다. 당신이 번 돈을 유지하고 군자금을 구축하는 데 전념한다면, 요새를 구축하고 사업을 성장시키는 쪽으로 자산을 활용할 수 있게 된다.

이 주제에 관한 놀라운 책이 두 권 있다. 여기에는 우리가 사용할 수 있는 특별한 전략도 제시되어 있다. 첫 번째 책은 조지 S. 클레이슨George S. Clason의 고전 《바빌론의 부자들The Richest Man in Babylon》이다. 당신은 수천 년 전으로 거슬러 올라가 불변의 법칙 하나를 배우게 될 것이다. '*자신에게 먼저 지급하라.*' 1달러를 벌 때마다, 적어도 10센트씩 자신에게 지급하는 습관을 들인다면 군자금이 불어날 것이다. 군자금이 생기면 '자신'을 위해 돈을 쓸 수 있게 된다. 이 법칙은 나에게 깊은 인상을 남겼다.

두 번째 책은 아주 전략적인 책으로, 마이크 미칼로비치Mike Michalowic의 《수익 먼저 생각하라Profit First》이다. 마이크는 경제적인 측면에서 천재로, 나는 《수익 먼저 생각하라》의 전략들을 이용해 고난을 극복한 사업가들을 열 명 남짓 알고 있다.

탁월한 성공을 향해 나아간다는 것은 경제적 자유와 충족감이 있는 삶을 만드는 것이다. 텅 빈 은행 계좌로는 그렇게 할 수가 없다. 번 돈을 유지하지 못하고서는 그렇게 할 수 없다.

이런 책들에서 법칙을 배워라. 그러면 성공을 향해 나아갈 수 있다.

당신도 할 수 있다!

⚞ 내가 번 돈을 지키기

2015년이었다. 캘리포니아 샌디에이고에서였다. 두 번째 해를 지나 절반쯤 왔을 때 나는 연속으로 200만 달러 이상을 벌어들였다. 무척 짜릿했다. 다만 내가 국세청에 분기별 세금으로 25만 달러짜리 수표에 서명해 주었다는 점은 전혀 짜릿하지 않았다.

세금을 내고 나면 은행에는 75만 달러가 채 남아 있지 않았다. 어떻게 이런 일이 가능하지? 나는 2014년에 200만 달러 이상을 벌었고, 2015년에는 400만 달러를 넘어섰다. 내 돈이 다 어디로 간 걸까?

내 재정 상태에 대해 진지하게 생각해 봐야 할 때였다. 첫 2년 동안 나는 불이 계속 켜져 있는 데 만족했다. 이제는 커다란 경제적 염원이 있었다.

나는 회계사와 자리에 앉아서 장부를 모두 감사했고, 그 결과는 썩 달갑지 않았다. 광고비용, 월급, 그리고 최악은 세금이었는데, 이것들로 인해 나는 번 돈의 25퍼센트도 못 지키고 있었다. 대부분의 사업에서 이는 그리 끔찍한 수치가 아닐 테지만, 적어도 내가 '당신의 사업에 불을 지펴라'에서 보고 싶은 비율은 아니었다.

첫째 날, '당신의 사업에 불을 지펴라'에 관한 내 목표는 군살 없고 기민한 이윤 창출 기계를 구동하는 것이었다.

나는 경제적 자유와 충족감을 바랐다. 번 돈을 지키고 싶었다.

회계사가 내 정곡을 찔렀다. "존, 캘리포니아에서 돈을 버는 건 어렵지 않아요. 하지만 부자가 되는 건 거의 불가능하지요." 이 말이 내 머리를 후려쳤다. 나는 캘리포니아에서 돈을 벌고 있었다. 그것도 많이. 하지만 광고 비용, 인건비, 그리고 51퍼센트의 주 및 연방 세금을 내고 나면 남는 것은 그리 많지 않았다. 분명 많은 돈을 벌었던 것 같은데 막상 내가 가진 돈은 무척 적었다.

엄청나게 사기가 꺾이는 일이었다. 나는 새로운 프로젝트를 할 흥미를 잃었다. 사업 경력에 있어 그리 멋진 시기는 아니었다.

세율을 낮추는 합법적인 방법을 찾아보았지만 모든 게 너무나 복잡하고 혼란스러울 따름이었다. 그러다 나는 푸에르토리코에 대해 읽었는데, 이곳은 미연방에 속하며, 법 20조Act 20에 따라 이곳에 속한 캐리비안 섬으로 이주하는 본국의 기업가들에게 인센티브를 주었다.

간단히 말해, 법 20조는 내 세율을 51퍼센트에서 4퍼센트로 줄여 줄 수 있었다. 너무 좋은 조건이라 진짜일까 의구심이 들었지만, 회계사가 그 법을 조사하고 나는 그곳으로 이주한 사람 몇과 대화를 나누고 나서, 지금이 적절한 때이자 기회임을 알게 되었다.

2016년 5월 1일에 케이트와 나는 푸에르토리코로 이주하여 꿈에 그리던 멋진 집을 찾고, 그 이후로 죽 여기에서 살고 있다. 또한 팀을 군더더기 없이 유지하고, 비용 지출은 줄여, 수익의 대부분을 지키고 있다.

2013년 이후로 우리는 월간 수입 보고서를 발행하여 우리가 창출한 수익과 발생한 지출을 정리해 공유하고 있다. 지난달에 이룬 성공과 실패를 상세히 설명하고, 회계사로부터 절세 조언을 받고, 변호사에게서 법률 조언을 제공받는다. 월간 수입 보고서는 우리가 청취자들에게 정직하고, 투명하고, 열려 있는 태도로 임하겠다는 맹세를 지킬 수 있게 도와준다.

여전히 몇 달 정도는 지출이 다소 높은 편이지만, 수입 보고서는 우리가 사업을, 다시 말해 수익을 계속 예의 주시하고 있음을 알려 준다. 당신이 계속 세상에 자신의 목소리, 메시지를 전달하고 임무를 행하고 싶다면, 수익을 가장 우선시해야 한다. 자기 자신과 사랑하는 사람들조차 지탱하지 못하면 어떤 영향력도 발휘할 수 없으니 말이다.

'당신의 사업에 불을 지펴라'에 출연한 비범한 기업가들

라밋 세티Ramit Sethi가 자신의 돈을 지킨 방법

막대한 돈을 벌어들이는 것과 부자가 되는 것 사이에는

하늘과 땅만큼의 차이가 있다.

_마를렌느 디트리히Marlene Dietrich

우리는 모두 어떻게 해야 자신의 돈을 지킬 수 있을지 안다고 여긴다. 매월 말일이 되면 청구서들을 바라보고, 어깨를 으쓱하며 이렇게 말한다. "딱 생각한 만큼 썼네." 경제적으로 한 걸음 나아가려고 애쓰지만, "예기치 못한 지출"이 늘 우리의 계획을 꼬아 놓는다. 자신의 돈을 지키려고 할 때 왕왕 일어나는 일이다.

공격적인 역할을 맡는 건 완전히 다른 게임이다. 이는 우리로 하여금 더 큰 꿈을 꾸게 해 준다. 휴가를 가고, 비즈니스석에 앉게 해 준다. 근사한 레스토랑에서 코스 요리를 먹을 수 있게 해 준다.

공격적인 역할은 우리가 부유한 삶을 꾸리는 데 돈을 사용하게 해 준다.

'부자가 되는 법을 가르쳐 드립니다IWillTeachYouToBeRich' 홈페이지에 돈에 대한 글을 쓰기 시작했을 때, 라미트는 20대 초반이었고, 미혼에, 결혼 자금을 모아 둔 상태였다. 그는 마침내 아내를 만났을 때, 아름다운 결혼식을 치르기에 충분할 만큼 자신이 경제적으로 준비가 된 상태이길 바랐다.

몇 년 후 책 홍보를 위해 오레건주 포틀랜드에 갔을 때, 한 젊은 여인이 그에게 자신은 약혼자도 없지만, 그의 글을 읽고 결혼 자금을 모으게 되었다며 감사를 표했다. 라미트는 그녀에게 짧은 동영상으로 그녀가 얼마나 준비되어 있는지 이야기를 해 볼 것을 제안했지만 그녀는 거절했다. "아직 약혼자도 없으니 그런 일을 이야기하는 게 좀 이상할 것 같아요."라면서 말이다.

라미트는 스스로에게 물었다. "앞으로 어떤 일이 분명히 일어나리라는 걸 아는데, 그 일에 대한 계획을 세우는 게 그렇게 이상한가, 왜?"

누군가는 언젠가 결혼을 한다. 누군가는 언젠가는 아이를 낳고, 자동차를 사고, 집을 산다. 누군가는 은퇴를 하고, 나이든 부모를 봉양하게 된다. 어째서 이런 인생의 단계들에 관한 계획을 세우고 저축을 하는 게 이상하단 말인가?

인생을 살아가면서 방어적인 역할을 맡기보다 공격적인 역할을 맡는 건 어떨까? 더 큰 꿈을 꾸면 어떨까? 돈을 가지고 자신이 해야 하는 일만 생각하지 말고, 자신이 하고 싶은 일을 생각하는 게 어떨까?

공격적인 역할이란, 자신에게 중요치 않은 물건들에 대한 지출을 무자비하게 줄이는 것이 아니라, 좋아하는 일들에 돈을 지출하는 것이다. 라미트는 10개년 저축 전략을 추천한다. 매달 일정 금액을 정해 저축 계좌로 자동이체를 하는 데서부터 시작하라. 이제 당신은 더 앞선 계획을 세우고 꿈을 계획할 수 있다.

향후 10년 동안, 당신이 구매하고 싶은 가장 '큰' 것은 무엇인가? 이것은 배우자와 함께하면 무척 재미있는 활동이 될 수 있다.

자신의 꿈을 써 내려갈 때는 작은 것부터 시작하라. 경제적 목표에 도달하기까지 시간이 충분하기 때문이다. 시작은 이런 꿈들을 실현하게 한다. 라미트는 이렇게 말한다. "방어적인 역할을 하는 지점, 분노와 신경증과 죄책감의 근원이 되는 지점에서 돈을 꺼내 와서 공격적인 역할로 전환하라. 자동 이체 시스템을 이용하여 매달 저축을 하고, 자신만의 부유한 삶을 살기 위해 어떻게 돈을 쓸지에 집중하라."

· 18 ·
황금의 샘

*The
Common Path
to
Uncommon Success*

> 항구에 매인 배는 안전하다.
> 하지만 그것이 배의 존재 이유는 아니다.
>
> 존 A. 섀드 John A. Shedd

이제 당신의 배를 출항시킬 때이다. 이제 성공을 향한 항해를 시작할 때이다. 마지막 장은 '황금의 샘'이라고 부르기에 적합하다. 나는 지난 수년간 멋진 조언들을 받았다. 거기에 내 의견을 더해 이 장에 정리해 보았다. 영감, 동기, 지침이 필요한 순간마다 '황금의 샘'을 찾아오라.

즐거운 여정이 되길!

≼ 내 지식의 샘

이 부분은 '듀마이즘'이라고 부르겠다. 내가 2012년부터 성공한 기업가들 2500명과 2500건 이상의 인터뷰를 하면서 거듭 검증한 내용이자 가장 좋아하는 말들을 정리해 보았다.

집중하라: 성공할 때까지 한 길을 걸어가라

내가 '당신의 사업에 불을 지펴라'에서 인터뷰를 진행하면서 가장 많이 한 말일 것이다. *성공할 때까지 한 길을 걸어가라*Follow One Course Until Success, 이 멋진 말은 머리글자를 따서 축약하면 더욱 멋지다. '집중하라FOCUS'. 자신의 길을 가는 동안 짓눌린 기분을 느낀다면, 너무 바쁘다면, 스트레스가 극심하다면, 이제 한 곳에만 집중하고, 쓸데없는 것들은 모두 잘라 낼 때이다.

내 경우에 집중 대상은 '당신의 사업에 불을 지펴라'에서 더 좋은 인터뷰를 진행하는 것이다. 이는 나를 성공으로 이끌 하나의 길이다. 그 밖의 것들은 있으면 좋지만, 성공으로 나아가는 경로에서 내 방향을 좌지우지하지는 않는다.

성공한 기업가들은 자신이 가는 하나의 길이 성공에 맞닿아 있음을 정확히 알았다. 당신은 어떠한가?

허락을 구한다? 거울을 보라.

나는 다른 사람의 허락을 구하는 사람들을 수차례 보았

다. 일을 시작해도 되느냐고 허락받고, 그만둬도 되느냐고 허락받으며, 숨을 쉬어도 되느냐고 허락받는다! 우리는 어째서 다른 사람의 허락을 구해야 한다는 강박감을 느끼는 걸까?

성공을 향해 나아가는 과정에서, 우리에게 필요한 허락은 오직 자기 자신의 허락이다. 이건 당신의 인생이고, 당신의 기회이며, 당신의 길이다. 어째서 다른 누군가에게 이끌어 달라고 해야 하는가?

비교와 좌절

다른 사람과의 비교는 좌절감을 불러일으킨다. 언제나 더 부유하고, 더 행복하고, 더 성공한 사람은 있기 마련이다. 언제나 더 가난하고, 더 불행하고, 성공하지 못한 사람이 있기 마련이다.

다음의 말을 기억한다면 삶이 더 행복해질 것이다. "비교해야 하는 상대는 바로 '어제의' 자신뿐이다."

'대부분'의 경우 그 비교에서 오늘의 내가 승리한다면, 삶에서 승리한 것이다.

견인력을 갖추고, 필사적으로 매달려라

사업가로서 얻어 내야 하는 가장 어려운 일 중 하나가 콘셉트 검증이다. 사람들이 기꺼이 돈을 지불할 만한 해결책을 만들었다면, 그 길로 밀어붙여 죽 가야 할 때이다. 나는 콘셉트 검증 단계에 도달했지만 그 후 이상하게도 관성 상태에 머무르는 사업가들을 수없이 보았다. 큰 실수이다. 견인력을 얻게 되면 그때부터 모든 것을 걸고 매달려라.

나는 "햇살이 비추는 동안 건초를 말려라."는 말을 무척 좋아한다. 농부들은 햇살이 날 때 건초를 말려야 함을 안다. 모퉁이만 돌면 늘 태풍이 몰아치기 때문이다.

2013년에 '팟캐스터의 천국' 서비스를 개시했을 때 웨비나로 사람들이 몰려들었다. 나는 계속 나아갔고, 3년 동안 매주 웨비나를 진행했다. 어느 시점에서는 햇살이 비추지 않을 것임을 나는 알았고, 따라서 먹구름이 다가오기 전에 웨비나를 할 기회를 마지막 한 방울까지 쥐어짜야 한다고 생각했다.

당신도 할 수 있다!

수입보다 적게 써라

어째서 미국인들의 60퍼센트는 예기치 못한 400달러 정도의 지출에 흔들리는 걸까? 월급에 합당한 지출을 해야 한다고 사회적으로 훈련되어 있기 때문일 것이다. 그렇다면 수입이 6만 달러에서 8만 달러로 오른다면 어떨까?

어째서 연말이 되어도 당신의 은행 잔고는 변함이 없어 보이는 걸까? 새로운 라이프스타일에 맞추어 일 년에 8만 달러를 썼기 때문이다. 그렇다, 차량에 더 많은 돈을 쓰고, 여행을 좀 더 하며 휴식을 즐기게 됐을 것이다,

하지만 미래의 자신은 한탄하게 될 것이다.

성공한 기업가들은 수입에 못 미치는 생활을 한다. 이들은 군자금을 차곡차곡 쌓고, 그것을 다음의 상황에서 사용한다.

- 자기 사업에 투자한다.
- 다른 사업에 투자한다.
- 미래에 비가 오는 날을 헤쳐 나가는 데 사용한다.

경제적 자유와 충족감을 위해, 미래를 위해 투자하라.

매일 1퍼센트씩 더 나아져라

"어느 날 자고 일어나 보니 성공해 있었다"는 말은 신화에 불과하다. 매일 1퍼센트씩 나아지는 것은 성공으로 가는 유일한 길은 아니지만 확실한 길이다. 매일 1퍼센트씩 발전한다면, 누적 효과 덕분에 시간이 흐를수록 놀랄 만한 발전을 이룰 것이다.

이와 관련해 읽을 만한 책 두 권을 소개하겠다. 제프 올센Jeff Olsen의 《슬라이트 엣지The Slight Edge》와 대런 하디Darren Hardy의 《인생도 복리가 됩니다The Compound Effect》이다. 이

책들은 매일 1퍼센트씩 더 나아지는 일의 가치를 말한다. 이 방식으로 준비를 갖춰라. 그러면 경제적 자유를 향해 나아갈 수 있을 것이다.

반복하라

어째서 사람들은 전에 한 번도 해 보지 않았던 일을 잘할 수 있다고(혹은 잘하리라고) 생각하는 걸까? 나는 자신이 어떤 일을 한 번도 해 보지 않았고 그 일을 잘하지 않기 때문에, 그 일을 하지 못하겠다고 주장하는 사람들의 이메일을 매일 받는다.

나는 늘 이렇게 대답한다. "어째서 전에 한 번도 해 보지 않았던 일을 처음부터 잘할 수 있다고 기대하나요?"

마이클 조던이 공을 튀겨 보지도 않고 단번에 위대한 농구선수가 되었던가? 필 미켈슨Phil Mickelson이 골프 클럽을 휘둘러 보지도 않고 위대한 골퍼가 되었던가? 물론 그렇지 않다.

나는 자신이 좋은 팟캐스터냐고 생각하냐는 질문을 받은 적이 있다. 뭐라고 대답했을까? "480편쯤 만들면요." 매일 아침 일어나서 반복적으로 일한 지 일 년 반이 되는 때였다.

어떤 분야에서 위대해지고 싶은가? 좋다! 한 가지 비결이 있다. 바로 '반복'이다.

꾸준히 하라

사업가는 실패하지 않는다. 그저 자신을 성공으로 이끌어 줄 일들을 중간에 그만둘 뿐이다.

100편의 팟캐스트 방송을 하기까지 무척이나 많은 일을 했다. 하지만 100편에 도달했을 때도 나는 성공하지 못했다. 그저 팟캐스트의 문을 닫지 않았을 뿐이다. 경제적으로 한숨 돌린 것은 일일 팟캐스트를 한 지 13개월째가 됐을 때였다. 그때는 400편을 넘게 방송한 상태였다. 나는 성공을 좇으며 100편이라는 기점을 지나서도 4배나 더 먼 길을 꾸준히 나아가야만 했다. 그리고 성공을 찾아낸 뒤에는 그 성공을 계속 붙들어 두어야 했다.

경제적 자유와 충족감을 얻은 사업가들이 다른 누구보다 더 낫다거나, 더 운이 좋다거나, 더 영리해서 성공한 건 아니다. 그들은 그저 더 오래 했을 뿐이다. "성공의 80퍼센트는 꾸준히 하는 데 있다."는 우디 앨런Woody Allen의 말은 옳다. 당신은 꾸준히 하고 있는가?

탁월한 성공을 향해 나아간 나의 방법은, 쉬지 않고 꾸준히 2천 일 동안 2천 편의 방송을 한 것이다. 즉, 나는 '매일' 인터뷰 방송을 5년 6개월 동안 한 것이다. 당신은 무엇에 헌신하고 있는가?

딱 한 번, 한 가지 일만 제대로 하면 된다

태어나서 32년 동안 나는 수많은 일들을 잘못했다. 하지만 서른두 살이 된 후, 나는 딱 한 번 제대로 된 일을 했다. 바로 성공한 기업가들을 인터뷰하는 일일 팟캐스트의 필요성을 깨달은 일이다. 이 한 가지가 나를 경제적 자유와 충만한 인생으로 이끌었다.

서른두 살 이후 나는 많은 일들을 잘못했지만, 내게 필요했던 건 오직 한 가지 아이디어였다. 용기를 가지고, 믿어라. 플레이트로 걸어 올라가서, 방망이를 휘두르고, 계속 휘둘러라. 1천 번 헛스윙을 할 수도 있다. 하지만 다음 타석에서는 홈런을 날릴 아이디어를 찾을 수 있을 것이다.

토머스 에디슨은 어떻게 전구를 발명했는지에 관해 멋진 말을 남겼다. "나는 실패하지 않았소. 그냥 효과가 없는 방법을 1만 개쯤 확인했을 뿐이오." 1만 1번째 방법이 토머스 에디슨에게 효과가 있었다. 그리고 우리는 지금 그 결과물을 보고 있다. 우리도 딱 한 번만 제대로 된 일을 하면 된다.

당신도 할 수 있다!

불을 붙게 하는 지점에 초점을 맞춰라

무엇이 당신을 불붙게 하는가? 무엇이 당신을 소름 돋게 하고 당신이 살아 있다고 느끼게 하는가? 당신이 불붙는 지점을 확인하면, 진짜 문제에 대한 최선의 해결책을 만드는 곳으로 시야가 특정된다. 불붙는 지점에서, 완벽하게 그곳에 시야를 고정하고 거기에서 먹고 살아가고 숨 쉬면, 경제적 자유와 충족감을 얻는 길이 나타날 것이다.

⨝ 황금의 샘, 각양각색의 버전

나는 제임스 클리어의 '꼭 읽어야 할' 이메일 뉴스레터와(당신도 제임스 클리어JamesClear.com의 홈페이지에서 구독 신청을 할 수 있다.) 그의 멋진 책《아주 작은 습관의 힘Atomic Habits》에 큰 빚을 지고 있다. 내가 클리어의 뉴스레터와 책에서 눈여겨본 다양한 사람들의 가치 있는 조언들을 공유하고자 한다. 그 후에는 내가 '제임스 클리어 버전'으로 정리한 내용들을 소개할 것이다. 당신은 이를 놓치고 싶지 않을 것이다!

원하는 것을 얻지 못한다면, 그건 정말로 원한 게 아니거나,
혹은 당신이 값을 깎으려고 애썼다는 신호이다.

러디야드 키플링

경제적 자유와 충족감을 얻어 내기란 힘들다. 그것을 위한

대가는 노력, 꾸준함, 끈기이다.

당신이 걸어온 길은 탁월한 성공을 거머쥘 수 있게 해줄 것이다. 당신이 성공에 필요한 요소들에 집중해 왔기 때문이다.

프로세스를 믿어라.

용기가 늘 크게 고함을 지르진 않는다.
이따금 용기는 하루가 끝날 때 조용히 속삭인다.
"내일 다시 해 볼 거야."

메리 앤 리드마처Mary Anne Radmacher

열정으로 충만하고, 자신감과 용기가 넘쳐흐르는 사람을 본 적 있을 것이다. 하지만 몇 달 지나지 않아 이런 사람들 대부분은 기억 속으로 사라진다.

탁월한 성공을 향한 길에서, 용기란 그저 "오늘 나는 최선을 다했어. 내일 다시 해 볼 거야."라고 말하는 것일 뿐이다.

당신이 아무것도 변하지 않는다 해도,
당신은 선택하고 있다.

로리 부캐넌Laurie Buchanan

우리는 매일 선택을 한다. 어떤 사람들은 똑같은 상태를

유지하기를, 그대로 고여 있기를, 그 자리에 머물기를 선택한다. 그러나 우리는 발전하고, 적응하고, 주변 세상을 받아들이기를 선택한다. 우리는 고객들에게 무엇이 필요하냐고 묻고, 언제든 변화할 수 있는 해결책을 제공하는 것을 택한다.

> 한 사람이 가르치면, 두 사람이 배우게 된다.
>
> 로버트 하인라인Robert Heinlein

당신은 세상과 나눌 지식을 가지고 있다. 그 지식을 나눌 때, 당신은 다른 사람들을 가르치는 동시에 그만큼 배우게 된다. 가르치는 법, 사람들의 어려움을 해결하는 방법, 세상에 영향을 미칠 수 있도록 자신의 지식을 활용하는 법을 배우게 된다. 그렇게 성공의 법칙에 대해 배우고, 세상에 불을 지피게 된다!

> 사람들은 자신의 미래를 결정하지 않는다.
> 사람들은 자신의 습관을 결정한다.
> 그러면 그 습관이 미래를 결정할 것이다.
>
> F. M. 알렉산더F. M. Alexander

많은 사람들이 무엇보다 경제적 자유와 충족감을 바란다고 주장하지만, 그들의 습관에는 그러한 열망이 반영되어 있지 않다. 경제적 자유와 충족감을 거머쥔 사람들은 먼저 자신을 탁월한 성공으로 이끄는 습관이 무엇인지 규정하고, 매일 같이 그 습관을 몸에 배게 한다. 매일의 습관은 탁월한 성공을 위한 기반이 된다. 규정하고, 실행하고, 몸에 배게 하라.

당신도 할 수 있다!

이따금 마법은 무언가에 적당하다고 여겨지는 수준보다
더 많은 시간을 들일 때 일어난다.

펜과 텔러Penn & Teller

반복하여 행하고 있는가? 바싹 따라붙은 경쟁자보다 10배나 더 많이 일하고 있는가? 당신의 해결책이 곳곳에서 최선의 해결책이 되게끔 열심히 일하고 있는가? 세간에서 적당하다고 여겨지는 수준보다 많이 반복해 행하면, 마법이 일어난다.

질문하는 사람은 5분 동안 바보가 될 뿐이지만,

> 아무것도 질문하지 않는 사람은 영원히 바보가 된다.
>
> 속담

탁월한 성공을 향해 나아가는 사람들은 절대 배움을 멈추지 않는다. 나는 늘 멘토를 만든다. 나는 늘 협력집단과 함께한다. 나는 무리에서 가장 영리한 사람이 아닐 때의 이점을 알고 있다. 당신은 어떠한가?

더 잘 판매하는 법

1. 판매는 많은 면에서 골프와 비슷하다. 당신은 무척이나 복잡하게 골프를 칠 수도 있고, 그냥 걸어 나가 공을 날릴 수도 있다. 나는 근 20년 동안 판매 조직 몇 곳을 만들고 이끌어 왔다. 내가 하고 싶은 말은, 그냥 걸어 나가서 공을 날리라는 것이다.
2. 판매는 어떤 기술, 화학 물질, 밧줄 한 묶음, 채소 한 덩이와 관계된 것이 아니다. 판매는 사람과 관계된 것이며, 문제 해결과 관계된 것이다.
3. 사람들은 네 가지를 산다. 오직 네 가지 뿐이다. 정말로. 그 네 가지는 시간, 돈, 성(性), 그리고 인정받고자 하는 마음과 안정감이다. 이 네 가지 외의 다른 것을 판다면 실패할 것이다.
4. 사람들은 늘 아스피린을 산다. 비타민은 가끔씩

사며, 그 시기는 예측할 수 없다. 아스피린을 팔아라.
5. 나는 매번 이렇게 이야기한다. "모든 상품은 동등하며, 사람들은 친구에게서 물건을 구입한다. 따라서 모든 상품을 똑같이 취급하고, 친구를 많이 만들어라."
6. 가치 있고 유용한 일은 물건을 팔기 위해 해야 하는 일뿐이다. 사람들을 도우러 나서라. 흥미로운 포스트를 보내라. 생일 카드를 써 보내라. 당신이 어떻게 상대의 사업을 성장시켜 줄지 동영상을 만들어 보내라. 서로를 아는 것으로 이득이 될 만한 사람들을 소개하고, 그러고 나서 물러난 후, 보상을 기대하지 마라. 꾸준히 진심으로 이렇게 해 나가라. 그러면 사람들이 당신에게 돈을 줄 방법을 찾을 것이다. 보증한다.
7. 아무도 당신의 몫, 급여, 운영비, 연구개발비 등을 신경 쓰지 않는다. 아무도. 사람들은 당신이 해결해 줄 문제에만 신경 쓴다.

세상에는 당신이 가질 수 있는 돈이 차고 넘친다. 행운을 빈다.

_콜린 다우링 Colin Dowling

여기에 내가 더 덧붙일 말은 없다. 덧붙일 시도조차 하지 않을 것이다.

⛰ 황금의 샘, 제임스 클리어 버전

제임스 클리어는 많은 이유에서 내가 우러러보는 사업가이다. 그는 매우 공들여 글쓰기 기술을 연마했다. 그리고 몇 년 간 꾸준히 인내심을 가지고 임한 끝에, 그는 〈뉴욕 타임스〉 베스트셀러가 된《아주 작은 습관의 힘》으로 큰 성공을 거두었다. 그의 뉴스레터는 매주 내 이메일 수신함으로 들어오는 이메일 중에서도 꼭 읽어야 하는 것이다. (더 알고 싶다면 JamesClear.com을 방문하라)

지난 몇 년 간 내가 가장 좋아하는 제임스 클리어의 말들을 정리해 보았다.

***

과거의 자신을 용서하라. 현재의 자신에게 엄격하라. 미래의 자신에게 융통성 있게 굴어라.

우리는 과거를 바꿀 수 없다, 오직 과거에서 배울 수 있을 뿐이다. 지금 이 순간은 완벽히 통제할 수 있다. 핸들을 쥐고 나아가라! 세상은 끊임없이 진보한다. 당신의 미래도 마찬가지이다. 아직 펼쳐지지 않은 미래에 너무 엄격히 굴지 마라. 적응하고 번창해 나갈 공간을 스스로에게 허용하라.

＊＊＊

부는 선택하는 힘이다. 경제적 부는 돈을 어떻게 쓰느냐를 선택하는 데서 나온다. 풍요로운 인간관계는 누구와 어울리느냐를 선택하는 데서 나온다. 시간은 하루를 어떻게 쓰느냐를 선택하는 데서 나온다. 건강한 정신은 어떤 식으로 정신 에너지를 쓰느냐를 선택하느냐의 문제이다.

성공으로 나아가는 과정에서의 목표는 선택할 수 있는 힘을 갖는 것이다. 자신의 돈, 시간, 에너지를 어떻게 쓸지 선택할 때, 우리는 진정으로 탁월한 성공을 거머쥐게 된다.

＊＊＊

진지하게 무언가를 취하고자 한다면, 그것을 공공연하게 발표하라. 글로 게재하기 위해서는 생각을 분명히 하지 않을 수 없다. 경쟁자는 당신이 꾸준히 훈련받지 않을 수 없게 한다. 어떤 주제에 관해 공표하면, 그 내용을 더 많이 공부해야만 한다. 사회적 압박은 우리를 게임으로 몰아세운다.

의무감은 큰 원동력이 된다. 그래서 자신이 알고, 좋아하고, 신뢰하는 사람들로 협력집단을 구성하면 온 힘을 기울이게 되는 것이다. 자신이 존중하는 사람들로부터 어떤 일에 대한 책임을 부여받으면, 그 일을 더 잘해내게 된다. 그것을 현실로 만들어라. 게임에 뛰어들어라. 탁월한 성공은 안전지대 '바깥'에 있다. 그러니 나가서 쟁취하라!

***

실패는 대부분 한 번 비용을 치르면 그만이다. 후회는 대부분 비용이 반복해 발생한다. 아무것도 하지 않아서 생기는 고통이 잘못된 행동으로 인한 고통보다 더 오래 간다.

가장 많이 방망이를 휘두른 사람이 가장 많이 홈런을 날린다. 실패에서 배우고, 다시 한 번 방망이를 휘두를 수 있게 해 주기 때문이다. 삶의 마지막 순간에 후회하고 싶은 사람은 없다. '행동'하겠다고 결심할 때 후회가 사라지게 된다.

✳ ✳ ✳

불필요한 헌신은 불필요한 물건을 잔뜩 소유하는 일보다 훨씬 낭비다. 물건은 무시하면 그만이지만, 헌신은 우리의 시간과 주의를 잡아먹는다. 누군가로 하여금 그 자신에게 의미 있는 일을 하도록 돕는 것이, 당신의 삶에 의미를 줄 수 있다.

오랫동안 나는 모든 일에 "하겠다"라고 대답했다. 그러다가 내가 매번 같은 대답을 하고 있음을 깨닫고는, 그 시간에 다른 일을 할 수 있는 상황이라면 "하지 않겠다"고 말하게 되었다. 나는 이런 깨달음을 얻은 뒤로 내가 어디에 헌신하는지 '무척이나' 주의를 기울인다.

탁월한 성공으로 나아간다는 것은 자유에 관한 것이지, 얽매이는 것이 아니다.

✳ ✳ ✳

자신이 되고 싶은 사람이 되는 행동을 선택하라.

그냥 오레오나 한 상자 사서 먹고 있는가? 그렇다면 뚱뚱한 사람이 되는 쪽을 선택한 것이다. 연속 5일 동안 운동을 했는가? 그렇다면 건강한 사람이 되는 쪽을 선택한 것이다. 당신은 지금 어떤 행동으로 어느 쪽을 선택하고 있는가?

* * *

가치 있는 것을 믿어야 행운이 끌려온다. 가치를 전달하는 일을 되풀이할수록, 더 많은 사람들이 그 가치를 구하며 당신을 찾을 것이다. 당신의 명성은 자석이 될 것이다. 일단 뭔가로 이름이 알려지게 되면, 추가적인 노력 없이도 적절한 기회들이 다가온다.

아직 서비스가 제공되지 않는 틈새시장을 찾지 않는다면, 스스로 무명의 삶으로 떨어지는 셈이다. 아무도 인스타그램의 1만 634번째 성공한 사람에게는 조언을 구하지 않는다. 사람들은 눈 먼 개를 피아노를 치도록 훈련시킨, 가장 성공한 사람과 이야기를 나누고 싶어 한다. 물론 이 틈새시장은 대강 말해 본 것이지만, 어쨌든 무슨 말인지 알 것이다. 자신이 고른 틈새시장에서 최고가 되어라. 그러면 사람들이 당신을 찾고, 기회가 널리게 될 것이다.

* * *

정보가 널려 있고 정보에 접근하기 쉬워진 세상에서, 진짜 이익은 어디에 집중해야 할지 아는 데 있다.

정확한 곳에 집중하는 것, 이것이 탁월한 성공으로 나아가는 법에 관한 전부이다. 오늘날의 세계에서 접근이 어렵고 정보가 많지 않은 것은 무엇일까? 거기에 집중하라. 구글 검색창에 키보드 몇 번 두드려서 해결할 수 없는, 당신만이 해결할 수 있는 문제는 무엇인가? 그 답을 찾으면 경제적 자유와 충족감이 당신의 것이 된다.

＊＊＊

> 사람들의 주목을 받고 특출난 사람들의 존경을 받는 최선의 방법은 특출난 일을 해내는 것이다. '좋아요'가 '좋아요'를 부른다.

반복하라. 매일 조금씩 더 발전해라. 그러다 보면 어느 날 특출난 사람이 되어 있고, 사람들이 당신의 집 문을 두드리러 올 것이다.

＊＊＊

> 문제를 개인적으로 받아들이지 않는 것이 가장 큰 힘이 된다.

내게 달렸던 첫 번째 부정적인 댓글이 아직도 선명히 기억난다. 누군가가 내 배에 주먹을 날린 기분이었다. 이 말을 하자 내 멘토는 이렇게 대답했다. "존, 마침내 도달한 거야!" 그녀는 세상에 의미 있는 무언가를 만들어 내는 사람이라면 늘 어떤 태도를 취하게 되는데, 그럴 때마다 그를 싫어하는 사람이 생겨난다고 설명했다. 이런 사람들은 그의 입장에 동의하지 않거나, 그를 무척이나 싫어하거나, 더 많게는 그의 하루를 망치려고 든다고도 했다.

"상처받은 사람은 다른 사람에게 상처를 입힌다." 이 주문을 잊지 않는다면, 부정적인 반응을 더 많이 받게 되어도 덜 힘들어질 것이다. 별 거 아닌 말이지만 진실이다. 당신을 싫어하는 사람은 내면에 상처를 입은 사람이다. 뭔가 가슴 아픈 경험을 해서 누군가를 비난하고 싶을 뿐인 것이다. 당신을 싫어하는 사람들에게 연민을 지녀라. 그들이 그런 대접을 받을 가치가 없다 해도 그들에게는 필요한 일이다.

* * *

> 다른 사람들이 어떻게 생각할지 관심을 끄면 창조적인 아이디어가 나온다.

당신은 무엇을 위해 경제적 자유와 충족감을 얻고자 노력하는가? 그게 친구를 위한 일인가? 이웃집 아주머니를 위한 일인가? 그렇지 않다.

그건 당신과 당신이 사랑하는 사람들을 위한 일이다. 탁월한 성공은 창조적인 아이디어에서 나온다. 창조적인 아이디어는 다른 사람들이 어떻게 생각할지에서 관심을 끄면 나온다.

* * *

어디에 집중할지 관리할수록 미래가 더욱 잘 관리된다.

이 세상에 존재하는 모든 것은 우리의 집중력을 흐트러뜨리기 위해 존재한다. 사람들은 당신의 집중력을 흩어 놓기 위해 수백만 달러를 받았다. 모든 사람들이 당신의 귀에 대고 비명을 질러 댄다. 경제적 자유와 충족감을 거머쥐고 싶다면, '어디에 집중할지를 관리하라.' 집중할 곳을 관리하고, 성공을 향한 여정에 집중한다면, 경제적 자유와 충족감은 당신의 것이다.

* * *

지식은 호기심에 붙은 복리와 같다.

빅 아이디어를 만들기란 쉽지 않다. 빅 아이디어의 핵심 요소 중 하나는 호기심이다. 어떤 주제에 집요하리만큼 집중하여 호기심을 키운다면, 지식이 커지고 그 분야에 숙달된다.

숙달은 당신을 틈새시장에서 달인이 되게 해 준다. 자신의 틈새시장에서 달인이 되면 성공을 거머쥐게 된다.

* * *

좋은 습관을 들인다면 시간이 당신의 편이 되어 준다. 필요한 건 오직 인내심뿐이다.

올바른 습관이 무엇인지 규정하고 그것을 체화하면, 경제적 자유와 만족감으로 가는 길을 찾는 것은 시간문제이다. 시간에 매이지 말고, 오히려 시간이 당신을 위해 일하게 하라.

* * *

보다 자유롭기 위해서는 한곳에 초점을 맞추어야 한다. 경제적 자유를 거머쥐려면 절약하는 데 초점을 맞춰라. 물리적 자유를 거머쥐려면 운동에 초점을 맞춰라. 지적 자유를 얻기 위해서는 배움에 초점을 맞춰라.

한 마디 더. 내가 '초점Focus'이라는 말을 좋아하는 이유는 바로 이 때문이다. 성공할 때까지 이 방법을 따라라.

∗ ∗ ∗

> 결국 우리는 자신이 주의를 기울인 곳에서 살게 된다.

인생은 한 번뿐이다. 자신의 열정을 찾고, 그것을 자신이 세상에 제공할 수 있는 가치와 결부시키고, 거기에 모든 주의를 기울여라. 그러면 자신이 사랑하는 일을 하고, 다른 사람들의 삶에 영향을 미치면서 살게 될 것이다. 충족감을 정의한다면, 바로 이것 아니겠는가?

∗ ∗ ∗

> 얼마나 오래할 수 있을지 걱정은 그만두고, 그냥 시작하라. 그러는 동안에도 시간은 흘러간다.

인간은 미루는 걸 좋아한다. 미루는 것을 미루면서 좋아한다. 그런 사람을 보며 외치고 싶은 딱 한마디는 바로, "시작해!"이다. "'10초만 기다려' 라고 말하지 마! 지금 해!"

∗ ∗ ∗

> 노력 없는 뛰어난 전략은 망상일 뿐이다. 위대한 전략이 없는 노력은 악몽일 뿐이다.

경제적 자유와 충족감을 거머쥐고 싶다면, 노력하라. 하지만 목적이 있는 노력이어야만 한다. 목적에서 전략이 나오기 때문이다. 잘못된 방향으로 한 시간 동안 100만 킬로미터를 달려간다면, 있어야 할 곳에서 100만 킬로미터 멀어진 것이다.

노력하라. 영리하게 전략을 세워라. 그리고 실행하라.

***

> 유용한 인내심이란 지속성이 있는 것이다. 인내심에는 상황이 나아지기를 기다린다는 의미가 내포되어 있다. 지속성은 생각보다 시간이 훨씬 더 걸려도, 묵묵히 계속 일을 해 나가는 것을 의미한다.

매일 중요한 일에는 "하겠다"고 말하고, 중요치 않은 일에는 "하지 않겠다"고 말하는 전투가 벌어진다. 집중은 실행이다.

'서서히, 꾸준하게'는 대개 승리한다. 이것이 우리에게 동기를 유지하게 하기 때문이다. 감당할 수 있는 도전들을 받아들이면, 진보하고 있다는 신호를 자주 받게 될 것이다. 베어 물 수 있는 만큼보다 크게 베어 물면, 진보는 멈춘다. 진보가 있어야 계속 나아가고 싶어진다. 진보하지 못하면 그만두고 싶어진다.

진보를 가로막지 마라. 멈추지 마라. 매일 "하겠다"라고 말하는 전투를 치러라.

당신도 할 수 있다!

⫸ 황금의 샘, 케빈 켈리 버전

이번에는 케빈 켈리Kevin Kelly의 가치 있는 말들을 전달할까 한다. 그는 68번째 생일에 《작은 오지랖 68개68 Bits of Unsolicited Advice》를 펴냈다. (케빈에 대해 알고 싶다면 KK.org를 방문하거나, 구글에서 '케빈 켈리 68'을 검색해 보라.)

케빈 켈리의 작은 오지랖 중 내가 좋아하는 14개의 오지랖을 소개하겠다.

＊＊＊

> 싫은 사람, 심지어 방해꾼에게서도 뭔가를 배우는
> 법을 습득하라. 그들이 믿는 것 중에 진실이 있는지
> 찾아보라.

삶에서 일어나는 모든 상황에는 배울 기회가 담겨 있다. 싫어하는, 심지어 나를 방해하는 사람에게서도 배울 점을 찾는다면, 스스로에게 도움이 되는 지식을 늘릴 수 있다.

배울 기회를 차단하면 평범한 성공밖에 거두지 못한다. 반면 모든 것에서 배우면 탁월한 성공이 찾아온다.

***

열정은 지능지수 25만큼의 가치가 있다.

'당신의 사업에 불을 지펴라'를 시작했을 때 나는 좋은 팟캐스트 진행자는 '아니었'다. 극도로 긴장했고, 경험이 없었으며, 초짜였다. 하지만 열정만은 넘쳤다. 때로는 넘치다 못해 폭발할 지경이었다. 이런 열정은 전염성이 강하다. 내 열정은 초대 손님들의 긴장을 풀어 주고, 청취자들의 열정에 불을 붙였다. 이들은 내가 신경 쓰고 있음을 알았다. 내가 발전하려고 애쓰고 있음을 알았다. 내가 최선을 다하고 있음을 알았다.

우리는 최선을 다하는 사람을 응원한다. 자신이 하는 일에 열정을 가져라. 그것 말고 뭐가 있겠는가?

***

언제나 마감 시간을 정하라. 마감 시간은 쓸데없고 평범한 일들을 솎아 준다. 완벽해지려고 애쓰는 걸 막아 준다. 그래야 차이를 만들어 낼 수 있게 된다. 차이를 만들어 내는 편이 훨씬 낫다.

마지막 문장을 언급하면서 시작하고 싶다. "차이를 만들어 내는 편이 훨씬 낫다." 이제 처음 문장으로 돌아가 보자. 마감일이 전부다.

파킨슨의 법칙은 "일이란 시간이 허락하는 한 늘어나게 되어 있다."라고 말한다. 이 말은 완벽한 진실이다. 하루에 한 가지 업무를 주면 하루 동안 그 일을 할 것이다. 내가 글을 쓰는 데 하루를 할애한다면, 시간이 남아돌아서 계속 질질 끌며 글을 쓰게 될 것이다. 하지만 알람을 42분 후로 맞춰 두고 '시작' 버튼을 누른다면, 그 순간부터 시간을 관리할 수 있게 된다.

나는 42분 동안 할 수 있는 한 좋은 문장을 많이 쓰는 경주를 하게 된다. 42분이 지났을 때 18분 간 내가 즐거워하는 일을 하며 휴식을 취한다.

언제나 마감 시간을 정해야 한다. 마감 시간이 닥쳐오면 우리는 배에 올라탄다. 탁월한 성공은 완벽주의가 아닌 완전하지 않은 '행동'에서 온다.

당신도 할 수 있다!

*＊＊

> 바보 같은 질문을 하기를 두려워하지 마라. 다른 모든 사람들도 대부분의 시간을 똑같은 질문을 생각하면서 보낸다. 다만 부끄러워서 묻지 못할 뿐이다.

헨리 포드에 대한 이야기 하나를 읽었을 때 나는 이 말을 떠올렸다. 포드가 법정에서 재판을 받게 되었을 때, 반대측 변호사들은 그가 어리석은 사람임을 만천하에 드러내고자 일련의 상식 문제를 질문했다. 포드는 이렇게 대답했다. "난 당신들이 한 질문 대부분을 모르오." 변호사들은 크게 놀라면서 어떻게 이토록 '무식한 사람'이 전 세계적으로 가장 성공한 자동차 회사를 운영할 수 있겠느냐고 물었다.

포드는 이렇게 대답했다. "그건 내가 세상에서 가장 성공한 자동차 회사를 운영하는 데 알아야 할 게 뭔지 알기 때문이오. 그 외의 지식들은 내 머릿속에 들어 있지 않소. 만약 무언가를 알아야 한다면, 나는 비서를 시켜 책에서 찾아보면 될 뿐이오."

포드의 이야기를 하는 이유는 우리가 모든 것을 알아야만 한다고 생각하는 우를 범하고 있기 때문이다. 우리는 성공을 향한 자신만의 여정에서 지침이 되어 줄 지식을 배우면 될 뿐이다. 그 밖의 것들은 구글 검색만 해도 알 수 있다. 어떤 질문을 할 일이 생겼는데 물어보면 바보 같이 보일까 봐 걱정된다 해도, 어쨌든 물어 보라. 다른 사람에게서 배우는 것은 오히려 영리한 일이다. 질문을 부끄러워하지 않는 것, 그것이 자신감이다.

＊＊＊

> 감사는 다른 미덕들을 열어 주고, 더 감사할 수 있
> 게 하는 것이다.

나는 매일 아침 "~에 감사합니다."라고 읊으며 하루를 시작한다.
    감사는 모든 일의 핵심 토대이다. 감사의 마음을 가지고 살아갈수록 세상에서 보내는 시간이 더욱 즐거워진다. 감사하지 않겠다고 생각할 때조차도 감사의 마음이 빠져나가는 나를 느끼면 케빈 켈리의 말을 떠올린다. 감사의 마음을 키워 나갈수록 결과적으로 모든 것이 삶에 이득이 될 것이다.

＊＊＊

> 프로란 자신의 실수에서 자연스럽게 회복하는 아마
> 추어일 뿐이다.

우리는 모두 아마추어다. 프로란 누구나 다 하는 실수를 저지르지만, 그 실수에 감사해 하며 자연스럽게 회복하여 다른 사람들이 실수를 알아채지 못하게 하거나, 그 상황을 극복한 모습을 보고 놀라게 하는 사람이다.

실수를 잘 저지르도록 하라, 그리고 실수로부터 더 잘 회복하라.

***

최고가 되지 마라. 유일한 사람이 되라.

어떤 분야에서 최고가 된다는 건 압박감을 느끼게 한다. 당신이 A라는 일에서 최고가 되겠다고 말한다면, 나는 A라는 분야에서 최고로 여겨지는 사람들을 살펴볼 것이고, 즉시 압박감을 느끼고 희망을 잃을 것이다.

팟캐스트를 시작할 무렵 내가 느낀 감정이 바로 이랬다. 팟캐스트 세계에서 최고라고 여겨지는 사람들을 조사한 뒤 내가 그들과는 절대 경쟁할 수 없음을 알게 되었다. 그들은 무척이나 경험이 많았고, 지식이 풍부했으며, 그냥 잘했다.

그러고 나서 나는 팟캐스트 안에서 아직 탐험되지 않은 영역을 탐구했다. 그 일은 나를 '유일한 사람'이 되도록 이끌었다. 나는 세상에서 가장 성공한 기업가들을 인터뷰하는 일일 팟캐스트를 처음으로 시도했다. 잘하지는 못했지만, 나는 그 분야에서 유일했다.

유일한 사람이 되는 것만으로도 탁월한 성공을 거머쥐기에 충분하다.

***

> 누군가 당신을 거절했을 때 그것을 개인적으로 받아들이지 마라. 실은 그는 당신을 좋아할지도 모른다. 그저 바쁘거나, 일이 있거나, 다른 데 정신이 팔려 있을 수도 있다. 나중에 다시 시도해 보라. 두 번째 시도가 얼마나 효과를 발휘하는지 놀랄 것이다.

나는 수없이 이 상황의 양 측면에 있어 봤다. 처음 '당신의 사업에 불을 지펴라'를 방송했을 때, 나는 인터뷰 요청을 거절당하면 낙담하곤 했다. 하지만 두세 달 후에 다시 정중하게 다가가면 승낙을 받을 확률이 높아짐을 알게 되었다. 그저 시기가 맞았기 때문이었다.

최근 내게는 기회들이 몰려오고 있다. 어느 날은 나도 너무 압박감을 느끼고 모든 일을 무조건 거절하는 날이 있다. 또 어느 날은 기회들을 하나하나 평가하고 대부분의 약속을 응낙하기도 한다.

무엇도 개인적으로 받아들이지 마라. 누구나 자기 인생을 사느라 정신없다. 바쁘고, 다른 신경 쓸 일들도 많다. 모두가 거절해도, 그게 '지금' 그렇다는 것이다.

매사에 늘 존중심을 가지고 예의 바르게 행동하라. 그러면 두 번째나 세 번째 시도에서 기회가 활짝 꽃피게 될 것이다.

당신도 할 수 있다!

***

습관의 목적은 자기 타협을 하지 않고 그냥 어떤 행동을 하게 만드는 데 있다. 그러면 더 이상 무엇을 할지 말지 결정하느라 에너지를 쓰지 않게 된다. 그냥 하라. 좋은 습관이란 솔직하게 말하는 것에서부터 치실질까지 다양하다.

어떤 행동이 생활에 깊이 배어들면, 그것이 긍정적인 행동이든 부정적인 행동이든 관계없이 작동한다. 그것은 당신에게 도움이 되는 행동일 수도 있고, 당신에게 해를 끼치는 행동일 수도 있다. 습관은 벽돌을 튼튼하게 쌓는 일이다. 우리는 가급적 좋은 습관을 쌓길 바란다. 경제적 자유와 충족감을 거머쥐려면, 좋은 습관으로 기초를 다지는 것이 방법이다.

이제부터 습관을 쌓기 시작하라.

***

당신이 다른 사람들에게 관심을 가질수록, 더욱 흥미로운 사람이 되어 사람들이 당신을 찾게 될 것이다. 흥미로운 사람이 되려면, 사람들에게 관심을 많이 가져라.

그냥 자기 이야기만 하고, 또 하고, 또 하는 친구가 있는가? 이들은 당신의 말이나 행동에는 아무 관심이 없다. 그냥 자신의 이야기만 한다. 시간이 흐를수록 우리는 그들에게 흥미를 느끼지 못하게 된다. 사람들이 당신을 흥미로운 사람이라고 생각하길 바란다면, 그들에게 먼저 관심을 가져라. 질문을 하고, 그들의 활동에 호기심을 드러내라. 그들의 인생에 관심을 가져라.

그 순간 그들이 당신을 더욱 알고 싶어지게 되는 마법이 일어난다. 갑자기 당신을 매력적으로 느끼게 되기 때문이다.

＊＊＊

무언가 좋은 걸 만들고 싶다면 그냥 해라. 멋진 걸 만들려면, 그냥 하고 또 하고 또 해라. 좋은 걸 만드는 비결은 계속 해 보는 것이다.

아침에 일어난다. 똑같은 행동을 반복한다. 잠자리에 든다. 아침에 일어난다. 똑같은 행동을 반복한다. 잠자리에 든다.

이것이 위대한 사람이 되는 방법이다.

언젠가 도예 수업에 관한 연구를 읽은 적이 있다. 교수는 학생들을 두 집단으로 나누었다. 한 집단은 한 학기 동안 가장 멋진 도예 작품 한 점으로 점수를 받기로 했다. 한 점의 작품에, 한 번 평가를 하는 것이다. 작품을 잘 만들수록 좋은 점수를 받게 될 것이었다.

나머지 절반의 학생은 작품량을 평가 받기로 했다. 작품을 많이 만들수록 더 높은 점수를 받는 것이었다. 질적인 부분은 조금도 고려하지 않았다. 학기가 끝날 무렵 재미있는 일이 벌어졌다.

질적 평가를 받기로 한 학생들은 완벽한 작품을 만드는 데 모든 시간을 쏟아부었다. 그 결과 한 학기 동안 작품을 몇 점 만들지도 못하고, 질도 썩 좋지 않았다. 수량으로 평가를 받기로 한 학생들은 형편없는 도기들을 만들어 쌓고 또 쌓았는데, 작품이 점점 더 훌륭해졌다.

이들은 결과에 신경 쓰지 않고 가급적 많이 도기를 만들게 되어 있었다. 그 결과 반복 행동이 기술이 되었고, 품질 좋은 작품이 만들어졌다. 학기가 끝날 무렵 그들은 많은 작품들을 만들었을 뿐만 아니라 최고의 작품들을 만들어 냈다.

이 이야기의 교훈은 무엇인가? 바로 반복하라는 것이다.

나를 예로 들면 일일 팟캐스트를 진행한 일이라고 할 수 있다. 나는 초기 몇 달 동안 별로인 도자기(방송)를 산더미처럼 쌓았지만, 시간이 흐를수록 반복 활동의 보상을 받기 시작했다. 당신 역시 마찬가지이다.

＊＊＊

> 실수는 인간적인 일이다. 자신의 실수를 인정하는 것은 성스러운 일이다. 자신이 저지른 실수를 재빨리 인정하고 책임을 지고, 그러고 나서 실수를 바로잡는 것만큼 발전적인 일은 없다. 일을 망쳤다면, 자백하라. 그런 책임감이 얼마나 강력한지 놀라게 될 것이다.

삶에서 벌어지는 모든 일들에 책임감을 100퍼센트 가지면 얼마나 놀라운 일이 벌어지는지 모른다. 우리들 대부분은 자기 삶을 채운 형편없는 일들에 대해 비난할 사람(혹은 상황)을 찾는 데 엄청나게 많은 시간, 에너지, 정신력을 쏟는다. 비난을 멈추고, 세상에서 자신이 위치한 자리에 대한 책임감을 온전히 가진다면, 모든 것이 변화한다.

우리는 인간이다. 우리는 일을 그르칠 수 있다. 거기에 책임감을 가질 수도 있다. 그것을 포용할 수도 있다. 거기에서 배울 수 있다.

이런 태도가 탁월한 성공을 향해 계속 나아가게 해 준다.

당신도 할 수 있다!

***

당신은 고객에게 서비스하는 일, 혹은 경쟁자를 이기는 일에 집착할 수 있다. 둘 다 효과가 있지만, 둘 중에는 고객에게 집착하는 편이 당신을 더 멀리 나아가게 해 준다.

성공을 향한 길 위에 선 사람들은 집중할 곳을 고른다. 고객과 경쟁자 중, 늘 고객에게 초점을 맞춰라. 경쟁자에게서 배우되, 집착은 고객에게 하라.

***

행동이 그 사람을 이룬다. 말이나 신념, 어디에 투표하는지가 아니라, 무엇을 하며 시간을 보내는지가 그 사람을 형성한다.

솔직하게 평가하라. 당신은 무엇을 하며 하루를 보내는가? 운동을 하고, 건강하게 먹고, 물을 마시고, 잠을 자는 걸 우선시하는가? 그러면 당신은 무척 건강한 사람일 것이다.

그 반대로 행하는가? 그러면 당신은 건강한 사람과 반대편에 있는 사람일 것이다.

하루를 어떻게 쓰느냐는 곧 인생을 어떻게 보내느냐이며, 인생을 어떻게 쓰느냐는 우리가 얻어내는 성공(혹은 반대)에 직접 반영된다. 우리는 탁월한 성공으로 나아가고 있다. 경제적 성공과 충족감을 거머쥐게 해 주는 올바른 일을 하며 시간을 보내라.

＊＊＊

> 우주가 등 뒤에서 당신의 성공을 응원하고 있다. 이 섭리를 받아들인다면 훨씬 더 행동하기가 쉬워질 것이다.

나는 구글에서 '섭리'라는 말이 무엇인지 검색했다. 섭리는 집착하는 행동과는 정반대이다. 우주가 내 편에서 음모를 꾸미고 있다고 의심하는 것과도 정반대이다. 어떤 마음가짐으로 살지 고를 수 있다면 낙관주의를 고르는 것이 낫지 않겠는가? 당신은 이미 이 책을 읽음으로써 성공의 가능성을 높이고 있다.

우주의 별들이 내가 탁월한 성공을 거머쥐도록 배치되고 있다고 믿고, 이런 정신으로 노력하라.

당신도 할 수 있다!

⚜ 황금의 샘, 나발 라비칸트Naval Ravikant 버전

나발은 내가 팟캐스트 〈팀 페리스 쇼The Tim Ferriss Show〉에서 소개받은 사람이다. 나는 삶에 대한 그의 간결하고 명료한 사고방식에 바로 끌렸다. 당신도 그와 같은 사람이 되길 바란다. (나발에 대해 더 알고 싶다면 트위터에서 @Naval를 검색하라.)

✳ ✳ ✳

합리적인 낙관론자가 되라.

삶에 대해 우리는 두 가지 선택을 할 수 있다. 비관론자가 될 것이냐, 낙관론자가 될 것이냐. 둘 중 낙관론자가 탁월한 성공으로 가는 길을 더 쉽게 찾고, 더 즐겁게 그 길을 걸어간다.

낙관론자가 되기로 선택했다면, 합리적인 낙관론자가 되어라. 말도 안 되는 희망과 꿈, 아이디어에 시간과 에너지, 능력을 낭비할 필요가 없다. 정확하게 초점을 맞추고, 목표를 합리적으로 세우고, 결과에 인내심을 가져라.

✳ ✳ ✳

진품으로 경쟁자를 물리쳐라.

우리는 어떤 분야에서 성공한 사람들을 보고 대충 따라해서 만든 모조품을 시장에 내놓고 결과가 별 볼일 없으면 실망하곤 한다. 세상은 경쟁 사회이다. 탁월한 성공을 향해 가고 있다면, 당신은 자신의 존재 자체로, 그러니까 진정성 있고, 투명하고, 가치 있는 사람이 되어서 경쟁자가 몰려드는 것을 막을 수 있다.

***

누구에게나 존경심을 가지고 대하라.

"올라가는 길에서 마주친 모두에게 친절하라. 그래야 당신이 내리막길을 걸을 때 그들이 친절을 베풀 것이다." 나는 이 말을 무척 좋아한다. 인생이란 롤러코스터와 같아서, 당신이 누구에게나 존경심을 가지고 대하면 사람들은 그 사실을 절대 잊지 않는다. 살다 보면 호의가 필요할 때, 혹은 지인이나 친구가 필요할 때가 있다. 당신이 존경심을 가지고 대한 사람들이 그때 당신 곁에 있을 것이다. 또한 올바른 일을 하면 의구심이 들 때 올바로 일이 이루어질 것이다.

***

행동할 때는 주저하지 말고, 결과는 인내심 있게 기

다려라.

당신이 행동하는 인간이라면 결과가 있을 것이다. 앞서 말한 도예 수업에 관한 이야기를 기억하는가? 미흡하지만 매일 같이 작품을 만든 학생들이 실험이 끝날 무렵에는 최선의 결과를 냈다. 당신도 매일 아침 출발선에 선 말처럼 휘슬이 울리면 행동을 취하라. 그리고 결과에 대해서는 인내심을 갖고 기다려라. 언젠가는 나타난다.

＊

가장 많이 실험해 본 사람이 승리한다.

이 말은 앞에서 언급한 에디슨의 말과 완벽한 짝이다. 토머스 에디슨이 5천 번의 시도 후에 실험을 그만두었다면 실패했을 것이다. 하지만 그는 계속 실험을 해 나갔고, 1만 번도 넘게 시도한 끝에 마침내 성공했다. 친구여, 파스타 면이 벽에 붙을 때까지 던져 보아라. 절대 중도에 그만두지 마라.

＊

영감에는 유효기간이 있다.

책을 쓰는 일은 열정적인 프로젝트였다. 나는 첫 단어를 쓰면서 '불타올랐고', 6천 자를 썼다. 가장 좋은 글은 아침에 일어나서 처음 쓴 글이었다. 영감이 최고조에 달했을 때였다.

'몇 달 동안' 매일 아침 가장 처음으로 하는 일은 이 책을 쓰는 것이었다. 오후 3시가 될 때쯤 프로젝트에 대한 영감은 소진되었다. 그래서 무슨 말을 하려는 거냐고? 자신에게서 영감을 발견했을 때 즉시 '하라'는 것이다.

* * *

바보 같은 게임을 하면, 바보 같은 보상을 얻게 된다.

나는 이 말을 무척 좋아한다. 오늘날의 세상에서는 바보 같은 게임을 하기가 매우 쉽다. SNS 팔로워를 돈으로 사고, 무리한 약속을 하고, 자신이 그것을 해낼 때까지 속인다.

모두 바보 같은 게임이다. 당신은 바보 같은 보상을 얻게 될 뿐, 경제적 성공과 충족감은 절대 거머쥘 수 없다. 당신이 현실의 진짜 문제에 대한 진실된 해결책을 전달하지 않았기 때문이다. 탁월한 성공으로 나아가는 과정에서 우리는 올바른 게임을 하고, 멋진 보상을 얻는다.

＊ ＊ ＊

바쁘게 일한다고, 생산적으로 행동한다고, 오래 열심히 일한다고 백만장자가 되진 않는다. 제대로 일해야 백만장자가 된다.

이 말을 보증한다. 내 순자산은 수천만 달러 이상을 웃돌지만 나는 바쁘지 않다. 일하는 날 대부분 나는 짧게 일하고, 오랜 시간 질질 끌면서 고생하는 일은 극히 드물다. 그 대신 나는 짧게 열심히 일하고, 제대로 된 일을 하면서 효율적으로 전력 질주한다. 당신은 제대로 일하고 있는가?

＊ ＊ ＊

이미 확실해 보이는 곳은 모조리 다 파인 상태다. 당신은 더 깊이 파거나, 새로운 분야를 개척해야 한다.

이 말은 제2장에서 했다. 바로 자신의 틈새시장을 찾으라는 말이다. 강하고 탄탄한 경쟁자를 볼품없이 모사한 제품을 시장에 내놓는다면, 분명 망할 것이다. 새로운 땅을 더 깊이 판다면, 아직 해결책이 충분히 나오지 않은 문제를 확인하고, 당신을 경제적 자유와 충족감으로 이끌어 줄 틈새시장을 개척하게 될 것이다.

***

> 세 가지 부분에서 상위 25퍼센트가 되고, 상위 1퍼센트가 되도록 그것들을 조합하라.

자신의 틈새시장을 찾느라 고투 중인 사람들에게 이 말은 멋진 선택지가 되리라고 본다. 자신이 상위 25퍼센트가 될 수 있는 세 가지 분야가 있다면, 그것들을 조합하여, 그 조합에서 상위 1퍼센트가 되지 않겠는가? 예를 들어 1) 요가 강사인데, 2) 엄격한 채식주의자에 3) 시각 장애인을 대상으로 가르친다고 하면 어떨까?

이 세 가지 부류에서 모두 상위 25퍼센트에 도달할 수 있다면(가능하지 않은가?), 이것들을 모두 조합해서, 거기에서 상위 1퍼센트가 되어라. 창의력을 발휘하고, 재미있게 하고, '불을 지펴라!'

***

> 미래의 백만장자는 지식의 귀퉁이를 추구한다. 특화된 지식을 갖춰라.

여기서 핵심 단어는 '특화'이다. 내가 아직 백만장자 후보자였을 때, 나는 지식의 귀퉁이를 추구했다. 그러니까 일일 인터뷰 팟캐스트를 만들고, 성장시키고, 그것으로 돈을 버는 방법만 연구했다.

당신의 특화된 지식은 무엇인가? 주저하고 있다면 뭔가를 해 보라. 특정 지식을 끝까지 추구하고, 거기에 머물러라.

∗ ∗ ∗

당신이 그 분야에서 최고인 한, 인터넷이 당신을 알아보게 할 것이다.

이 말 역시 자신의 틈새시장을 찾는 일이 얼마나 강력한지를 보여 준다. 당신이 틈새시장에서 최고가 아니라면, 당신이 최고인 곳까지 다시 틈새를 좁혀 들어갈 때이다. 이따금 최고가 된다는 말은, 유일하다는 말일 때가 있다. 일단 최고가 되면, 인터넷이 당신을 위로 끌어올려 사업을 성장하게 하고, 그리하여 경제적 자유와 충족감을 거머쥐게 해 줄 것이다.

최고가 되어라.

∗ ∗ ∗

사람들이 원하는 최적의 것을 주면 부자가 될 수 있다.

당신의 아바타가 지닌 가장 어려운 문제, 장애물, 도전은 무엇인가? 어떤 해결책을 제공할 수 있을까?

먼저 해결책을 알아내는 메커니즘이 규정되면, 그다음 프로젝트는 최적의 해결책을 전달하는 방법을 찾는 일이다. 최적의 해결책을 전달하면 그 결과 탁월한 성공이 나타난다.

※ ※ ※

> 일정이 빡빡하고 마음이 급해지면 멋진 일을 해낼
> 능력이 사라진다.

사람들이 자신이 얼마나 바쁜지 말할 때면, 나는 가속 페달이 차 바닥에 끼어 골목 사이에서 헛바퀴를 도는 차를 떠올린다. 헛바퀴가 돌고, 엔진은 우릉거리지만, 어디로도 가지 못한다. 세상 사람의 99퍼센트가 매일 이런 식으로 일한다.

당신은 이 책을 읽었다. 경제적 자유와 총족감을 누리는 1퍼센트의 사람이 되려고 하기 때문이다. 성공을 향해 나아가는 사람들의 일정은 깔끔하고, 마음도 잘 정리되어 있다. 일을 할 때, 우리는 '열심히', '제대로 된' 일을 한다. 쉴 때는 기력을 회복하고, 몸과 마음이 다시 활력을 찾도록 내버려 둔다.

당신도 할 수 있다!

당신이 이 '황금의 샘' 장을 즐겁게 읽길 바란다. 이 샘은 당신이 영감에 목마를 때, 동기가 고갈되었을 때, 방향을 찾아야 할 때, 언제든 다시 찾아 볼 내용이다. 탁월한 성공으로 나아가는 과정은 멀고, 무덥고, 먼지가 풀풀 날릴 수 있다. 여기에서 갈증을 해소하고 계속 앞으로 나아간다면, 경제적 자유와 충족감은 당신의 것이다!

◆ 마치며 ◆

나는 탁월한 성공으로 나아가는, 아주 특별한 성공의 법칙을 솔직하고 투명하게 전부 말했다. 당신이 현재 경제적 자유와 충족감을 누리고 있지 않다면, 적어도 이 과정의 한 단계 정도를, 가능하면 다양하게, 짧게라도 경험해 보길 바란다.

나는 사업을 성공리에 운영하는 데는 오랜 노력이 필요하다는 사실을 안다. 이 일에는 시간과 인내심, 꾸준함, 노력이 든다. 탁월한 성공은 하룻밤 사이에 오지 않지만, 이 책에서 제시한 내용을 따라 노력한다면 성공은 당신의 것이 될 것이다.

동기나 영감이 필요한 순간마다, '황금의 샘' 장을 읽어 보아라. 실망하지 않을 것이다.

당신의 사업에서 무언가 잘 진행되는 것 같지 않다고 느껴질 때면, 목차를 보아라. 당신이 게을리했거나 간과했던 부분을 규정할 수 있게 될 것이다. 구멍을 막고, 다시 길 위로 올라서라.

세상은 끊임없이 발전하고 있다. 성공을 향해 나아가는 방법 역시 그러할 것이다. 이 책을 이용하여 토대를 닦는다면, 기회가 생겼을 때 그것을 알아보고 개척할 수 있게 된다.

이 법칙을 믿고, 성공을 향해 나아가라. 그러면 경제적 자유와 충족감이 당신의 것이 되리니.

_존 리 듀마스

아주 특별한 성공의 법칙

초판 1쇄 발행·2021. 9. 15.

지은이 존 리 듀마스
옮긴이 이한이
펴낸이 김도형
편집   이기린 김지원
펴낸곳 ㈜도서출판도서담 등록 제2021-000053호(2021년 2월 10일)
주소   서울특별시 마포구 월드컵로10길 62
전화   070-8098-8535   팩스   050-7712-6712
이메일 dsd@doseodam.com   홈페이지 doseodam.com

ISBN 979-11-974263-5-3 (03320)

* 책값은 뒤표지에 있습니다.
* 잘못된 책은 구입하신 서점에서 바꾸어 드립니다.
* 이 책은 저작권법에 따라 보호받는 저작물로 무단전재와 무단복제를 금지하며,
  이 책 내용의 전부 또는 일부를 이용하려면 반드시 저작권자와 ㈜도서출판도서담
  양측의 동의를 받아야 합니다.

도서담(DOSEODAM)은 독자 여러분의 소중한 아이디어와 원고 투고를 두근거리는 마음으로 기다리고 있습니다. 세상에 소개하고 싶은 아이디어가 있으신 분은 dsd@doseodam.com로 간단한 개요와 취지, 연락처 등을 보내주세요.

글을 담다, 내일을 담다.
도서출판 도서담